제2판

인사관리

기본과 실제

인사관리 ^{제2판}

기본과 실제

정종태 지음

Σ 시그마프레스

인사관리 기본과 실제, 제2판

발행일 2013년 4월 5일 초판 1쇄 발행
        2013년 9월 25일 개정판 1쇄 발행
        2017년 2월 20일 제2판 1쇄 발행

지은이 정종태
발행인 강학경
발행처 (주)시그마프레스
편집 이상화
교정·교열 김문선

등록번호 제10-2642호
주소 서울특별시 영등포구 양평로 22길 21
        선유도코오롱디지털타워 A401~403호
전자우편 sigma@spress.co.kr
홈페이지 http://www.sigmapress.co.kr
전화 (02)323-4845, (02)2062-5184~8
팩스 (02)323-4197

ISBN 978-89-6866-890-6

차례

PART 5
임금보상관점의 인적자원관리

PART 7
인력유지관점의 인적자원관리

최근 들어 인적자원관리에 대한 중요성이 증가하고 있고 또 인적자원관리에 관한 강의도 많아지고 있다. 필자도 성과평가를 위한 BSC(Balanced Scorecard), MBO(Management By Objective), 역량에 기초한 선발, 승진, 연봉제, 인센티브 제도, 그리고 핵심인재관리 등에 대한 강의를 20년 이상 해오고 있다. 그만큼 인적자원관리가 중요해지고, 그 필요성이 증가했다는 것이다. 그럼에도 불구하고 이런 내용들을 잘 정리해놓은 책은 찾아보기 힘들다.

'강의를 직접 듣기 힘든 사람들이 책을 통해 인적자원관리를 쉽게 이해할 수는 없을까?'라는 것이 필자의 고민이었다. 어떻게 하면 독자들에게 인적자원관리를 책으로 이해하게 만들까? 바쁜 와중에 강의를 듣기 위해 이동하거나 바빠서 강의를 듣지 못하는 상황도 발생한다.

인적자원관리에 관한 대학교재는 방대한 영역의 이론적 기초를 다루고 있으나 기업들이 필요로 하는 현실적인 면과는 거리가 멀다. 그리고 안타깝게도 대부분의 인적자원관리 교재가 미국의 인적자원관리 교재의 번역서이다. 우리나라와 미국은 기업문화와 근로와 관련된 법이 다르고 채용방법과 보상제도의 면에서도 차이점이 많다. 또 일부 인적자원관리에 대한 책들은 현실적인 부분을 다루기는 하지만 평가, 선발, 임금보상 등 일부 단편적인 영역만 기술하고 있다. 그래서 필자는 이러한 현실을 극복할 수 있는 책을 만들고자 하였다.

따라서 이 책은 학교에서 현장의 인적자원관리를 이해하고 싶은 학생, 기업체에서 인적자원관리를 담당하거나 담당하기를 원하는 사람, 효과적인 인적자원관리

시스템을 구축하기를 기대하는 경영자, 그리고 공인노무사, HRM 전문가 등 자격시험을 준비하는 사람들을 대상으로 하고 있다. 필자는 이러한 독자들에게 인적자원관리를 이론보다는 실제 현장의 이슈나 니즈를 중심으로 전달하고자 한다.

인적자원관리는 경영학의 중요한 영역이다. 경영학은 인근 학문인 심리학이나 사회학, 경제학 등의 영향을 받았다. 인적자원관리는 조직 내 사람과 관련된 분야이기에 특히 심리학의 영향을 많이 받았다. 반면 인적자원관리는 어떤 학문분야보다도 실제적(practical)인 면이 강하다. 그래서 어떤 경우에는 이론보다 앞서 기업의 제도나 행동이 나타난다. 또한 인적자원관리가 기업의 경영분야이지만 인적자원관리의 실무자들은 현실적인 필요에 따라 심리학적 근거나 이론에 의하여 심리적 기반의 제도를 도입하기도 한다.

따라서 이 책에서는 인적자원관리의 실무자나 실제 기업에서의 필요성에 따라 경영학적 기초, 심리학적 기초, 기타 성과관리 측면의 기법들을 빠짐없이 다루고 있다.

이 책은 7개 부문으로 구성되었다. 도입부인 제1부에서는 인적자원관리의 역사와 최근 트렌드를 분석하고, 이후 각 부문에서 '직무관리관점의 인적자원관리', '역량관점의 인적자원관리', '성과관리관점의 인적자원관리', '임금보상관점의 인적자원관리', '인력확보관점의 인적자원관리', '인력유지관점의 인적자원관리'를 순서대로 다룬다.

제2부 "직무관리관점의 인적자원관리"에서는 구체적으로 조직 내에 어떤 직무가 있는지 명확히 하고, 각 직무는 어떤 내용의 과업들로 구성되는지, 또는 이 직무를 수행하기 위한 담당자의 요건은 무엇인지를 명확히 한다. 이를 기초로 조직 내 역할과 책임을 명확히 하고, 채용, 평가, 이동 등 제반 인사관리활동을 원활히 한다. 그뿐 아니라 직무별 가치를 평가하고 이를 기초로 직무급을 설계, 운영하는 기준을 제공한다. 제3부 "역량관점의 인적자원관리"에서는 조직 내 우수한 직원의 행동을 도출하고, 이를 기초로 선발, 평가, 교육훈련 등 제반 인사제도를 설계하고 운영하는 역량기반의 인사제도에 대해서 학습한다.

제4부 "성과관리관점의 인적자원관리"에서는 개인의 업무실적을 공정하게 평가

하기 위한 목표관리제도(MBO)의 특성과 목표설정 등 효과적인 운영기법을 학습한다. 또 조직의 성과관리를 위한 BSC의 기원과 필요성, 구체적인 적용 사례를 이해한다. 제5부 "임금보상관점의 인적자원관리"에서는 연봉제의 다양한 형태와 운영기법을 배운다. 또 인센티브 제도와 복리후생 제도에 대해서도 학습한다. 제6부 "인력확보관점의 인적자원관리"와 제7부 "인력유지관점의 인적자원관리"에서는 '인력의 확보와 유지'의 관점에서 다양한 제도들을 살펴본다. 구체적으로 인력계획의 수립, 선발 및 면접, 멘토링, 교육훈련, 경력개발, 그리고 승진제도 등을 학습한다.

이 책의 각 장의 내용은 구체적인 기업 사례를 중심으로 기술되었다. 구체적인 기업 사례는 책을 읽는 독자들의 인적자원관리에 대한 이해를 향상시킬 것이다. 또 각종 제도를 설계하거나 운영할 때 도움을 제공할 것이다. 사례는 가능하면 한국 기업의 사례를 포함하되 우리나라 기업의 인적자원관리 수준을 감안하여 외국 선진기업의 사례가 소수 포함되어 있다.

마지막으로 이 책이 나오기까지 물심양면으로 지원해준 사랑하는 아내와 두 딸에게 진심으로 감사를 표하며, 각자 목표하는 꿈들이 이루어지기를 기원한다. 또한 (주)시그마프레스의 강학경 사장님을 비롯한 임직원 여러분들의 도움이 없었다면 이 책은 세상에 나올 수 없었을 것이다. 특히 바쁜 시간 중에도 편집을 담당하여준 편집부, 그리고 필자에게 (주)시그마프레스를 소개해주신 김갑성 차장님께도 감사를 드린다.

저자 정종태

PART 1

인적자원관리의
기초 / 배경

인적자원관리의 개념과 변천

CHAPTER1

학습목표

- 우리나라 기업의 인적자원관리에 대한 관점이 시대적으로 어떻게 변화했는지 이해한다.
- 최근 도입된 성과주의 인적자원관리 흐름의 긍정적인 면과 부정적인 면을 이해한다.
- 인적자원관리에 대한 연구 흐름을 구분하고 최근 강조되는 관점을 이해한다.
- 인재육성에 관한 두 가지 관점과 전략을 이해한다.

CHAPTER1

개 요

우리나라 기업의 인적자원관리는 기존에는 근속연수를 기준으로 급여나 승진/승격이 결정되었으나 1987년 6·29 민주화선언 이후에는 직급에 관계없이 보직을 부여하는 등 능력주의 인사가 도입되었다. 또 1997년 IMF 경제위기 이후에는 연봉제 등 성과에 따른 인사제도가 도입되었다.

최근 들어 인적자원관리가 기업경쟁력의 원동력으로 작용함에 따라 기업들은 인재육성에 초점을 두고 있다. 삼성, GE 등 글로벌 기업들은 핵심인재를 선발하고 육성하는 데 집중하고 있는 반면 통계프로그램을 개발하는 SAS나 미국 철강회사인 NuCor 등은 고용을 보장하는 등 신뢰문화의 구축을 통한 모든 직원들의 잠재력을 활용하는 데 초점을 둔다.

1. 인적자원관리의 개념

여러 학자들이 주장하는 조직에 대한 정의를 보면 다음과 같다. Weber는 조직을 "특정한 목적을 가지고 그 목적을 달성하기 위하여 조직 구성원 간에 상호작용하는 인간의 협동집단이다."라고 정의했다. Barnard는 조직을 "공동의 목적을 달성하기 위해 공헌할 의욕을 가진 2인 이상의 인간이 상호 의사를 전달하는 집합체이다."라고 정의했다. Katz & Kahn은 조직을 "공동의 목표를 가지고 내부관리를 위한 규제 장치와 외부환경관리를 위한 적응구조를 발달시키는 인간의 집단이다."라고 정의했다. 이들 학자들의 조직에 대한 정의에서 보면 조직의 핵심은 바로 인간, 즉 사람이다. 따라서 조직의 성과는 조직을 구성하는 사람에 따라서 결정된다. 조직을 구성하는 사람들이 조직의 목적을 이해하고 각자가 담당하고 있는 일을 효과적으로 수행할 경우 조직의 성과는 높을 것이고, 그렇지 못할 경우 조직의 성과는 높지 않을 것이다.

사실 조직에서 필요로 하는 사람의 특성은 다양할 것이다. 단순하고 일반적인 기능을 보유한 사람도 필요로 할 것이고, 아주 복합적인 상황에서 전문적인 판단을 하여야 하는 사람도 필요할 것이다. 아주 단순하고 일반적인 기능을 보유한 사람을 선발하여야 하는 경우에는 간단한 테스트로도 가능하지만 전문적인 지식과 소양을 보유한 인재를 선발해야 하는 경우에는 전문가의 심층면접이 필요할 것이다. 최근 들어 기업을 둘러싼 경쟁은 점차 치열해져 가고 있고, 경쟁에서 이기기 위해서는 보다 전문적이고 창조적으로 업무를 처리할 사람이 필요해진다. 그만큼 사람을 확보하고 관리하는 역할의 중요성이 증가하고 있다. 이제 사람을 확보하고 관리하는 기능은 단순한 관리 차원을 넘어 보다 효과적이고 전략적으로 고려되어야 한다. 단순한 관리 차원의 활동을 '인사관리'라고 한다면, 조직의 성과를 창출하기 위하여 사람을 확보하고 관리하는 여러 기능들을 효과적으로 통합하는 활동은 '인적자원관리'라고 한다.

인적자원관리가 발전해온 전개과정을 시대별로 분류해보면 표 1.1과 같은 네 가지 단계로 구분해볼 수 있다. 이러한 전개과정의 구분은 시대적 구분일 수도 있지만, 같은 시대에도 기업의 규모나 역사에 따라 인적자원관리의 수준이 다양하므로 기업의 인적자원관리 유형으로도 볼 수 있다. 다만, 기업이 성장하기 위해서는 인적자원관리의 단계가 순차적으로 발전되어야 하는 것은 분명하다. 많은 선진기업들이나 국내 우량기업들도 이러한 단계를 거쳐 발전적으로 변화되어 왔다.

인적자원관리의 발전단계 또는 유형은 ① 원시적 인사관리(primitive personnel management), ② 인사관리(Personnel Management, PM), ③ 인적자원관리(human resource management) 및 ④ 전략적 인적자원관리(Strategic HRM, SHRM)의 네 가지이고, 전략적 인적자원관리는 다시 '기능별 SHRM', '협의의 SHRM' 및 '창의적 HRM'으로 나눌 수 있다. 이러한 분류는 고려대학교 배종석 교수 등 우리나라의 인적자원관리 연구자들이 분류하고 있는 인적자원관리의 전개과정이다.

1) 원시적 인사관리에서 인사관리로의 변천

원시적 인사관리란 인사관리의 각 기능들이 제대로 갖추어지지 않은 상태를 말한다. 인사부서도 없고 인사관리와 관련된 규정이나 절차도 정리되어 있지 않은 상태이다. 그래서 담당자가 누구인가에 따라 방법과 내용이 쉽게 바뀔 수 있다. 체계적인 인사관리가 되지 못하기 때문에 원시적 인사관리단계라고 부른다. 창업 후 몇 년이 지나고 기업의 규모가 어느 정도 증가하면 기업들은 채용절차를 체계화하고 임금체계도 갖추게 된다. 즉, 인사관리의 각 기능들이 일관성을 유지하고 절차나 기준이 정립되어 간다. 이러한 단계를 인사관리단계라고 한다. 그러나 각 기능들이 독립적으로 유지되기 때문에 이러한 기능들이 하나의 시스템으로 조정되고 통합되는 측면에서는 미진하다고 할 수 있다.

2) 인사관리에서 인적자원관리로의 변천

1980년대를 지나면서 기업 간의 경쟁이 치열해지면서 인사관리에 대한 연구는 그 영역을 더 거시적으로 확대했을 뿐만 아니라, 각각 연구되어 오던 세부 기능들이 통합되어 가는 추세를 보이기 시작했다. 즉, 인사관리의 성격이 인사관리에서 인적자원관리로 변천되었다. 이렇게 인사관리의 성격이 바뀐 배경에는 다음 두 가지 요인이 있다. 첫째, 조직 내에서의 인적 요소에 대한 중요성이 더욱 중요하게 인식되었다는 것이다. 둘째, 조직의 성공은 개인의 잠재역량을 충분히 개발하는 것과 함께 가야 한다는 것을 인식했다는 것이다.

3) 인적자원관리에서 전략적 인적자원관리로의 변천

전략적 인적자원관리는 기업의 경쟁력과 비교우위의 원천으로서 인적자원관리의 중요성이 크게 대두된 것과 밀접한 관계가 있다. 선진기업을 중심으로 기업들은 경쟁에서 이기기 위해 인적자원관리를 전략적인 차원에서 접근하기 시작하였으며 이와 관련하여 소위 혁신적인 인적자원관리를 도입한 기업들이 생산성의 향상과 품질개선을 통해 초우량기업으로 발전하게 되었다. 이러한 기업은 인적자원관리를 기업의 경영전략을 결정하는 과정의 한 부분으로 인식하고, 조직의 목표를 달성하기 위한 인적자원관리의 전략적인 역할을 강조하였다. 이를 위하여 일부 기업은 인적자원관리를 담당하는 부사장을 선임하였다.

인적자원관리의 전략적 접근법은 인적자원관리를 과거와 같이 미시적, 개별적, 기능적인 현상으로 분석하는 것으로부터 벗어나 거시적·시스템적·전략적 측면에서 분석하고 있다. 즉, 개별적·미시적 인사기능보다는 인적자원관리 시스템이 조직의 생산성, 품질, 기업의 성과에 어떤 영향을 미치는가를 중요시하고, 기업의 사업전략을 실행하는 데 인적자원관리가 필수적임을 강조하는 것이다. 예를 들어 한 전자회사가 닷컴(.com)회사로 전환하여 인터넷 비즈니스 사업으로 영역을 확장하려 한다면 먼저 다음과 같은 전략수립과정을 진행할 것이다. 우선 새로운 사업영역에 대한 조직 내·외부의 환경분석을 할 것이다. 인터넷 사업과 현재 조직의 내부역량을 비교하고, 조직의 강점과 약점이 무엇인가를 파악할 것이다. 또 새로운 사업을 시작했을 때 회사가 얻을 수 있는 기회와 손실이 될 수 있는 위협의 요소들이 무엇인가를 확인할 것이다. 그런데 만약 현재의 인적자원이 인터넷 비즈니스를 수행할 수 있는 정보기술 역량을 보유하고 있는가? 그렇지 않다면 어떤 분야, 몇 명의 인력을 충원하여야 하는가? 외부에서 확보하여야 하는가? 아니면 내부 노동시장에서 충원할 것인가? 인적자원에 대한 구체적인 대책수립이 필요하다. 그렇지

표 1.1 인적자원관리의 전개과정에 따른 유형

유형		특징	인사부서의 역할
원시적 인사관리		• 인사관리의 각 기능들이 제도화되지 못한 상태이고 인사 담당자의 판단에 좌우됨 • 인사기능들이 제대로 존재하지 않거나 대부분의 기능이 갖춰졌더라도 비합리적이거나 제대로 정착되지 못한 상태	• 종업원 인적사항 등의 기록과 문서의 보관 및 관리 • 기본적인 종업원의 태도와 행위 및 보상 지급
인사관리		• 인사관리가 각 기능별로 나름대로 정리되어 있음 • 기능별 조정은 미비한 상태	• 각 기능이 분리됨 • 기능별 제도화로 인사 담당자에 관계없이 일관성을 유지
인적자원관리		• 각 기능이 조정되어 조화를 이룸 • 조직의 전략이나 목표에 적합성은 부족함	• 기능별 활동이 조정 통합됨 • 인사부서 독립
전략적 인적자원 관리	기능별 전략적 인적자원관리	• 개별 인사기능들(채용, 평가, 임금 등)이 조직전략 및 목표에 적합성을 갖는 인적자원관리 • 기능별 전략적 접근들 간의 상호조정이 미비	• 개별 인사기능별로 벤치마킹 등을 통한 혁신 • 채용전략, 임금전략, 경력관리전략 등이 존재
	협의의 전략적 인적자원관리	• 조직의 전략이나 목표에 적합성을 갖고 인적자원을 관리 • 경쟁우위 확보와 유지를 위한 주도적 역할을 하지는 못함	• 조직목표 및 전략에 부합하는 인사정책 실행 • 인사 담당임원(부사장 등)이 존재
	창의적 인적자원관리	• 사람이 조직 경쟁우위의 확보와 유지에 주도적인 역할을 함 • 조직 내부 자원인 사람과 인적자원을 경쟁력의 원천으로 파악하며, 학습, 지식창출 및 창의성을 강조함	• 개인의 역량강화를 위해 학습을 조장, 지식창출 및 공유하는 문화를 개발 • 조직의 비전 구축을 주도

출처 : 배종석, 인적자원론, 홍문사, 2008, p. 17

않으면 인터넷 비즈니스를 실행할 수 없을 것이다.

배종석 교수는 전략적 인적자원관리를 다음 세 가지 유형으로 구분하고 있다. 첫 번째는 기능별 전략적 인적자원관리, 두 번째는 일반적으로 쓰이는 협의의 전략적 인적자원관리, 마지막 세 번째는 창의적 인적자원관리이다. 전략적 인적자원관리의 초기에는 인적자원관리 전체의 시스템에 대한 전략적 접근보다는 각 기능별로 접근을 시도하였다. 이를 기능별 전략적 인적자원관리라고 한다. 즉, 이 단계에서는 기능 간의 통합은 이뤄지지 않았지만 각 기능과 조직과의 연계를 이루어 '전략적 선발', '전략적 인사고과', '전략적 임금관리' 등의 표현들이 나오기도 하였다.

협의의 전략적 인적자원관리는 인사기능들 간의 조정, 통합이 있을 뿐만 아니라 인사기능을 조직의 목표와 전략에 연계하는 노력까지 포함시키는 형태를 띠게 된다. 그러나 인사기능은 조직전략의 하위개념으로 인식되어 조직전략이 수립되면 주로 그에 적합한 인적자원관리를 수행하는 것으로 파악되었다.

창의적 인적자원관리에서 '창의적'이라는 표현은 고유명사의 성격을 지니기보다는 종전의 전략적 인적자원관리의 내용을 초월하여 최근에 새롭게 대두된 내용들을 모두 내포하는 포괄적인 의미로 사용되고 있다. 전략적 인적자원관리와 창의적 인적자원관리의 차이점을 보면 우선 인과관계의 면에서 전략적 인적자원관리는 조직의 전략이 우선이고 인적자원관리가 부차적 내지는 종속적이었지만, 창의적 인적자원관리에서는 오히려 내부자원이 출발이 되어 조직의 목표나 전략수립에 영향을 미칠 수 있는 개연성을 갖게 한다.

전략적 인적자원관리는 조직 내에서의 기능 간의 통합과 조직과의 연계에 초점이 있었다면 창의적 인적자원관리는 조직이 학습조직화가 되도록 돕고, 지식을 창출, 공유 및 활용하며 제도화해 나아가는 것을 다루는 역할을 담당한다. 따라서 창의적 인적자원관리에서는 개개인의 창의성을 마음껏 발휘할 수 있는 여건을 조성하고 인사부서는 조직이 지속적인 자기갱신적인 과정을 지니도록 돕는다.

2. 우리나라 기업의 인적자원관리의 과거와 현재

1) 우리나라 기업의 인적자원관리 흐름

우리나라 기업들의 인적자원관리 시스템의 변화를 살펴보면 크게 2개의 시대적인 사건이 중심이 되고 있다. 첫 번째는 1987년 6·29 민주화선언 이후의 변화이고, 두 번째는 1997년에 경제위기로 인하여 IMF에 구제금융을 신청한 사건이다. 1987년 이전의 우리나라 기업의 인적자원관리 방식은 연공주의에 기반을 두었다. 이 이전의 시기에는 기업 간의 인사시스템의 차이가 뚜렷하지 않았고, 직원의 급여는 근속연수에 따라서 매년 일정액이 인상되는 호봉제도에 의해 결정되었다. 개인의 능

표 1.2 우리나라 기업의 인적자원관리 관점의 변천

주요 인적자원관리 관점	1980년 중반까지 (1987년 6 · 29까지)	1980년 중반~ 1990년 중반 (1997년 IMF까지)	1990년 중반 이후
	연공주의	능력주의	성과주의
인적자원관리 특성 및 주요 과제	근무경력중심 연공형 호봉제도 고정상여 계층적 조직 정기승진/승격 직급중심 직급/직위/직책이 일치	능력중심 승진/승격 차등 발탁인사 직급정년제 직급파괴 부/과제 폐지 팀제 도입 직급과 직책이 분리	호봉제 폐지 연봉제 도입 인센티브 도입 성과평가제도 BSC 도입 인재육성 강조 구조조정 고용유연성 강조

력이나 성과에 따른 차등은 없었다. 승진도 근속연수에 의하여 결정되었다. 고용은 정년까지 보장되었으며 회사가 존속하는 한 해고는 없었다. 인사평가는 있었으나 형식적이며, 선임자가 좋은 평가를 받았다.

그러나 1987년 6 · 29 민주화선언 이후에 노사자율주의가 허용되면서 노사분규가 그 이전보다 자주 일어났고, 실질임금은 빠르게 상승하였다. 1987~1997년까지 우리나라 기업의 연평균 임금인상률은 약 17% 정도였다. 이에 따라 기업들은 자구책의 일환으로 노동비용이 싼 중국과 동남아 등으로 생산기지를 옮겼고, 다른 한편으로 인적자원관리에서는 신인사제도의 도입을 통해 임금과 성과를 연계시키는 노력들을 하게 되었다. 따라서 기업들은 1990년대 초반의 신인사제도의 도입을 전후하여 성과주의와 능력주의의 도입을 시작하게 되어 전통적인 연공주의를 보완하는 노력을 하였다.

1987년 이후의 기간(1987~1997) 동안에 성과주의가 확실히 정착한 것은 아니지만, 이러한 기업의 노력으로 1997년 경제위기 이후에 점차 성과가 나타나 현재의 성과주의까지 연결되고 있다. 1997년 이후 우리나라의 많은 기업들은 개인의 성과에 따라 급여를 차등 인상하는 연봉제를 도입하였으며, 공정한 연봉제의 운영을 위하여 성과평가제도를 정착시켜 나가고 있다.

2) 성과주의에 대한 반성

1997년 경제위기 이후 '성과주의 인사'가 한국 기업의 인사제도로 정착되고 있다. 근로자 수가 100인 이상인 국내 기업 중에서 연봉제를 도입한 기업의 비율은 경제위기 이전인 1996년 1.6%에서 2007년 52.5%로 상승했고, 경영성과배분제를 도입한 기업의 비율도 2005년부터 30%를 상회하고 있다.

경제위기 이후 약 15년간 우리나라 기업의 인사시스템은 재무성과의 향상을 지원하기 위한 '효율과 통제 위주의 인력관리', 과정보다는 '손익 위주의 결과 추구', '성과에 연동한 금전적 보상의 차별화' 등 세 가지 특징을 지니고 있다. 이러한 성과주의 인사는 임직원의 동기부여 강화, 우수인력 확보, 재무성과 및 생산성 향상 등에 크게 기여했다. 반면 단기성과에 집착, 팀·부서 간의 협력 저해, 평가에 대한 불신 등은 성과주의 인사를 도입한 데 따른 부작용으로 지적되고 있다. 이러한 부작용은 대기업보다는 중소기업을 중심으로 심화되고 있다. 삼성경제연구소가 국내 기업의 CEO와 임원들을 대상으로 한 설문조사 결과를 보면, 단기성과에 집착하는 것을 성과주의 인사의 가장 심각한 문제점으로 지적한 비율이 74.3%에 달했다.

우리나라 기업들뿐만 아니라 미국과 일본의 기업들도 성과주의에 대한 문제점을 인식하고 있다. 이러한 기업들은 기존의 성과주의의 문제점을 최소화하면서 보다 효과적이고 지속 가능한 성과주의로 발전시키기 위해 노력하고 있다. 미국 기업은 전통적인 직무중심 인사의 경직성을 타파하는 데 초점을 두는 반면, 일본 기업은 급격한 성과주의의 도입에 따른 부작용을 해소하는 데 관심을 기울이고 있다. 미국 기업의 경우 인사제도 전반의 기준이 되었던 직무중심의 사고에 역량의 개념을 추가하여 제도운영의 유연성 제고와 인력육성을 도모하고 있다. 일본의 경우 제도적, 문화적 특성을 고려하지 않은 채 서구식 성과주의를 단순 이식시키면서 신뢰에 기반한 안정적인 고용관계가 훼손되고 장기적인 관점의 인력육성도 소홀해졌다는 비판이 제기되고 있다. 일본 기업들은 이제 장기고용의 관행과 성과주의 인사를 혼합한 '새로운 일본형 성과주의'로 이행하고 있지만 아직 일반화되고 공유된 모델은 없다. 결과적으로 미국과 일본의 기업들은 성과와 역량을 동시에 강조하는 방향으로 인사정책이 수렴하는 현상을 보이고 있다.

우리나라 기업들도 '성과주의 인사'의 원칙은 견지하되, 현재의 부작용을 최소화하고 미래환경의 변화에 선제적으로 대응하는 방향으로 성과주의 인사를 보완해야 한다. 이를 위해서는 첫째, 기업의 규모와 시장특성을 고려하여 인재육성전략을 구체화하여야 한다. 둘째, 직원의 자발적인 헌신과 몰입을 통하여 고성과 조직을 형성할 수 있도록 신뢰기반을 구축하여야 한다. 셋째, 인적자원의 성장잠재력을 확보하고 강화하기 위해 재무성과 위주의 '결과'에 집중된 현재의 성과주의 평가기준에 '과정'과 '역량'에 대한 평가가 반영될 수 있도록 해야 한다. 넷째, 직원의 직무만족과 동기부여를 강화하기 위해 금전 위주의 획일적인 보상방식에서 벗어나 인정, 격려와 육성 등 다양한 비금전적인 보상방식을 활용할 필요가 있다. 다섯째, 기업의 여건과 상황을 고려하여 기업특성에 적합한 성과주의 인사관리를 적용하여야 한다. 글로벌 기업은 글로벌 경쟁력을 확보하기 위하여 핵심인재를 확보하고 성과에 따른 차등 보상을 확대하는 것이 일반적인 인사관리의 방향이다. 그러나 중소기업은 인적자원이 부족한 상황에 있기 때문에 상호 신뢰에 기초를 두고 고용안정과 집단중심의 성과 차등이 더욱 적합할 것이다.

3) 최근의 인적자원관리 연구의 흐름과 이슈

(1) 인적자원관리 관련연구 및 이슈 : 기능적 접근에서 거시적 접근으로

기업을 둘러싼 환경의 변화와 마찬가지로 인적자원관리의 패러다임도 지속적으로 변화하고 있다. 과거에는 개별 인사제도 중심의 미시적·기능적 인사관리에서 최근에는 조직수준의 인적자원관리 시스템에 초점을 두는 거시적·전략적 인적자원관리로 변화하고 있다. 즉, 채용, 훈련, 평가, 보상과 같은 개별 기능중심의 접근보다는 전체 시스템과 그것이 기업수준의 다른 요인들과 어떻게 연계되는지 혹은 기업성과와는 어떤 관계에 있는지에 관심을 기울인다. 어떤 메커니즘을 통해서 인적자원관리가 경영성과를 높이는지 그 인과적 연계를 규명하고자 한다. 더 나아가 인적자원관리가 기업의 경쟁력 확보와 가치창출에 어떠한 영향을 미치는가에 대한 관심이 집중되고 있다.

Ulrich를 중심으로 한 일부 연구자는 인적자원관리 업무가 기업의 무형적 가치에 긍정적인 영향을 미칠 수 있다는 점을 강조하고 있다. 구체적으로 '인적자원관리가 기업의 시장가치에 어떻게 영향을 미치는가', '시장이 경영자의 가치를 무형자산으로 인정하여주는가', '경영자(CEO)는 인적자본의 확보, 구성원 간의 관계형성, 종업원 유지 그리고 생산성 향상에 긍정적인 영향을 미치며 그 결과 기업의 시장가치가 향상되는가' 등이다.

사실 채용, 평가, 보상 등의 인적자원관리 활동은 반드시 기업경영에 필요하며 많은 기업이 상당한 비용을 관련 활동에 사용한다. 미국의 한 조사에 따르면 인건비는 총 운영비용의 60% 이상을 차지한다고 한다. 필자가 조사한 자료에서도 국내 기업의 인건비 지출은 영업비용의 50~60% 이상인 것으로 나타났다. 하지만 이러한 인적자원관리 활동이 기업성과에 어떤 영향을 미치는가에 대한 구체적인 연구는 아직까지 많지 않다.

다만 일부 학자는 인적자원관리와 기업가치에 관하여 "〈포춘〉 선정 100대 기업의 경영자는 기업성과에 영향을 미치는 중요한 무형자산(intangible asset)이다. 이들은 해당 기업의 인적자원의 효과적 활용, 조직 구성원 간의 사회적 상호작용 형성, 인력 유인, 그리고 생산성 향상 등에 영향을 미친다."라고 주장한다. 결국 이들의 주장에 따르면 '유능한 경영자는 기업의 시장가치에 간접적으로 영향을 미친다.'고 할 수 있다.

다른 한편에서는 산업특성이 인적자원관리와 기업가치의 관계에 영향을 미친다고 주장한다. 인적자원관리가 기업의 시장가치에 미치는 영향이 전통적인 기술집약적 산업보다 컴퓨터와 같은 새로운 산업분야에서 더 크게 나타난다는 것이다.

이와 같은 일부 연구에도 불구하고 아직 해결되지 못한 이슈가 많다. 인력확보(staffing), 성과관리(performance management), 교육훈련(training & development) 등의 활동이 기업의 수익이나 가치를 어떻게 증가시키는지, 또한 실질적으로 증가시키고 있는지 등이 풀어나가야 할 과제이다.

다행스럽게도 최근 몇 년간 인적자원관리 제도나 경영성과에 관한 국내외의 관심이 증가하고 있다. 최근 발표된 일부 연구에 따르면 "교육훈련, 충분한 능력개발

기회의 부여, 공정한 채용 등 '투입중심형 인적자원관리 시스템'은 기업의 인적자본(human capital)의 풀(pool)을 보다 확대하며, 이는 다시 조직의 성과 향상에 정(正)적인 영향을 미치는 것으로 나타났다."라고 한다.

(2) 인재육성에 대한 두 가지 관점

세계적인 컨설팅 회사인 맥킨지나 왓슨와이어트는 인재전쟁(war for talent)을 예고한 바 있다. 이들은 미국을 중심으로 경제 인구 중에서 가장 왕성하게 일하는 인구(약 35~40세)가 상대적으로 줄어들 것이며, 바로 이 때문에 우수한 인재를 확보하기 위한 치열한 경쟁이 불가피하다고 했다. 현재 글로벌 경쟁은 피할 수 없는 과제이며, 지식이 중심이 되는 사회로 접어듦에 따라 지식과 정보가 풍부한 탁월한 인재들을 확보하는 기업이 경쟁에서 승리할 수 있다. 따라서 기업들 간에 인재를 서로 선점하려는 치열한 전쟁이 벌어지고 있다. 이러한 현상은 2000년대 중반 이후로 더욱 심각하게 전개되고 있다. 해당 분야에서 국내 또는 세계적으로 실력을 인정받고 있는 최고의 인재를 데려오기 위해 경영자가 전 세계를 순회하기도 하며, 경쟁사가 확보한 인재를 가로채기도 한다.

수많은 글로벌 기업들은 인재를 확보하고 유지하기 위하여 차별적인 보상을 제공하고 있다. 또 확보된 인재를 육성하기 위하여 다양한 육성방안을 앞다투어 도입하고 있다.

반면 스탠퍼드대학교의 Jeffrey Pfeffer 교수는 "탁월한 인재관리는 보통 사람들의 잠재력을 최대한 끌어내서 비범한 성과를 내도록 하는 것이다."라고 주장하면서 안정적인 근무환경의 제공, 고용보장, 직원에 대한 존중과 배려, 신뢰에 기반한 기업문화의 구축을 강조한다. 대표적으로 Southwest Airline, SAS Institutes, Men's Wear-house 등은 다른 기업과 차별화된 다양한 프로그램을 도입하고 있다. 이러한 기업들은 개인보다는 팀워크에 중심을 두며, 기존 직원들에게 안정적인 고용을 제공하고 다양한 교육기회를 부여하고 있다. 1973년에 자본금 7,000달러로 시작한 Men's Wear-house는 30여 년이 지난 지금 미국과 캐나다에 650여 개의 영업점과 1만 명이 넘는 종업원을 거느린 대규모 남성정장 의류소매 체인점으로 성장

표 1.3	인재에 대한 관점 및 육성전략	
인재에 대한 기본관점	"탁월한 인재를 확보하는 것이 기업경쟁력 확보의 기본이다."	"모든 직원들이 자신의 능력을 발휘할 수 있는 기업문화를 구축하면 모든 직원들이 성과를 낸다."
인력확보	• 경영진 중심의 우수인재 확보 • 헤드헌팅 등을 활용한 인재 확보 • 효과적인 채용방법	• 인재확보보다는 기존의 직원들의 잠재력을 개발하고 그들의 잠재력을 100% 활용할 수 있는 조직을 구축
인력유지	• 연봉인상 및 인센티브 제공에 차등 • 근무환경의 개선 • 복리후생 제공	• 자유롭고 존중하는 조직문화 구축 • fun & pride • 고용보장 및 대부분 정규직으로 운영
육성	• 차별적 육성계획 수립 • 직무이동, 도전과제 등을 통한 육성	• 모든 직원에 대한 교육훈련 투자를 확대
배경 및 효과	• 기업 간 경쟁격화, 기술 등의 빠른 변화 • 새로운 아이디어 개발기간 및 비용의 단축이 필요 • 한 회사에 근무하는 기간이 단축되는 추세	• 흥미를 가지고 일해야 한다. • 자신의 일도 중요하지만, 팀워크를 이루어 일할 수 있도록 한다. • 직원에 대한 상호 신뢰와 존중
기업 사례	• 글로벌, 집단 기업 • 삼성, LG, MS 등	• Niche Player • SAS, NuCor, Men's Wear-House, Southwest Airline 등

했다. 1999년 이후 한 해도 거르지 않고 〈포춘〉이 선정하는 가장 일하고 싶은 100
대 기업에 선정되고 있다.

(3) 인적자원관리와 관련한 컨퍼런스의 주요 이슈

■ 미국인적자원관리협회

1948년에 발족하여 현재 100개국 이상에서 550개 단체가 가입하고 있는 미국인적
자원관리협회(SHRM)는 매년 관심 있는 주제를 중심으로 컨퍼런스를 개최하고 있
다. 미국인적자원관리협회에서 연도별로 다루어진 주요 발표주제들 가운데 최근
5~6년간 발표된 주제는 그림 1.1과 같다.

2005년과 2006년에는 고령화 및 다양성 관리의 필요성, 전략적 인적자원관리,
인적자원관리 리더십, 총 보상, 인재부족에 따른 인력유지(retention)전략, 글로벌
인적자원관리 등이 주로 다루어졌으며, 2007년에는 전략적 파트너로서의 인적자원

그림 1.1　SHRM의 주요 이슈

2005
• 고령화/다양성 관리의 필요성 • 전략적 인적자원관리의 본격적인 대두 • 법률적 리스크 • 인적자원관리 리더십, 커뮤니케이션 및 갈등관리 • 총 보상 : 보험, 연금, 후생 강조

2006
• 고령화/다양성 관리 • 인재부족에 따른 인력유지 전략 • 글로벌 인적자원관리 • 인적자원관리 리더십 • 조직문화 활성화 • 고의료비용 이슈

2007
• 전략적 파트너 • 몰입 • 혁신 • 인적자원관리 리더십 • 총 보상 : 복리후생 • 일과 생활의 균형

2008
• 종업원 인력유지를 위한 비금전적 보상 • 법 수준을 넘는 조직가치 내재화 • 회사 이미지 제고를 위한 고용 브랜드 • 글로벌 인재확보 및 유지, 글로벌 역량 • 복리후생 비용 절감 노력 : 고령화에 따른 건강관리비 증대 • ROI

2009
• 경영과 인적자원관리 간의 연계 강조 • 호경기를 대비한 핵심인재 확보 및 유지 • 변화 대리인으로서 인적자원관리 담당자 역할 • 위기극복을 위한 혁신 리더십 인적자원관리 성과측정 구축

2010
• 불황기에 있어서 인적자원관리 리더의 역할 　－비즈니스 리딩 　－몰입 문화 창조 • 혼란기의 리더십 　－인정 　－인력유지 　－몰입 • 핵심인재관리 • 다양성 관리

2011
• 글로벌 경영환경에 적합한 인적자원관리 운영 방안 　－글로벌 인재관리 　－문화적 차이 극복을 위한 인적자원관리 역할 및 커뮤니케이션 • 스마트 IT 시대에 조직혁신을 위한 인적자원관리 전략 　－스마트 IT 도입과 업무형태 진화 　－소셜 미디어를 활용한 적극적 소통

2012
• 향후 2020년 노동인구 급감에 따른 인적자원관리 방향 • 3E(Engaged/Empowered/Energized) 중심의 조직문화 정착 필요 　－직무와 회사 몰입 　－임파워먼트 　－3E와 기업의 수익성

2013
• 불확실성 시대의 성과 향상을 위한 전략적 인적자원관리 및 전략적 인재 확보 • 구성원 몰입을 위한 혁신 조직문화 구현 및 변화관리 • 효과적 커뮤니케이션과 스마트한 의사결정기법 • 구성원 몰입을 위한 보상 및 인센티브 개선 • 다양성 기반의 성공적 인적자원관리 운영 전략

2014
• 'Transform'을 위한 인적자원관리 담당자 전문성 향상 　－관련 산업구조와 시장 이해 　－기업 가치사슬 및 핵심 경쟁력 이해 • BSC 성과관리기법, Human Capital의 측정, HR 투자 수익률 등 고도 분석력, 계량화 추진 필요

2015
• Engagement 중심의 인적자원관리 방안 • 창의성, 다양성, 몰입 강조 　－조직 및 개인 차원의 다양성 인정 　－개인의 업무 몰입 지원 　－창의적 업무활동 • 조직 구성원 몰입을 위한 리더(중간 관리자)의 역할 강조

관리, 일과 생활의 균형과 복리후생이 중심이 되었다.

　2008년에는 회사의 이미지 제고와 고용브랜드(employ branding), 글로벌 인재확보, 그리고 종업원 유지와 관련된 주제가 발표되었다. 2009년에는 인적자원관리와 경영전략, 인적자원관리와 기업성과의 연계, 인적자원관리 성과측정에 대한 토의가 이루어졌으며, 2010년에는 불황기에 있어서의 인적자원관리 리더의 역할과 몰입, 핵심인재관리, 다양성 관리 등이 발표되었다.

　2011년에서 2013년까지는 글로벌 경영환경, 불확실성의 시대에 대응한 인적자원관리의 역할을 강조하였다. 2011년에는 글로벌 경영환경에 적합한 인적자원관리에 관한 이슈들이 논의되었다. 구체적으로 글로벌 인재관리, 문화적 차이 극복을 위한 인적자원관리 전략, IT 시대 심화 및 소셜 미디어의 도입에 따른 기업의 변화 등이 발표되었다. 2012년에는 향후 노동인구의 급감에 대응한 인적자원관리의 역할이 주요 주제로 등장했다. 그리고 2013년에는 불확실성 시대에 성과향상 방안과 구성원 몰입 증대를 위한 보상제도의 개선 등이 논의되었다.

　2014년에는 인적자원관리 담당자의 역할과 전문성에 대하여 논의되었다. 즉 기존의 기능중심의 인적자원관리 담당자의 역할을 뛰어넘어 산업에 대한 이해, 가치사슬 및 기업의 경쟁요인에 대한 이해가 기본적으로 필요하다고 강조되었다. 또한 BSC 성과관리기법, 인적자본(Human Capital)의 측정 등에 대한 고도의 분석력과 계량화에 대한 전문성도 인적자원관리 담당자의 기본적 역량으로 인식되었다.

　2015년에는 창의성, 다양성, 몰입이 강조되었다. 구성원의 몰입을 위한 리더(특히 중간관리자)의 역할이 중요하다고 발표되었다.

■ 미국훈련교육협회

1943년에 발족하여 현재 100여 개국 이상이 가입하고 있는 미국훈련교육협회(ASTD)도 매년 교육과 관련된 주요 주제를 중심으로 컨퍼런스를 개최하고 있다. 미국훈련교육협회는 크게 몇 가지 영역을 정하고 각 영역별로 주요 이론이나 우수사례(best practice)를 소개하고 있다. 2009년까지는 주로 9가지 영역에서 약 300개 세션이 진행되었다. e-러닝, 리더십 개발, 성과관리, 교육훈련, 교육결과의 측정,

그림 1.2 ASTD(ATD)의 주요 이슈

2005
- e-러닝
- 리더십 역량개발
- 성과관리 컨설팅 강화
- 기본 훈련
- 교육결과 측정 및 평가
- 조직변화
- 교육의 전략적 역할 강조
- 개인역량 개발
- 경력개발

2006
- e-러닝
- 리더십 역량개발
- 성과관리 컨설팅 강화
- 비공식 훈련
- 교육결과 측정 및 평가
- 조직변화
- 교육의 전략적 역할 강조
- 개인역량 개발
- 경력개발

2007
- e-러닝
- 리더십 역량개발
- 성과관리 컨설팅 강화
- 비공식 훈련
- 교육결과 측정, 평가 및 ROI
- 조직변화
- 교육의 전략적 역할 강조
- 개인역량 개발
- 경력개발 및 핵심인재관리

2008
- e-러닝
- 리더십 역량개발
- 성과관리 컨설팅 강화
- 비공식 훈련
- 교육결과 측정, 평가 및 ROI
- 조직변화 촉진
- 교육의 전략적 역할 강조
- 개인역량 개발(코칭)
- 경력개발 및 핵심 인재관리

2009
- e-러닝 확대
- 감성 리더십 확산
- 전략적 인재양성을 위한 교육
- ROI 중심의 교육 성과 측정, 평가
- 조직변화 촉진
- 비즈니스와 밀착된HRD
- 개인역량 개발(코칭)
- 경력개발 및 핵심인재관리

2010
- 학습 설계 및 촉진
- 학습기술 및 e-러닝
- 개인개발 및 코칭
- 변화관리 및 문화변화
- 경력개발 및 스킬향상

2011
- 학습 설계 및 촉진
- 학습기술 및 e-러닝
- 리더 육성
- 비즈니스와 연계된 학습
- 조직효과성
- 성과향상
- 측정, 평가, ROI
- 핵심인재관리
- 개인의 스킬 향상

2012
- 학습 설계 및 촉진
- 경력개발
- 글로벌 인적자원 개발
- 인적자본
- 리더십 개발
- 학습기술 및 e-러닝
- 측정, 평가, ROI
- 트렌드

2013
- 학습 설계 및 촉진
- 경력개발
- 글로벌 인적자원 개발
- 인적자본
- 리더십 개발
- 학습기술 및 e-러닝
- 측정, 평가, ROI
- 노동력 개발

2014
- 학습 설계 및 전달
- 경력개발
- 글로벌 인적자원 개발
- 인적자본
- 리더십 개발
- 학습기술 및 e-러닝
- 학습효과 측정 및 분석
- 노동력 개발
- 과학적 학습

2015
- 경력개발
- 글로벌 인적자원 개발
- 인적자본
- 교수설계
- 리더십 개발
- 학습기술 및 e-러닝
- 학습효과 측정 및 분석
- 경영과 관리
- 과학적 학습

조직변화, 교육의 역할, 개인개발, 그리고 경력개발 등이다.

2010년에는 5가지 영역으로 변경되었으며, 2011년에 다시 9가지 영역으로 변경되었다. 이후 매년 영역이 추가 또는 통합되기도 하였다. 2014년에 새롭게 등장한 영역은 '과학적 학습(Science of Learning)'이다. 이 영역에서는 학습문화, 학습심리, 그리고 뇌와 신경과학(neuroscience)의 내용이 발표되었다.

사실 ASTD는 초기에는 주로 교육이나 연수를 중심으로 진행되었으나 최근 들어 기업의 인재관리와 육성으로 범위가 포괄적으로 확대되고 있다. 이러한 변화에 맞추어 2014년에 ASTD(American Society Training Development)를 ATD(Association of Talent Development)로 명칭을 변경하였다.(그림 1.2 참조).

인적자원관리 트렌드와
글로벌 우량기업의 인적자원관리 정책

CHAPTER2

학습목표

- 인적자원관리에 관한 주요 관심이나 트렌드의 변화를 이해한다.
- 미국, 일본, 독일, 한국 주요기업들의 인적자원관리 특성을 학습한다.
- 기업의 인재육성 방향을 이해한다.
- 기업의 조직문화 구축의 방향을 이해한다.

CHAPTER2

개 요

선진 우량기업들은 인터넷의 발달과 글로벌화, 경쟁의 격화 등 새로운 기업환경에 적합한 인재육성전략 및 창의적인 조직문화 구축 등 새로운 인적자원관리 정책들을 도입하고 있다. 삼성, LG, GE 등 세계적인 글로벌 기업들은 핵심인재를 확보하고, 이들을 경쟁확보의 핵심요인으로 보고 있다. 또 기업의 글로벌화에 따라 글로벌 인재육성에도 전략적 역량을 쏟고 있다. 또 근로자 개인의 삶이나 일과 생활의 균형에 대한 가치가 증대됨에 따라 근무환경이나 근무형태가 개선되는 등 다양한 복리후생제도가 도입되고 있다. 개인의 창의성을 최대한 향상시키기 위한 자율적인 조직문화의 구축도 중요한 추세이다.

최근 기업을 둘러싼 환경은 급변하고 있고, 기업 간의 글로벌 경쟁은 치열하다. 또한 세계적인 금융위기 이후 경제불황이 지속되고 있으며, 이러한 시기에 인적자원관리 부문이 리더십을 발휘하여 사업을 이끌어나가야 한다. 따라서 인적자원관리가 기업의 가치를 증대시키거나 비즈니스를 선도하기를 기대하는 요구는 더욱 증대하고 있다.

이 장에서는 최근 인적자원관리와 관련한 연구방향이나 주요 학자들의 주장을 고찰하고, 인적자원관리 관련 주요 컨퍼런스의 발표내용을 중심으로 하여 선진기업들의 인적자원관리 정책이나 방향을 도출하고 우리나라 기업의 인적자원관리 정책을 수립하는 데 도움을 제공하고자 한다.

1. 핵심인재의 확보 및 육성

2000년대 이후 기업들의 경쟁이 치열해지면서 핵심인재의 확보에 대한 중요성이 기업경영의 화두로 부각되었다. 핵심인재들이 회사의 가치를 창조하고 기업의 경쟁우위(competitive advantage)를 선도함에 따라 핵심인재를 유인하고, 이들을 확보하고 유지할 수 있는 능력의 정도에 따라 기업의 경쟁력이 결정된다.

삼성, LG, GE 등 세계적인 글로벌 기업들은 핵심인재의 확보를 중요한 전략적 목표로 삼았다. 예를 들어 삼성은 핵심인재의 확보를 경영자 평가의 주요 항목에 포함하고 있다. 또 마이크로소프트는 핵심인재 확보를 위하여 별도의 채용팀을 구성하고 있다.

그러나 2008년 이후 세계적인 금융위기는 각 기업들로 하여금 핵심인재 관리전략의 초점을 변경하게 했다. 최근 많은 기업들은 핵심인재 관리전략을 확보전략에서 유지 및 육성전략으로 진환하고 있다. 불황기에 기업들의 성과 저하는 핵심인재의 유출을 가져오게 했으며, 또 일부 기업들은 불황 이후 새롭게 성장하는 시장에 적합한 인재육성의 필요를 느끼게 되었다.

듀폰은 새롭게 성장하는 아시아 시장을 이끌 리더를 육성하기 위해서 기존의 확보 중심의 모델에서 핵심인재 선정 후 개발에 초점을 두고 있다. 직속상사를 중심으로

표 2.1 주요 기업의 핵심인재 정의	
회사명	핵심인재 정의
삼성	• 10만 명을 먹여 살릴 수 있는 우수한 1명 • 5~10년 후 핵심사업을 이끌어나갈 인재로 어떠한 환경변화에도 대처할 수 있는 창의적이고 진취적인 인재
LG	• 최고경영자에서 그룹단위까지 조직책임자의 차세대 후계자 • 연구개발 등 회사의 핵심역량직군을 형성하는 인재군
GE	• 경영프로, 차세대 리더, 창조적 소수 • 높은 성과를 내는 인재 중 잠재력이 높은 인재
지멘스	• 핵심보직을 맡고 있거나 잠재력이 충분한 인재 • S1 : 차기 경영자 후보, S2 : 개별 국가의 사업책임자

한 2~3명의 상사가 중심이 되어 핵심인재를 선발하며, 선발 후에는 부서 간 이동, 프로젝트 참여, 교육, 그리고 코칭 및 멘토링 등을 통하여 집중적으로 육성된다.

지멘스는 상사와 인사담당부서가 중심이 된 선발미팅(round table)을 통해 핵심인재를 선발하여 순환근무, 해외파견, 글로벌 리더십 프로그램의 적극적인 참여 등을 내용으로 하는 개인별 맞춤형 육성계획이 수립된다. 최고경영자는 핵심인재 육성계획의 실천 정도를 매년 점검한다.

2. 글로벌 리더의 육성

글로벌화(globalization)는 기업들에 새로운 도전과 기회를 제공하고 있다. 이에 따라 우리나라 기업들의 글로벌화도 지속적으로 신속하게 추진되어야 한다. 먼저 우리나라 기업들의 시장이 전 세계로 확대됨에 따라, 현지 시장에서의 사업역량 강화가 사업전략 달성의 핵심관건이 되고 있다. 그뿐 아니라 글로벌 시장에서 성공하기 위해서는 기업의 조직구조, 문화, 전략, 구성원 등이 모두 글로벌 사업의 수행에 적합하게 바뀌어야 한다. 그중에서도 글로벌화를 위한 가장 기본이 되는 것은 사람이다. 즉, 글로벌 인재이다. 특히 국가나 지역을 넘어 글로벌 사업을 이끌 수 있는 역량을 갖춘 글로벌 리더의 확보가 중요하다.

글로벌 리더의 역할이 중요해지고 있는 반면, 기업들은 글로벌 리더의 확보에 어

표 2.2	주요 기업의 글로벌 리더 육성 프로그램	
회사명	**주요 육성 프로그램 및 내용**	
Standard Chartered Group	• IG(International Graduate)를 모집, 글로벌 시대의 인재 육성 • 각국에서 엄격한 선발, 2년간 OJT 및 각 부문별(기업금융, 개인금융, 인적자원관리, 부동산, 투자금융 등) 근무경험 부여 • 해외 워크숍, 각국에서 선발된 IG들과 교류	
Motorola Global Leader	• Motorola University에서 글로벌 리더 육성 • 국가 간 다양한 파견 프로그램 운영	
삼성 엔지니어링	• 전 직원을 글로벌 전문가로 육성 • GE, Apple 이상의 교육 투자 • 박사 57명, 기술사 200명, 외국인 865명(전 직원 4,700명) • 신입사원은 2개월간 해외 현장실습을 의무화 • 국내외 MBA, 장·단기 해외연수, 74개의 온라인 강좌 운영	

려움을 겪고 있다. 〈포춘〉의 500대 기업을 대상으로 조사한 결과를 보면, 약 85%의 기업이 글로벌 리더가 수적으로 부족하다고 토로했으며, 88%의 기업은 글로벌 리더의 자질이 부족하다고 응답했다. 이러한 현상은 우리 기업들도 예외는 아니다. 기업의 글로벌화 역사가 선진기업들에 비해 짧을 뿐만 아니라 글로벌화를 위한 글로벌 리더 육성체계의 역사도 일천하기 때문이다.

3. 다양성 관리

글로벌화가 진전됨에 따라 전 세계 지역별 시장을 대상으로 사업을 수행하여야 하며, 여성 근로자, 외국인 근로자를 비롯한 소수계층의 근로자 비율도 증가하고 있다. 이제 우리나라 기업들도 인력의 다양성 관리와 관련된 사업기회와 위험을 인식하고 관리해나가야 한다.

다양성 관리(diversity management)란 그 이름만큼이나 다양한 정의가 존재하나, 대체로 '모든 사람들을 직원으로서 또는 고객으로서 개인 그 자체로 인정하고 존중한다.'는 점이 가장 본질적인 내용이라 할 수 있다.

LG경제연구원의 조사에 따르면 다양성 관리는 서구 선진국들의 법규준수(compliance) 과제로서 출발되었다고 한다. 즉, 차별금지법(Anti-Discrimination

Act)이라든가 이에 기반한 기회평등(equal opportunity)에 관한 법규 등 기본권 보장에 대한 법규가 기업경영에 영향을 미치면서 이를 준수하려는 노력의 일환으로 시작되었던 것이다. 이러한 법규준수와 관련된 노력들은 여전히 다양성 관리의 주요 활동으로 평가되고 있으며, 북미나 유럽의 많은 기업들에 있어서는 이와 관련된 규제의 준수가 사업수행의 전제조건이 된다고 볼 수 있다.

LG경제연구원의 신원무 연구원은 "우리나라도 최근에 기회균등 및 이를 위한 적극적인 고용조치(affirmation action)에 관한 법규가 제정됨에 따라, 그동안 기업조직 내에서 여성인력 활용을 보다 활성화하려는 노력들이 이루어지고 있는 것이 사실이다."라고 주장한다. 그 결과 여성인력의 고용상태(채용뿐만 아니라 육성, 승진, 책임 범위 등 직무수행 조건 전반의 상황)가 일부 개선되고 있는 듯이 보인다고 한다.

LG경제연구원의 보고서에 따르면 다양성 관리는 다양한 인력들의 차이점에 기반한 잠재력을 제대로 발휘하게 함으로써 사업경쟁력의 강화 및 사업성과의 창출을 도모하자는 것이다. 미국인사관리협회의 2001년 조사에 따르면, 91%의 기업이 다양성 관리가 조직의 경쟁력 향상에 긍정적 영향을 미친다고 응답하였다. 또한 세계적인 성별 다양성 정책연구기관인 Catalyst의 조사보고서 '기업성과와 성별 다양성의 연계 분석'을 통해 최고경영진에 여성의 참여정도가 높을수록 기업경영이 투명해지고, 창의적인 전략 실행 등을 통해 그만큼 수익성이 높아진다는 흥미로운 결과를 보여주었다. 1996~2004년까지 〈포춘〉 선정 500대 기업을 대상으로 조사한 결과 이사회 및 경영진에 여성인력의 참여가 높은 기업이 그렇지 않은 기업보다 ROE, ROI 등 수익률 지표가 훨씬 높다는 것이 지속적으로 보고되어 왔다.

실제로 다양성 관리 정책을 선구적으로 도입해온 IBM에서는 다양성 관리를 사업성과 향상에 연계하는 프로그램을 적용하여 많은 성과를 거두고 있다고 LG경제연구원은 주장한다. 전 세계 170개국 이상에서 다양한 인종과 민족들을 대상으로 사업을 수행하는 IBM은 자국 및 현지의 우수 인재들이 피부색, 국적, 나이, 성별, 성적 정체성(GLBT), 장애여부에 관한 차별 없이 업무에 몰입할 수 있는 업무환경과 정책을 도입하고 있다. 특히 1995년에 8개(아시아계, 아프리카계, 히스패닉계,

표 2.3 주요 기업의 글로벌 리더 육성 프로그램

회사명	다양성 프로그램의 내용
FedEx	• 다양성관리위원회를 구성하여 '사람 중심의 다양성 관리'를 실천 • 지리적 기준으로 7개의 협의회를 구성(임기 2년, 15~20명, 중재자 2명 포함) • 다양성 관리과정의 개발 및 목표달성 지원, 현장정보 제공
IBM	• 여성, 장애인 등 소수를 위한 보고서 발간 및 관리 • 다양성 관리의 전담자 및 임원 선임
P&G	• 매년 다양성관리 책자 발간 • 다양성을 고려한 채용정책 • 여러 민족들로 구성된 다문화 제품개발팀 구성(Vizir라는 복합적인 시장 니즈를 모두 고려한 '유럽형' 세탁세제는 출시 6개월만에 대성공)
HP	• 다양성 관리에 컨설턴트를 활용(교육 프로그램 운영)
Citi	• 다양성 교육(respect at work)
삼성SDS	• 다양성 문화정책, 회사가치로 규정, 여성위원회 설치
펩시콜라	• 다문화 융합프로그램
Google	• 성과 인종에 대한 차별이 없음(능력만 있으면 얼마든지 출세) - 여성 비율 31%, 소수민족 36%

아메리카 원주민계, GLBT, 장애인, 남성, 여성 등)의 다양성 범주별로 임원급의 태스크포스 팀을 조직하여 다양성 관리 프로그램과 사업성과 향상을 연계시키는 노력을 기울이고 있다.

이러한 다양성 관리정책과 사업성과를 연계시키려는 노력의 결과 IBM은 이러한 8개 범주 집단에 해당하는 고객기반을 개척하는 데 성공하였으며, 이처럼 확대된 고객기반으로 구성된 중소규모 시장에서의 수익을 1998년 1천만 달러에서 2003년 2~3억 달러 규모로 성장시킬 수 있었다.

또한 P&G 역시 적극적인 다양성 정책을 통해 사업경쟁력을 제고하고 있는 대표적인 기업이다. P&G는 유럽 고객들의 다양한 요구를 모두 고려한 '유럽형' 세탁세제 제품을 개발하기 위해 각국의 여러 민족들로 구성된 다문화 제품개발팀을 구성하였다. 이렇게 탄생된 비지르(Vizir)라는 세탁세제는 출시 6개월만에 대성공을 거두었다.

4. 고성과 조직

성과는 기업이 성장하는 데 중요한 요인이다. 지속적으로 성과가 부진한 기업은 생존할 수 없다. 기업들은 성과를 창출하는 원인이 무엇인지, 성과 저하의 원인은 무엇인지를 탐구해야 한다. 세계적인 IT 시스템 기업인 시스코의 최고경영자인 존 챔버스는 기업성과는 뛰어난 소수의 몇몇 인재들의 결과가 아니라 팀워크의 효과라고 한다. 이러한 주장은 축구나 아이스하키 팀에서 흔히 나타난다. 1명의 스타 플레이어에게 의존한 결과, 게임에서 지는 경우를 흔히 볼 수 있다. 비즈니스 세계에서도 마찬가지이다. 한국 최고의 기업이자 인재들의 집합소라 할 수 있는 LG전자나 삼성전자의 MP3 플레이어가 iRiver라는 중소기업 제품을 따라 잡지 못했던 것이 하나의 예이다.

실제로 LG경제연구원이 국내 기업을 대상으로 조사한 결과에서도 평범한 직원을 보유하고 있으나 동기부여를 잘하는 기업들은 7.9%의 영업이익률을 기록하여, 동기부여를 잘 하지 않는 기업들의 영업이익률 6.9%보다 높은 것으로 나타났다.

지식 사회에서 탁월한 인재가 사업성공의 중요한 관건인 것은 사실이다. 그리고 인재들이 풍부한 회사가 실제로 승승장구하는 경우도 많다. 그러나 인재 확보 그 자체가 사업성공을 보장하는 것은 아니다. 오히려 일부 인재에 의존하지 않고 내부의 평범한 직원들로 고성과를 내는 기업들도 많은 것이 현실이다. 이미 일류 기업의 반열에 오른 P&G, Nucor, 교세라 등의 기업과 중소기업이면서 글로벌 경쟁을 선도하는 레인콤 등이 그러하다. 이러한 기업들은 외부에서 검증된 인재들을 영업하기보다는 내부 직원들을 효과적으로 동기부여하는 데 집중함으로써 인재 집단 이상의 성과를 창출해내고 있다. 다음은 LG경제연구원이 주장하는 고성과 조직의 특성이다.

첫째, 고성과 조직은 일류 인재 대신 기업의 가치에 부합하는 적합한 인재(right people)를 채용한다. 세계적인 생활용품 기업인 P&G는 회사가 추구하는 가치에 부합하는 신입사원들을 뽑는 것으로 유명하다. P&G는 채용 시 학벌이나 유명 기업체의 근무경험보다는 회사의 핵심가치를 실천하기 위한 최소한의 기본 자질인 리더십, 역량, 위험감수, 혁신, 문제해결, 협력 등 7가지 항목을 고려한다.

둘째, 고성과 조직은 팀워크를 강조한다. Nucor는 팀 보너스 시스템을 활용하여 팀워크를 다지는 것으로 유명하다. 직원들 보수의 50% 이상을 20~40명으로 이루어진 팀의 생산성과 직접 연계시키고 있는 것이다.

셋째, 내부육성원칙을 준수한다. P&G는 최고경영자를 회사 내부에서 육성하는 내부승진제도로도 유명하다. 갑자기 중간 간부가 회사를 떠난다 하더라도 내부 직원으로 대체할 수 없는 특별한 경우를 제외하고는 자리를 그냥 비워둔다. 그리고 내부 직원이 충분한 역량을 갖추면 빈자리로 승진시킨다.

넷째, 리더는 현장직원과 잦은 대화를 한다. Nucor의 최고경영자인 댄 디미코가 부임 후 맨 처음 한 일은 모든 부서와 현장을 방문하면서 최대한 많은 사원과 대화하는 것이었다고 한다. 또한 1년에 한 번 이상 직원들과 만남의 자리를 갖겠다고 약속을 하고 35개 사업장을 지속적으로 방문하며 Nucor의 핵심가치와 실천방안을 끊임없이 주지시키고 있다.

5. 일과 생활의 균형

스위스 은행의 조사에 따르면 우리나라 근로자의 근로시간은 평균 2,312시간(서울 기준)으로 세계에서 매우 높은 수준이다. 1,582시간(리옹 기준)을 근로하는 프랑스나 다른 유럽국가에 비하여 약 700여 시간을 더 일한다. 다른 조사에 따르면 조사 대상 직장인의 73%가 과거에 비해 동기가 저하되었다고 응답했다. 또 25%는 업무에 몰입하기 곤란하다고 답했다. 이러한 자료는 우리나라의 자살률이 OECD 국가 중에서 가장 높은 것과도 일치한다.

현대 직장인들은 조직생활에서 여러 가지 스트레스를 받는다. 일부 직장인들은 스트레스를 극복하지 못하고 여러 가지 질병에 걸린다. 따라서 많은 선진기업들은 지속적인 근로와 업무생산성의 증가를 위하여 적절한 휴가 등 다양한 복리후생 제도를 도입하고 있다. 또 가능하면 쾌적한 근무환경과 개방적인 조직문화를 조성한다.

표 2.4 일과 생활의 균형 사례

회사명	주요 내용
SAS	• 쾌적한 근무환경과 총체적인 복리후생 　-대학 캠퍼스 같은 잘 가꾸어진 조경 　-주 35시간 근무제 　-탁아시설, 의료지원, 피트니스센터 등 　-직원들의 저녁식사를 위한 'meals to go'라는 프로그램 운영 • 열린 조직문화 　-자유로운 부서 간, 계층 간 커뮤니케이션 • 해고가 없음(이직률은 4%) * '100 Best Companies to Work' Top 5에 7번, Top 10에 5번 등 13번 선정(1998년 이후)
Google	• 놀이터 같은 편안함 제공 　-본사의 11개 식당에 특급 요리사가 24시간 대기, 항시 무료로 이용 가능함 　-회사에 애완견을 데려와 근무하는 것이 가능 　-의료서비스, 수영장, 마사지, 당구장 등을 무료로 이용 가능 • 자기성장의 기회 보장
Genentech	• 안식휴가 제공 　-연구원들이 탈진하지 않도록 6년마다 안식휴가 제공

SAS는 주 35시간 근무제를 도입하였으며, 탁아시설, 의료지원, 피트니스센터 등을 언제든지 이용할 수 있게 하고 있다. 또한 열린 조직문화를 구축하여 자유로운 부서 간, 계층 간의 커뮤니케이션이 가능하다. Google은 놀이터 같은 편안함을 제공하고자 회사에 애완견을 데려와 근무하는 것이 가능하며, 의료서비스, 수영장, 마사지, 당구장 등을 사내에 설치하여 직원들이 무료로 이용하며 휴식을 취할 수 있도록 한다.

6. 구성원의 몰입과 창의성

클레어몬트대학교 심리학과의 칙센트 미하이 교수는 "몰입은 사람들이 자신의 능력을 최대로 발휘하는 최고의 경험이다. 기업경영의 세계에서는 구성원들이 일에 흥미를 느끼며 기꺼이 위험을 감수하면서도 새로운 아이디어에 도전하는 것을 의미한다. 아울러 구성원들의 몰입은 조직 내부의 상상력과 창의성을 극대화할 수 있

표 2.5	창의성 발현을 위한 주요 제도
회사명	**직원의 창의성 유발을 위한 주요 제도 및 프로그램**
Google	• 자기성장의 기회 보장 • 업무시간의 20%를 자신이 좋아하는 일에 투입할 수 있음
Genentech	• 창의성 넘치는 조직문화 • 창업 초기의 '실험정신'을 계승하여 30년이 된 기업이지만 대학 캠퍼스나 닷컴기업과 같이 형식에 얽매이지 않고 자유롭게 아이디어를 표현하고 실험할 수 있음 　－창의성을 높이는 인사 정책 • 하루의 일정 시간을 자신이 하고 싶은 일을 하게 함
3M	• 15% 규칙 　－하루 업무시간의 15%를 자기가 하고 싶은 일을 하게 함 • 제네시스 프로그램 　－개인이 새로운 아이디어를 구현하고자 할 때 회사가 예산을 지원하고 인력을 참가하도록 함

는 가장 유용한 수단이다."라고 지적한다.

오늘날 기업은 창의적인 아이디어를 내놓기 위한 경쟁이 치열하다. 이는 지식사회의 중요한 특징이다. 기업은 끊임없이 지식을 창출하고 축적해야 한다.

6만 개 이상의 제품을 시장에 공급하고 있는 3M은 조직 내에서 창의적인 아이디어를 도출하기 위해 직원들에게 자율성을 제공한다. 직원들은 하루 15%의 시간을 자신의 업무 이외에 관심 있는 업무를 할 수 있다. 또 직원들이 아이디어를 구체화하고 상품화할 수 있도록 예산과 인력을 지원한다.

Google이나 Genentech도 업무시간의 20%를 자신이 좋아하는 일에 투입할 수 있도록 한다. 이 기업들은 직원들에게 자율성을 최대한 제공하고 아이디어를 구현하고자 한다. 또 창의적인 조직문화를 조성하는 데 전력하고 있다.

■ 제 1 부
■ 참 고 문 헌

강진구, 강한 조직을 만드는 프렌드십 경영, LG경제연구원, 2007. 7

고현철, 성과주의 인사의 진화방향, 삼성경제연구소, 2008. 5

김원기, 구성원이 몰입하지 못하는 이유, LG경제연구원, 2010. 2

김인수, 거시조직이론, 무역경영사, 2007

김종관 & 배상림, 인적자원관리시스템과 조직성과에 관계에서 인적자본의 매개효과에
　　관한 연구, 인사관리연구, 2006

노동부, 연봉제 및 성과배분제 실태조사, 2003

박상언, 성과주의 인사제도 운용의 딜레마, 인사조직연구, 제15권 1호, 2007

배종석, 인적자원론, 홍문사, 2006

신원무, 인력의 다양성이 글로벌 경쟁력이 되고 있다, LG경제연구원, 2009. 9

양병철, 세계 경영의 기반 : 글로벌 리더를 확보하라, 2003. 10

유규창, 인적자원관리의 전략적 접근에 관한 연구, 경영학연구, 제27권 제3호, 1998. 8

장상수, 글로벌 경영시대의 2010 HR Trend, 2010 경희 HR 포럼, 2010. 2

정종태, 한국기업의 인재관리의 현재와 미래, *Semicom HR Review*, 한국반도체산업협
　　회, 2010

허진, 평범한 직원으로 고성과 내는 비결, LG경제연구원, 2006. 6

Becker, B.E., Huselid, M.A., Ulrich, D., *The HR Scorecard*, Boston, MA : Harvard
　　Business School Press, 2001

Huselid, M.A., Becker, B.E., Beatty, R.W., *The workforce scorecard*, Boston, MA :
　　Harvard Business School Press, 2006

Huselid, M.A., Jackson, S., Schuler, B., Technical & Strategic Human Resource
　　Management Effectiveness as Determinants of Firm Performance, *Academy of
　　Management Journal*, Vol. 49, No. 1, 1997

Roehling, M., et. al, The Future of HR Management : Research Needs and Directions,
　　Human Resource Management, Vol. 44, No. 2, 2005

Pfeffer, J., O'Reilly, D., 숨겨진 힘(Hidden Value), 김영사, 2002

미국 은행의 인사시스템 변천

미국 은행도 처음부터 지금과 같은 능력주의의 인사시스템을 채택하고 있었던 것은 아니었다. 미국의 대형은행인 Chase는 오랫동안 온정주의가 기업문화의 핵심적인 개념이었다. 그러나 1970년대 이후 경영환경의 변화에 따라 인사 정책의 방향도 온정주의에서 능력주의로 변화되어 왔다. Chase는 경영이 매우 어려웠던 대공황 시대에도 종업원을 해고하지 않았다. 제2차 세계대전 후에도 온정주의가 지배적이었고, 비록 성과가 좋지 않은 종업원이 있더라도 해고하지 않고 업무의 요구수준이 낮은 직위(post)로 전환·배치하는 방식으로 고용의 유지에 노력하였다. 이러한 고용관행은 지극히 '일본적'인 것이라고 할 수 있었다. 1970년대에 이르러서도 온정주의는 여전히 지배적이고, 일부 전문가를 제외하고는 은행 내의 모든 직위에 대해서 내부 선발을 통하여 등용하였고, 외부로부터 인재를 채용하는 일은 거의 없었다. 여러 가지 사정으로 일시적으로 Chase를 떠난 사람도 상황이 변하여 Chase에 돌아오는 경우가 많았다. FRB 이사장을 역임한 폴 볼커가 그 일례이다. 그는 재무차관보에 취임하여 Chase를 사임하였지만 1965년에 Chase에 복귀하였고, 4년 뒤인 1969년에 다시 Chase를 떠나 재무차관, 뉴욕연은 총재, FRB 이사장을 역임하였다.

그러나 1970년대 전후부터 상황이 변화하였다. Chase는 1970년에 조직개편을 실시하여 다음 해에 새로운 조직을 발족하였다. 일련의 개혁은 국제화나 산업의 고도화, 전문화에 대처하기 위한 것으로 전 세계를 3지역으로 나누어 각각의 지역의 총괄 책임자를 뉴욕에 배치하였으며, 이를 기업거래, 외환, 기획 등으로 기능별 담당자가 지원하는 체계를 만들었다. 동시에 인사부문의 역할도 근본적으로 고쳐 인사관리나 채용 등 인사부문의 본연의 업무를 수행하게 했다.

1970년대 후반에 상황은 완전히 바뀌었다. 이때에는 200명 단위로 대학졸업자를 채용하고 간부 직위에는 유능한 인재를 외부에서 적극적으로 등용하였다. 그리고 기대수준에 미치지 못하는 종업원은 해고하였다. 이제 온정주의는 유지할 수 없게 되었으며, 이것은 Chase의 기업문화의 큰 변혁이었다.

1970년대 전반의 환경변화는 매우 심각하였다. 닉슨 쇼크(1971년 8월), 변동시세제로의 이행(1973년), 제1차 석유위기(1973년 10월) 등 중대한 사건이 연달아 있었다. 그 결과 금리나 환율의 변화가 확대되고 은행의 위험은 그때까지와는 비교할 수 없을 정도로 커졌다. 한편 오일달러의 집적은 런던이나 홍콩 등의 금융시장의 확대를 가져와 투자은행업무 등 금융업무가 확대, 심화되었다. 또한 산유국이나 중남미국가 등 자원보유국에 대한 관심이 높아졌으며, 한국이나 대만 등 아시아제국의 대두, 베트남 전쟁의 종결에 의한 소련, 중국 등과의 관계회복 등 국제화도 비약적으로 전진하였다. Chase는 이러한 환경변화에 대응하여 런던이나 홍콩의 자회사를 통한 투자은행업무를 강화하기로 하고 소련에 사무소를 개설하였다. 또한 이 시기부터 국내 거점망의 확대에도 주력하기 시작하였다. 마크화덴법에 의하여 미국 은행은 지점개설이 엄격히 제한되어 있었지만 지주회사를 이용한 국내 거점망의 확대가 이 시기부터 시작되었다. Chase의 경우, 타행보다 약간 늦은 1969년 6월에 지주회사를 설립하였다. 이러한 환경변화에 따라 인재육성에서도 종래의 제너럴리스트 지향에서 스페셜리스트 지향으로 변화하였다. 특히 1975~76년의 경영위기에 따라 온정주의를 유지하기도 어렵게 되었다. 1975~76년의 미국경제는 석유위기 뒤의 스태그플레이션 때문에 은행도 불량채권문제 등의 어려움을 안고 있었다. 이것은 은행계 공통의 문제이기는 하지만 특히 Chase는 부동산 관련 거래의 비중이 크기 때문에 그 영향으로 불량채권문제가 보다 심각하였다. 이러한 것도 온정주의의 포기에 영향을 주었다.

이와 같은 움직임은 Citi 은행에서도 볼 수 있었다. Citi 은행의 경우 Chase와 같은 온정주의의 기업문화는 아니었지만 그래도 과거에는 다양한 부서를 이동시켜 그에 따른 책임을 부과하는 방식이 인사 정책상 최선이라고 생각하였다. 이는 일본형의 직무순환(job rotation)에 가까운 것이었다. 이러한 은행 내에서의 직무순환을 인재육성의 방식으로 하는 경우에는 인재육성에 오랜 시간을 필요로 한다. 제너럴리스트 지향형의 인재육성방식으로는 고도의 전문성을 필요로 하는 금융환경의 변화에 적절하게 대응할 수 없다. 경제가 빠른 속도로 확대되고 업무가 다양화·전문화되면 될수록 인재부족 현상이 크게 부각된다. Citi의 경우 1960년대 후반에 이러한 문제에 직면하였다. 더구나 환경변화가 빠르기 때문에 종래와 같은 방식으로는 인재육성은 불가능하다고 판단되어 특정분야를 목적으로 한 인재육성에 착수하였다. 이 방식은 인재육성의 시간을 단축할 뿐만 아니라 산업의 고도화, 전문화의 진전에도 적절히 대응하고 고객대응에 대하여도 효과적이다. 이렇게 하여 내부 직무순환에 의한 경력관리 시스템이나 제너럴리스트 지향의 인재육성은 붕괴되었으며, 외부에서의 인재영입도 필요하게 되었다.

 토론주제

  1. 미국 은행들이 온정주의 시스템에서 능력주의 시스템으로 변경한 이유는 무엇인가?
  2. 온정주의 인사시스템에서의 이동이나 직무부여, 인력관리의 기준은 무엇인가?
  3. 일본형 직무순환의 장점과 단점은 무엇인가?
  4. 우리나라 기업의 인사시스템은 온정주의인가? 아니면 능력주의인가?

PART 2

직무관리관점의
인적자원관리

3

직무분석

- 조직 내의 역할과 책임구분의 중요성을 이해한다.
- 직무분석의 목적을 명확히 이해한다.
- 직무분석의 활용에 대한 구체적인 지식을 획득한다.
- 직무의 개념을 이해한다.
- 직무정보 수집방법의 장단점을 이해한다.

조직 내 직무를 분류하고, 각 직무의 내용과 요건을 명확히 정리하여야 한다(직무내용을 정리한 것을 직무기술서, 직무요건을 정리한 것을 직무명세서라 함). 직무내용이란 직무를 구성하는 과업과 절차, 보고체계 등을 말하는 것이다. 직무별로 직무내용이 명확하게 정리되면, 직무담당자의 역할과 책임이 뚜렷해진다. 또 직무요건이란 해당직무의 담당자가 보유해야 할 자질, 지식, 자격 등을 정의한 것으로 인력선발이나 교육훈련 등의 제반인사관리의 기초자료로 활용된다.

1. 직무분석의 의의

1) 직무분석의 필요성

조직은 여러 부서와 여러 사람들로 구성되어 있다. 다양한 부서와 사람들이 협력하여 업무를 수행한다. 따라서 효과적으로 업무가 구분되어 있어야 한다. 그런데 우리 주변의 비효율적인 조직을 보면 부서 간 업무 중복이나 공백이 발생하는가 하면, 어떤 사람은 일이 많고 어떤 사람은 일이 적은 경우도 있다. 또 어떤 직원은 자신이 수행한 일을 팀장에게만 승인을 받으면 되는지, 본부장이나 대표이사에게까지 승인을 받아야 하는지 고민을 하기도 한다.

직무란 개인이 하는 일의 범위를 말한다. 따라서 조직 내 모든 구성원이 수행할 일의 범위가 명확하다면 그 조직의 효율성은 높을 것이다. 이를 위하여 각 기업들은 직무분석을 실시한다. 직무분석이란 조직 내 일의 체계를 체계적으로 구분하고, 조직 내 다양한 직무들의 역할과 책임(Role & Responsibility, R&R)을 명확히 하는 과정이라고 이해하면 된다. 물론 역할과 책임은 수평적인 R&R, 수직적인 R&R로 구분할 수 있다. 수평적인 R&R이란 부서 간의 역할 구분, 개인 간의 역할 구분을 말한다. 수직적인 R&R이란 계층 간의 R&R을 말한다. 또 직무분석을 통하여 현재 직무의 업무시간을 파악하고 인력이 부족한지, 아니면 인력이 과잉인지도 파악할 수 있다.

2) 직무분석의 개념과 목적

일반적으로 직무분석이란 다양한 직무에 대한 정보를 수집, 분석하여 직무별로 직무수행의 목적, 직무를 구성하는 주요 활동 및 책임, 직무수행 요건을 명확히 규정하는 일련의 작업을 말한다. 또한 직무에 기반한 인사관리를 실시하기 위하여 필요한 '직무기술서'와 '직무명세서'를 만든다. 결국 직무분석은 능력과 적성에 맞는 사람을 직무에 배치하여 업무를 수행하게 함으로써 조직의 목표를 이루게 한다는 측면에서 인적자원관리의 핵심요소라고 할 수 있다.

다음은 직무분석에 대한 여러 학자 및 기관의 정의이다.

- 특정 직무의 성질에 관한 조사, 연구 및 정확한 정보의 보고에 의하여 특정 직무의 성질을 결정하는 과정

  －미국 전시노동력위원회

- 각각의 직무에 관한 여러 사항을 발견하여 기술하는 절차

  －Dale Yoder

- 특정 직무가 지니는 기본요건을 조사하는 방법

  －J.F. Mee

- 직무를 구성하고 있는 일의 전체, 그 직무를 수행하기 위해서 담당자에게 요구되는 경험, 기능, 지식, 능력, 책임, 그 직무가 다른 직무와 구별되는 요인을 각각 명확하게 하는 기술적인 수단, 방법

  －미국 노동성 직무분석지침서

- 특정 직무의 본질적인 성격에 관한 정보를 체계적으로 수집하는 과정

  －George T. Milkovich

여러 학자들이나 기관들의 정의를 종합해보면 직무분석의 목적은 직무기술서와 직무명세서를 작성하여 인사관리의 여러 기능 분야의 활동을 보다 원활하고 효율적으로 수행하기 위해 필요한 정보를 제공하는 것이라고 할 수 있다. 이러한 직무분석의 실질적인 의의는 직무의 기본요소, 즉 무엇을, 왜, 어떻게, 어디서, 누가, 무엇을 수행할 것인가를 명확히 하는 데 있다. 또 직무분석을 통하여 직무의 성격을 명확하게 해서 이를 기초로 합리적인 채용기준을 설정하고, 종업원을 적재적소에 배치할 수 있으며, 적정임금수준의 결정과 직무의 상대적인 가치를 결정하는 자료로 활용할 수 있다.

3) 직무개념 및 직무분류

직무(job)를 한마디로 '일'이라고 정의할 때, 일에는 규모에 따라 직군, 직렬, 직무, 직위, 의무 및 책임, 과업으로 분류할 수 있다. 직무의 개념을 이해하기 위해서 이와 같은 기본적인 일의 종류를 이해하는 것이 중요하다.

(1) 직군

직군(job family, 職群)은 회사의 가치창출 과정에서 가치창출에 기여하는 방법이나 기능을 중심으로 분류된다. 즉, 회사의 가치창출에 직접적으로 기여하는 영업직군, 생산직군, 그리고 간접적으로 기여하는 경영관리직군 등과 같이 구분할 수 있다. 직군은 채용조건, 임금구조 및 지급기준 등을 결정하는 중요한 기준이 된다.

(2) 직렬

직렬(sub job family, 職列)이란 유사한 직무들의 집합으로, 업무수행에 필요한 전문성을 기준으로 구분된다. 예를 들어 경영관리직군에는 경영기획직렬, 인사총무직렬, 마케팅직렬 등이 있다. 직렬은 직원들의 전문성을 향상시키기 위하여 이동의 범위를 결정하는 데 중요한 역할을 한다.

(3) 직무

직무(job, 職務)는 한 사람 정도가 수행할 수 있는 일의 범위나 크기를 말하는 것이며, 유사한 의무들의 집합으로 구성된다. 즉, 한 사람이 수행하는 몇 개의 과업이나 의무를 직무라고 한다. 직무는 직무분석의 단위가 되기 때문에 조직운영의 기초가 되는 중요한 개념이다. 보통 하나의 직무는 한 사람이 담당하지만, 상황에 따라서는 동일한 직무를 지역적으로 구분하여 여러 명이 담당하기도 한다. 이러한 직무의 대표적인 예가 영업이다. 영업이라는 직무는 동일한 내용을 여러 명의 영업직원들이 담당하고 있다.

(4) 직위

직위(position, 職位)는 특정 시점에서 특정 조직의 한 개인이 수행하는 하나 혹은 그 이상의 의무로 구성된다. 따라서 특정 개인에게 부여된 모든 과업의 집단을 말한다. 예컨대 3명의 타자수, 2명의 선반공이라 할 때 타자수 직위 3개, 선반공 직위 2개라는 말을 쓸 수가 있다.

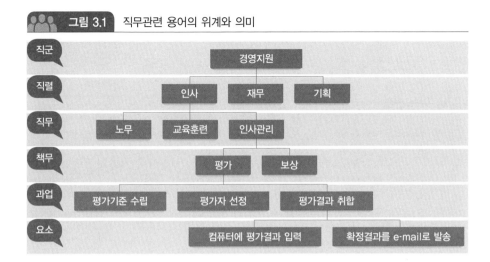

그림 3.1 직무관련 용어의 위계와 의미

직군	경영지원
직렬	인사　재무　기획
직무	노무　교육훈련　인사관리
책무	평가　보상
과업	평가기준 수립　평가자 선정　평가결과 취합
요소	컴퓨터에 평가결과 입력　확정결과를 e-mail로 발송

(5) 의무 및 책임

의무(duty, 義務)란 특정 개인이 수행하는 것으로 여러 가지 유사한 과업으로 이루어진다. 예컨대 평가기준을 정립하거나 평가자를 선정하는 등의 일은 그 자체가 별도의 일이다. 이와 같이 여러 가지 과업들이 모여서 하나의 의무가 되는 것이다. 일부 책이나 연구자들은 의무와 과업을 통합하여 직무분석에 활용하기도 한다.

(6) 과업

과업(task, 課業)이란 특정 목적과 역할을 가지고 있는 작업활동 단위로서 여러 가지 요소들로 구성된다. 과업은 근로자에게 부여된 일의 한 단위로서 일정한 목적을 가지고 있으며 분업이나 분담이 가능한 정리된 일을 말한다.

(7) 요소

요소(element, 要所)란 업무의 가장 작은 단위로 볼 수 있다. 전화를 받는다던가, 기록을 하는 등의 작은 단위업무가 그 예가 될 수 있다.

2. 직무분석의 활용과 직무분석 결과

1) 직무분석의 활용

(1) 채용 및 선발

직무분석을 통해 회사 내 부서 혹은 팀 내에 존재하는 직무의 종류와 양을 파악하여 회사가 필요로 하는 인력계획을 수립한다. 인력계획에 따라 필요한 인원을 정하고 채용절차를 진행하게 된다. 우선 직무분석 결과로 얻어지는 직무자격요건을 활용하여 모집광고를 하고 지원자를 확보한다. 확보된 지원자를 대상으로 선발절차를 진행하게 된다.

(2) 보상체계

회사 내 직무의 상대적인 직무가치를 임금(기본급 또는 수당)에 반영할 수 있다. 이를 위해서는 직무평가작업을 실시해야 하며 이때 직무분석은 직무평가 시 필수적인 자료가 된다. 이를 통해 기업의 목표달성에 어떤 직무가 더 가치 있는지 밝혀지므로 해당 직무수행자에 대한 합리적인 임금수준을 결정할 수 있다.

(3) 평가체계

직무분석은 '직무수행 시 무엇을 어떻게 해야 하는가'에 대한 명확한 방향성을 제시하여 근로자와 회사에 해당 직무의 성과가 무엇인지를 인식하게 한다. 해당 직무가 창출해야 하는 성과가 명확히 정의된다면 이에 대한 측정방법, 측정시기 등을 구체화하고 성과의 측정을 가능하게 한다.

(4) 경력개발

직무분석을 통하여 각 직무의 특성 및 직무수행을 위한 요구조건(지식, 기술 등)을 명확히 함으로써 이동배치, 승진을 위한 직무순환에 관한 자료를 제공할 수 있다. 그뿐 아니라 근로자에게 필요한 교육훈련의 방향성을 제공하며 교육훈련 내용에 대한 명확한 정보를 제공한다.

(5) 조직/직무의 재설계

환경의 변화에 따라 회사 내 업무의 성격이나 절차가 자연스럽게 바뀌게 된다. 규칙적인 직무분석을 통하여 변화하는 환경에 맞추어 통합 또는 분리해야 하는 직무를 선별함으로써 지속적으로 업무의 효율화를 꾀할 수 있다.

(6) 적정인력 산정

각 직무별로 업무시간을 조사하여 개인이 담당하는 업무의 양(시간)을 분석하고 이를 팀 단위로 합산하여 각 개인 및 팀의 적정업무량을 계산한다. 이를 기초로 하여 각 개인이 연간 근무할 수 있는 시간으로 나누면 각 팀에 몇 명의 인원이 필요한지를 산정할 수 있다. 여기서 산정된 적정인원과 현재 각 팀의 인원수를 비교하여 인원의 과잉, 부족여부를 파악하게 된다.

2) 직무분석 결과

직무분석의 결과로 직무기술서와 직무명세서가 작성된다. 직무기술서는 해당 직무의 주요 책임과 그것을 달성하기 위한 세부과업 및 요소를 기술한 것으로 직무분석의 결과에 의거하여 직무수행과 관련된 과업 및 직무행동을 일정한 양식에 기술한 문서이다. 직무명세서는 해당 직무수행을 위한 지식, 기술, 능력, 자격 등 직무의 인적 요건을 기술한 것으로 직무분석의 결과에 의거하여 직무수행에 필요한 종업원의 행동, 기능, 능력, 지식 등을 일정한 양식에 기록한 문서이다.

　　그러나 최근에는 편의상 직무기술서와 직무명세서를 단일양식으로 통합하여 관리하는 추세이며, 이렇게 통합된 문서나 자료를 직무매뉴얼이라 한다. 표 3.2는 공공기관의 직무매뉴얼 예시이다.

표 3.1 직무기술서와 직무명세서의 구성내용 비교

직무기술서	직무명세서
• 직무명 • 위치 • 직무개요 • 책임 • 기계, 도구 및 장비 • 사용될 원료와 그 형태 • 감독내용 • 작업조건 • 위험 등	• 교육 • 경험 • 판단과 독창성 • 육체적 노력 • 육체적 숙련 • 책임 • 의사소통 기술 • 정서적 특성 • 필요능력과 그 수준 • 오관의 사용도 및 필요도 등

예시 1) 직무기술서(job description)

직무구분	직무번호	직무명	소속본부	팀명
	10131	인사 매니저	경영지원본부	인사팀

직무요약	전 직원의 인사업무를 경영상의 필요와 규정에 따라 공정하고 효율적으로 수행하여 경영목표 달성에 기여한다.			

과업내용	구분	과업무명	업무내용(요소)	
	1	인사기획	인사제도의 문제점 파악, 자료분석, 개선방안 수립	
	2	인사제도, 개선업무	선진 인사제도에 대한 연구 및 적용 가능성 검토	
	3	인사관리	이동, 승격, 병가, 휴직자관리, 인사 관련 상담	
	4	근무평정	연간 1회 근무평정 및 승격명부 작성	
	5	자기신고서 관리	자기신고서 작성 및 입력, 정기 이동 시 참고자료 작성	
과업내용	6	인사 MIS	발령 및 근태에 관한 전산입력 확인	
	7	증명서관리	경력증명서 발급, 조직기능도표 관리	
	8	휴가	휴가관리, 병가관리, 연월차관리	
	9	보상관리	경력증명서 발급, 조직기능도표 관리	
	10	휴가	휴가관리, 병가관리, 연월차 관리	
	11	보상관리	기본급 및 성과급관리	

권한관계	의사결정권한	인사제도 개선안 발의		
		채용, 이동, 승진, 승격 등의 운영시행안 발의		
		적정인력 규모의 결정권		
	예산관련권한	인사업무 관련 예산의 기안 및 시행		

감독의 범위	보고자	피감독자		
	경영지원본부장	팀원		

작업환경	대부분이 실내에서 이루어짐			

예시 2) 직무명세서(job specification)

직무구분	직무번호	직무명	소속본부	팀명
	10131	인사 매니저	경영지원본부	인사팀
직무요약	회사의 전반적 인사관리			

인적 요건	필요지식/기술/능력		요구수준		
			상	중	하
	인사관리에 대한 기본지식				
	해외 채용 상담회 파견을 위한 외국어 능력				
	조직관리, 관련부문과의 업무협의 및 조정 능력				
	원활한 대인관계를 위한 의사소통 능력				
	한글, 워드, 파워포인트 및 인터넷 등 컴퓨터 능력 활용				
	....				
	정상적인 직무수행을 위한 소요기간		24개월		
	최소학력	대졸	전공	상경, 법정 및 어문계열, 기타 인문계열	
	필요자격/면허	없음	권장가격/면허	공인 노무사	

표 3.2 공공기관의 직무매뉴얼 예시

직무 일반정보

직군		직종	
일반		전산	
직무명		직무등급	
정보시스템 개발 시니어			

직무기술부분

직무개요 : 전산정보 이용기술의 연구개발 및 시스템 구축을 통한 정보화 업무처리의 효율성 강화

직무목적 : 업무효율성의 증대를 위한 정보시스템의 구축 및 운영, 신기술 개발 및 보급

단위업무 (task)	업무수행절차 (sub-task)	산출물 (output)	난이도	위임전결	고객(관련 부서/기관)	
					from	to
신규 시스템 구축	선진기업 벤치마킹, 시스템 구축계획의 수립	시스템 구축계획	5	실장	고객지원팀	전 부서
	과업지시서 작성, 업체 선정 및 TFT 구성	과업지시서	5	실장	고객지원팀	전 부서
	업무분석 및 설계	설계서	5	팀장	전부서	고객지원팀

단위업무 (task)	업무수행절차 (sub-task)	산출물 (output)	난이도	위임 전결	고객(관련 부서/기관)	
					from	to
신규 시스템 구축	프로그램 작성 및 테스트	응용프로그램	5	팀장	고객지원팀	전 부서
	완료보고, 사용자교육 실시	사용자매뉴얼	4	팀장	고객지원팀	전 부서
사업소 정보시스템 구축 및 운영	시스템 구축 및 기능개선계획 수립	시스템 구축계획	5	실장	고객지원팀	전 부서
	업무분석 및 설계	요청서	5	팀장	전 부서	
	프로그램 개발 및 테스트	응용프로그램	5	팀장	고객지원팀	전 부서
	완료보고, 사용자교육 실시	사용자매뉴얼	5	팀장	고객지원팀	전 부서
신기술 개발 및 보급· 지원	신기술 연구개발 계획	계획서	5	팀장	고객지원팀	
	신기술 연구개발 완료보고	완료보고서	5	팀장	고객지원팀	전 부서

직무명세부분(필요기초 자격요건)

필요학력 정도	대학원 이상		전공	1순위	컴퓨터 관련 전공
	대졸			2순위	전 부서
	초대졸			3순위	고객지원팀
자격면허	정보처리기사				

3. 직무분석 절차와 방법

1) 직무분석 절차

직무분석은 배경정보 수집, 직무분류표 작성 및 대상 직무의 선정, 직무정보의 수집 및 분석, 직무기술서 및 직무명세서 작성의 순서로 이루어진다.

(1) 배경정보 수집

예비조사 단계로, 직무분석 정보의 활용목적을 설정한 후, 그에 따라 조직도·업무분장표, 현존 직무기술서 및 직무명세서와 같은 이용 가능한 배경정보, 즉 기초자료를 수집한다.

(2) 직무분류표 작성 및 대상 직무의 선정

직무분석의 목적이 결정되면 단위 조직별로 직무분류표를 작성하고 직무분석 대상 직무를 결정한다. 즉, 조직 내 역할과 기능을 고려하여 직무분석의 대상이 되는 단위직무를 결정하여야 한다.

(3) 직무정보의 수집 및 분석

통상 이 단계를 직무분석이라 하는데, 직무분석 대상에 따라 직무의 성격, 직무수행에 필요한 종업원의 행동, 인적 요건 등의 정보를 수집하여 분석한다.

(4) 직무기술서 및 직무명세서 작성

수집된 직무정보를 기초로 하여 직무기술서와 직무명세서를 작성한다.

2) 직무정보 수집방법

성공적인 직무분석을 수행하기 위해서 직무에 대한 정보를 수집하는 것이 기본적으로 요구되는데, 정보수집방법을 대상 및 직무분석 목적에 따라 면접법, 관찰법, 질문지법, 워크샘플링, 중요사건법 등으로 구분할 수 있다.

(1) 면접법

면접법(interview)은 각 직무의 담당자를 개별적 혹은 집단적으로 면접하여 정보를 획득하는 방법이다. 직무분석 담당자는 질문항목을 가지고 면접에 임하며, 다른 정보수집방법보다 면접자와 피면접자 간의 상호 협력을 통해 이루어질 수 있고, 직무수행자의 정신적인 활동까지 파악할 수 있으며, 정확한 자료획득이 용이하다는 장점 때문에 가장 많이 활용하고 있는 방법이다.

(2) 관찰법

관찰법(observation)은 직무분석자가 직무수행자의 평상시 직무를 수행하는 것을 관찰하고 체계적으로 기록하는 방법으로, 보통 직무수행이 수작업이거나 표준화되어 있는 반복적인 활동일 경우에 활용된다. 그러나 작업수행에 영향을 미칠 수 있다는 점 때문에 정신적인 작업을 요하는 활동은 관찰이 불가능하며, 직무의 시작에서 종료까지 많은 시간이 소요되는 직무에도 적용하기가 곤란하다. 또한 관찰을 통해 획득한 정보는 관찰자의 주관성이나 관점에 따라 내용이 왜곡될 가능성이 있다는 점에서 다소 신뢰성이 떨어질 수 있다는 단점이 있다. 그러므로 분석된 직무분석 자료 중에서 보완이나 확인이 요구될 때에 이용하는 것이 바람직하다.

(3) 질문지법

질문지법(questionnaire)은 직무분석자가 직무수행자에게 직무내용, 수행방법, 수행목적, 수행과정 그리고 직무수행자가 갖추어야 하는 자격요건 등에 대한 질문이 포함되어 있는 질문지를 배부한 후 해당 항목에 체크하여 제출하는 방법이다. 직무분석을 하는 데에 시간과 비용을 절약할 수 있어 자료와 정보수집에 효율성이 인정되고 질문응답의 내용을 추가할 수 있어서 보완 또는 확인에 효과가 있으며, 폭넓은 정보를 획득할 수 있다는 장점이 있다. 특히 이 방법의 유효성은 응답자의 사고와 행동에 의해 좌우되므로 사전교육이 효과를 증대시킬 수 있다. 그러나 질문지 개발에 많은 시간과 노력이 소요되며 시행과정이 융통성이 없다는 단점이 있다.

(4) 워크샘플링

워크샘플링(work sampling)은 직무수행자가 매일 작성하는 작업일지나 메모사항을 통해 해당 직무에 대한 정보를 수집하는 방법이다. 그러므로 업무일지 혹은 작업일지를 작성하는 종업원의 의식구조와 태도, 그리고 열성의 정도에 따라 자료와 정보의 가치가 결정된다. 이는 관찰이 어려운 직무의 정보수집에 활용하며, 비교적 적은 시간과 비용이 소요된다. 그러나 종업원이 어느 정도의 성의를 갖고 기록하느냐에 따라 정확한 분석의 여부가 결정된다. 또한 기록되어 있는 정보만 수집할 수 있으며, 기록이 정확하지 않은 경우 신뢰성이 떨어질 수 있다는 문제점이 있다.

(5) 중요사건법

직무행동 중에서 주로 감독자에 의해 수행되는 직무수집방법으로서, 보다 중요하고 가치 있는 면에 대한 정보를 수집하는 방법이다. 즉, 직무수행자의 직무행동 중에서 성과와 관련하여 효과적인 행동과 비효과적인 행동을 구분하여 정보를 수집하고, 이러한 정보로부터 직무성과에 효과적인 행동패턴을 추출하여 분류하는 방법으로, 직무행동과 직무성과 간의 관계를 직접적으로 파악할 수 있다. 그러나 해당 직무의 포괄적인 정보를 획득하는 것은 불가능하다는 단점이 있다.

직무조사표 작성방법

CHAPTER4

학습목표

- 직무조사의 목적과 직무조사표의 기능을 이해한다.
- 각 조사항목별로 구체적인 조사내용과 조사표의 작성방법을 이해한다.
- 직무요건을 이해하고, 조사표의 작성방법을 파악한다.
- 직무조사표의 활용방안 및 직무조사절차를 이해한다.

CHAPTER4

개 요

직무조사표는 직무정보를 수집하고 직무기술서나 직무명세서를 만들기 위한 중요한 과정이다. 직무조사표는 직무목적에 따라 설계하여야 한다. 기본적으로 직무조사표는 직무를 구성하는 과업과 업무수행절차(요소), 업무수행절차별 산출물, 직무수행에 요구되는 지식이나 기술 등을 포함한다.

직무조사의 목적이 계층별로 권한과 책임을 명확히 하는 것이면 업무절차별로 결재자의 구분이 필요하고, 성과지표의 도출에 있으면 과업별로 성과지표나 성과책임행동을 파악하도록 설계되어야 한다. 만약 각 직무별 업무량을 도출하여야 한다면 세부업무 수행절차별로 발생빈도나 소요시간을 파악하도록 조사표를 설계하여야 한다.

1. 직무분류표 작성

직무분석은 직무에 대한 내용과 직무수행자의 특성을 조사하는 활동이다. 따라서 우선 분석 대상직무를 결정하여야 한다. 직무분석 대상직무가 확정되면 해당 직무를 대상으로 직무의 내용과 수행자의 특성에 대한 정보수집 즉, 직무정보조사를 시작한다.

여기서 직무분석의 대상은 통상 부서나 팀 단위로 확정하는 것이 효과적이다. 직무분석의 목적에 따라 직무분석 대상을 확정하는 방법은 다양하다. 그러나 기업의 채용, 평가, 승진 등 제반인사관리에 활용하기 위해, 더 나아가 직무가치평가에 활용하기 위해서는 팀 내 역할과 기능의 두 가지 측면에서 직무를 구분하여야 한다.

보통 조직 내에서의 역할은 팀총괄(manager), 선임담당(senior), 담당(junior)으로 구분한다. 그러나 조직의 규모가 매우 큰 경우에는 보조(assistant)를 추가하기도 한다. 반면에 조직의 규모가 작은 중소기업은 선임담당과 담당을 구분할 필요가 없을 것이다. 기능 분류란 유사성에 따른 분류이다. 예를 들어 직원이 2,000명인 한 중견기업 인사팀의 직무분류는 표 4.1과 같다. 역할은 팀총괄, 선임담당, 담당의 3개 층으로 구분하며 인사팀 내의 기능은 급여관리와 인사관리로 구분한다. 따라서 이 중견회사의 인사팀의 직무는 인사팀을 총괄하는 인사 팀총괄과 급여관리 선임담당, 급여관리 담당, 인사관리 담당, 인사관리 선임담당으로 구분한다. 이후 5개의 직무를 대상으로 직무정보를 조사하면 된다.

표 4.1 직무분류체계표

	팀총괄	선임담당	담당
인사총괄	팀총괄	–	–
급여관리	–	급여관리 선임담당	급여관리 담당
인사관리	–	인사관리 선임담당	인사관리 담당

2. 직무조사표 설계

직무조사표는 직무조사의 목적에 따라 설계하여야 한다. 너무 과도한 욕심으로 모든 내용을 한 번에 다 조사하는 것은 실패를 가져올 수 있다. 직무조사의 목표는 가장 기본적으로 조직 간의 업무분장이나 역할과 책임(R&R)의 명확화에 있다. 이를 위하여는 '과업', '수행절차' 등을 조사하면 된다. 직무조사의 목적이 업무량을 산정하는 데 있으면 '업무빈도', '업무수행시간' 등을 조사하여야 한다. 또 직무별로 승인이나 결재권자를 구분하기 위하여는 '수행절차별 결재권자'를 조사하여야 한다. 만약 직무성과지표를 조사하고 싶으면 과업단위별로 성과지표를 도출하여야 한다.

표 4.2 직무조사표 양식

직무번호			작성자			
직무개요			직무목적			

과업	업무수행 절차	주요 산출물	빈도/주기	소요시간	결재권자			
					담당	팀장	임원	대표이사

3. 직무조사표의 작성원칙

직무담당자들에게 직무정보조사를 실시할 때 구체적인 작성원칙을 제시하는 것이 효과적이다. 실제적인 직무조사표의 작성원칙은 다음과 같다.

첫째, 직무조사표는 각 단위조직별로 확정된 직무분류체계표에 분류된 단위직무를 기준으로 작성한다(예 : 직무명 ― 급여관리 담당).

둘째, 직무조사 대상자는 직무분류체계표상의 각 항목에 명시된 단위직무별 담

표 4.3	직무명세서 양식	
학력/전공		
외국어/컴퓨터 수준		
자격증		
필요지식		
필요기술		
주요 직무경험		

당자들이 해당되며, 그들이 직무담당자가 된다.

셋째, 직무조사표는 원칙적으로 직무를 직접 수행하고 책임을 맡은 직무담당자가 직접 기술하고, 직무담당자가 복수인 경우에는 해당 직무의 담당자들이 상호 협의하여 기술한다.

넷째, 직무를 담당한 기간이 짧은 경우 전임자나 차상위자의 조언을 참고하여 기술한다.

다섯째, 직무조사표의 기록내용은 모두 사실이어야 하며, 작성 시 사실여부를 파악하기 위해 조직 및 업무분장 내용, 문서 및 장표, 기타 업무계획 등 기술할 내용에 대한 근거를 열람 · 확인한 후 작성한다.

여섯째, 직무조사표의 작성은 정확하고 간단히 그러나 수행하는 업무내용을 충분하게 세부적으로 기술하며, "~하고 싶다.", "~할 수도 있다." 등의 추측적인 내용 또는 희망사항은 기재하지 않는다.

일곱째, 직무조사표의 작성은 실제 수행하는 업무만을 간결 · 명료하게 빠짐없이 기술하며, 기술의 내용은 객관적이어야 한다.

여덟째, 단, 지금은 수행되고 있지 않지만 가까운 미래에 수행될 업무나 반드시 수행되어야 함에도 불구하고 여력이 부족하여 수행되지 못하는 업무도 기술한다.

아홉째, 포괄적이거나 추상적인 용어 또는 막연한 문구, 약어, 문학적인 표현 등은 사용하지 않으며, 구체적인 표현으로 기재한다.

열째, 직무조사 내용의 객관성을 제고하기 위해 직무조사표의 작성이 완료된 후

부서별 직무분석 태스크포스 팀 담당자(Subject Matter Expert, SME)가 1차로 면밀하게 검토하고, 2차로 팀장이 수정 · 보완하여 확인필 한 후 완료한다.

4. 직무조사표 양식 해설

직무조사표의 각 항목별 작성요령은 다음과 같다.

직무조사표 항목	항목 설명 및 작성예시
직무명	직무분류체계표에 명시된 직무명을 기재한다(예 : 급여관리 담당).
작성자	직무담당자가 작성자인 경우에는 직무담당자를 기재하고, 상위자가 기재한 경우에는 상위자를 기재한다.
직무개요	담당업무의 기능과 목적을 중심으로 제3자가 이해할 수 있을 정도로 간결하고 명확하게 2~3줄 정도로 서술형으로 기재한다(~을 위하여 ~을 수행함).
직무목적	해당 직무가 갖고 있는 본원적인 미션과 달성코자 하는 궁극적인 목표를 기술한다.
과업	현 업무분장에서 개인별로 수행되며, 책임지는 모든 일을 기재한다.
수행절차	과업에 포함되는 일련의 활동(절차)을 기술한다.
산출물	각각의 업무수행절차에 대한 주요 산출물(결과물)을 기재한다.
빈도/주기	일련의 업무수행절차에 대한 발생빈도를 단위주기별로 기재한다.
소요시간	각각의 업무수행절차를 1명이 수행한다고 가정할 때 소요되는 표준기간(공수)으로, 시간 단위는 'H/M, D/M'으로 기재한다(예 : 3H/M－3시간, 10D/M－10일).
결재권자	업무수행절차로 결재권자를 체크하거나 기재한다. 표: 과업 / 업무수행절차 / 주요 산출물 / 빈도/주기 / 소요시간 / 결재권자(담당, 팀장, 임원, 대표이사)
학력/전공	필요 교육수준을 기재한다(예 : 대학원 졸업수준, 대학수준, 전문대학수준, 고등학교 졸업수준).
외국어 수준	상, 중, 하로 구분하여 기재한다.
자격증	필요 자격증을 기재한다.
필요지식	업무기초지식, 실무지식
필요기술	커뮤니케이션 기술 등
주요 직무경험	필수적으로 경험할 직무 등

직무평가 및 직무급 설계

CHAPTER5

학습목표

- 직무평가의 개념과 목적을 이해한다.
- 직무평가모델(평가요소, 평가척도)의 기능과 사례를 학습한다.
- 직무평가 사례를 통해 적용 및 활용방안을 구체화한다.
- 직무급의 개념과 도입방법을 학습한다.

CHAPTER5

개 요

직무평가를 통해 직무가치나 기여도를 산정하고, 이에 따라 결정된 급여를 직무급이라 한다. 직무급은 직무가치에 따라 급여를 결정한 임금제도로 근속연수에 따라 임금을 결정하는 연공급 임금제도보다 공정한 임금제도이다.

최근 들어 CJ 제일제당이나 Amore-Pacific 등 우리나라 기업들도 직무가치에 근거한 직무급을 도입하여 운영하고 있다. 직무급 설계를 위해서는 조직 내 직무가치를 평가할 수 있는 직무평가모델을 활용하여야 한다. 직무평가모델은 지식의 정도, 복잡성, 대인관계, 창의적 문제해결, 자유재량 등 8~10개 정도의 직무평가요소로 구성된다.

1. 직무평가

1) 직무평가의 정의 및 활용

직무평가(job evaluation)는 조직 내 직무의 상대적인 가치를 결정하는 체계적인 방법과 절차이다. 직무평가는 사람이 아니라 직무 그 자체의 내용을 중심으로 일정한 기준에 의하여 평가해야 한다.

직무를 평가하는 절차는 ① 직무에 관한 제반 사실을 파악, 분석하고 ② 이를 직무기술서와 직무명세서로 정리하여 ③ 직무평가방법에 따라 평가하고 ④ 평가 결과를 해당 직무의 임금을 결정하는 데 반영시키는 네 가지 단계로 이루어진다.

이러한 직무평가를 통해 조직의 모든 직무들이 ① 직무의 상대적 중요성, ② 직무수행에 필요한 업무기술, 지식, 능력(SKAs), 그리고 ③ 직무의 난이도 등의 특성에 따라 조사되어 값이 매겨진다. 이때 직무 자체의 가치를 판단하며 직무상의 인간을 평가하지 않는다. 직무 중에서도 특정한 인간이 수행하는 특정한 직무를 문제로 삼는 것이 아니라 보통의 종업원이 담당하는 직무가 평가의 대상이 된다. 이러한 직무평가의 최종 산출물은 회사에서 직무등급체계로서 임금체계의 개선 등 인사제도의 여러 가지 방면에 활용될 수 있다.

2) 직무평가방법

가장 많이 활용되고 있는 직무평가를 하는 방법은 계량적 접근여부에 따라 서열법, 분류법, 점수법 및 요소비교법으로 나뉜다. 아래에서 각 직무평가방법의 내용을 구체적으로 설명한다.

(1) 계량적 평가방법

■ 서열법

서열법(ranking method)은 가장 간단한 방법 중 하나이다. 평가자가 포괄적인 지식을 사용하여 직무 전체를 서로 비교해서 순위를 매기는 방법으로 신속하게 이루어진다. 그러나 평가의 일정한 기준이 없고 직무를 너무 단순하게 비교하며 유사 직무 간에 혼란이 야기되기 쉬운 결정적인 단점이 있어 권장할 평가방법은 아니다.

■ 분류법

분류법(classification method)은 서열법보다 발전된 것이지만 역시 직무를 구성요소로 분해하지 않고 전체로서 고려하여 사전에 분류해둔 여러 등급에 각 직무를 적당히 판정하여 삽입하는 방법으로 다양한 직무를 평가하는 데 한계가 있다. 대체로 간단하고 이해하기 쉬우며 결과도 서열법에 비해 만족할만하지만 포괄적인 접근으로 분류의 정확성이 보장될 수 없으며 분류기준이 애매하고, 직무의 수가 많고 복잡한 경우에는 사용할 수 없다는 단점을 갖고 있다.

(2) 비계량적 평가방법

■ 점수법

점수법(point method)은 직무의 평가요소를 선정하고, 각 평가요소에 그 중요성에 따라 일정한 점수를 배분한 후 각 직무의 가치를 점수로 환산하여 그 상대적 가치를 평가하는 방법이다. 그러므로 직무를 중요한 요소로 나누어 평가함으로써 평가 척도의 신뢰성을 높일 수 있고 합리적으로 직무의 상대적 차이를 낼 수 있으며 노사 쌍방이 쉽게 이해할 수 있다는 장점이 있다. 그러나 정확한 평가요소의 선정과 각 요소 간의 비중과 점수를 배분하는 데 상당한 전문성이 요구되기 때문에 시간과 비용이 든다는 단점이 있다.

■ 요소비교법

요소비교법(factor comparison method)은 점수법과 함께 널리 사용되는 직무평가 방법이다. 이는 조직 내의 기준직무와 기준직무의 평가요소를 선정한 후 조직 내의 각 직무의 평가요소를 기준직무의 평가요소와 비교하여 직무 간의 상대적인 가치를 수량적으로 판단, 결정하는 방법이다. 요소비교법은 직무 간의 상대적 가치의 평가가 용이하고 측정 기준이 설정되어 객관성을 유지할 수 있는 반면에, 기준직무가 잘못 측정되면 평가 전체가 문제가 될 수 있고 기준직무의 내용이 변할 경우 전체 직무를 다시 평가해야 한다. 또한 측정 척도의 구성이 복잡하여 이해에 어려움이 있어 비교적 시간과 비용이 많이 든다는 문제점이 있다.

3) 직무평가요소 및 Hay 기법

(1) 직무평가요소

직무평가요소는 보통 8~10개 항목으로 구성된다. 예를 들어 숙련, 노력, 책임, 직무조건 등 4개 차원에서 각각 2개 항목씩 8개의 항목으로 구성된다. 구체적으로 교육정도, 경력, 정신적 노력, 육체적 노력, 대안적 책임, 대물적 책임, 위험도, 작업조건 등이다.

또 다른 직무평가요소로는 직무수행에 요구되는 투입요소로서 '지식정도', '경력', 과정요소로서 '복잡성', '문제해결', 그리고 산출요소로서 '영향력', '규모' 등을 들 수 있다.

(2) Hay 기법

직무평가에서 가장 많이 사용되는 방법이 점수법이며, 점수법 가운데 가장 많이 사용되는 방법이 바로 Hay 기법이다. 즉, 기업이 직무급을 도입하거나 직무에 대한 중요도를 판단하기 위해서는 직무평가가 필요한데 이 직무평가를 하기 위해 가장 널리 쓰이는 시스템이 바로 Hay 기법이란 뜻이다.

그림 5.1 직무평가의 대표적인 요소

Hay 기법은 3개 차원의 8개 평가요소로 구성된 기법이다. 첫 번째 차원은 '노하우(know-how)'이며 '전문지식(specialized know-how)', '관리지식(managerial know-how)', '인간관계 기술(human relations skill)'의 3개 요소로 구성된다. 두 번째 차원은 '문제해결(problem solving)'이며 '사고폭(thinking environment)', '사고 깊이(thinking challenge)'의 2개 요소로 구성된다. 세 번째 차원은 '책임[accountability(responsibility)]' 차원이며 '행동자유도(freedom to act)', '규모(magnitude)', '영향력(impact)'의 3개 요소로 구성된다.

4) 직무평가과정

직무평가는 다소 복잡하고 어려운 작업이다. 직무평가는 조직 내 직무의 상대적인 가치를 정하고 이에 따라 직무급을 설계하는 것이 목적이다. 따라서 직무평가를 누가 할 것인가와 어떤 절차로 진행할 것인가가 매우 중요하다. 기본적으로 직무평가 과정에 직원들의 참여가 필요하다. 그러나 직원들의 주관성이나 관대화 경향이 직무평가 결과의 왜곡을 가져올 수도 있다. 따라서 직원들의 참여보다는 경영진이나 각 단위조직의 책임자인 팀장을 참여시키는 것이 더 효과적일 수 있다.

2. 직무급 설계

1) 직무급 설계

직무평가 결과는 산출된 직무의 상대적 가치를 기준으로 직무급을 설계한다. 직무급이란 직무의 가치에 따라 급여를 결정하는 임금체계이다. 우리나라 기업은 대부분 직무급과 거리가 있는 임금제도를 채택하고 있다. 반면 미국을 중심으로 한 서양 기업들은 기본적으로 직무의 가치에 따른 임금시스템인 직무급을 도입하고 있다.

직무의 상대적 가치에 따라 직무등급을 구분하고 직무등급에 따라 임금을 결정한다. 그림 5.2에서 보면 직무등급을 5개로 구분하고 있다. 즉, A등급, B등급, C등급, D등급, E등급이다. 또 각 등급(grade) 내에 2개 또는 3개의 하위등급(band)을 구분하고 있다. 조직 내의 각 직무는 직무평가의 결과에 따라 등급과 하위등급이

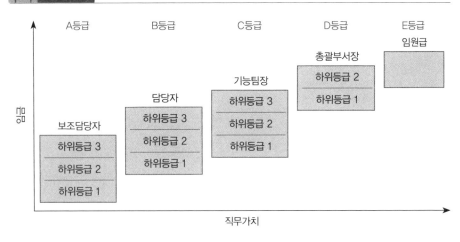

그림 5.2 직무등급체계

결정되며, 그에 따라 임금이 결정된다.

2) 직무급 사례

국내의 한 종합식품회사는 2002년에 직무평가를 실시하고 직무급을 도입하였다. 이 회사는 점수법에 따라 조직 내 직무를 평가하여 직무를 3개의 직무등급체계로 분류하고 직무등급에 따라 임금을 결정했다. 즉, 상위 직무등급은 P1 등급, 중간 직무등급은 P2 등급, 그리고 하위 직무등급은 P3 등급으로 결정하고 각 직무들은 직

그림 5.3 직무등급 예시

P1 등급	P2 등급	P3 등급
• 식품 마케팅전략 담당 • 신제품관리 담당 • 식품 원당수입기획 담당 • 식품 개발 담당	• 식품 제당수출기획 담당 • 환경 담당 책임자 • 식품 기술서비스 담당 • 기능성 식품 연구원 • 식품 mix & bake 판촉 담당 • 식품 응용개발 담당 • 설비 담당 책임자 • 식품 수요판매 담당	• 식품 마케팅 담당 • 식품 생산기획 담당 • 식품 도매점 판매담당 • 식품 원당수입 담당 • 식품 에너지 담당 • 관리혁신 담당 • 변성전분 공정관리 담당 • 식품 보일러 담당 • 환경관리 담당 • 식품 원맥 품질분석 담당 • 식품 포장 담당

무의 가치에 따라 3개의 직무등급으로 구분되어 있다.

예를 들어 '식품 마케팅전략 담당', '식품 개발 담당'은 P1 등급으로 구분되며, '식품 기술서비스 담당', '식품 수요판매 담당'은 P2 등급, '식품 포장 담당', '식품 보일러 담당'은 P3 등급으로 구분되었다.

■ 제 2 부
■ 참고문헌

김식현, 인사관리론, 무역경영사, 2002

노동부, 임금직무체계혁신교육, 2007

노동부, 임금직무체계혁신전문가과정, 한국공인노무사회, 2008

정종태, 국민은행의 직군별 인사관리제도 도입방안, 국은경제연구소, 1997

정종태 외, 직무분석 및 직무평가, 한국생산성본부, 2012

정종태 외, 평가 및 급여 인센티브 실무, 한국생산성본부, 2012

정종태, 최광석, 직무분석 및 직무평가 과정, 한국BSC컨설팅주식회사, 2009

한국노동연구원, 21세기형 성과주의 임금제도, 명경사, 2001

직무분석 및 직무평가의 활용

IMF 체제 이후 많은 기업들이 연봉제를 기반으로 하는 성과주의 인사관리를 도입했다. 삼성은 물론 LG, 포스코, 태평양, CJ, 한국타이어, 동양제과 등 국내 대기업들은 앞다퉈 성과주의 인사체계를 구축했다. 이들 기업은 성과와 역량을 기반으로 평가하고, 이를 기초로 보상 및 승급·진급 등을 결정하고 있다. 그러나 성과주의 인사시스템을 도입한 기업들 중 일부는 기존의 연공주의 인사체계의 뿌리 위에 성과에 따라 보상(승진, 급여 등)을 차등하는 제도를 도입했다. 즉, 기존의 직급 및 호봉에 근거해 연봉을 결정하고, 매년 성과를 평가해 연봉인상에 차등을 두고 있다. 이는 직무가치에 따라 급여를 결정하는 직무중심의 인사체계와는 거리가 있으며 아직도 직무의 가치나 기여에 대한 구분 없이 직무가치나 기여가 낮음에도 불구하고 동일한 임금을 지급하고 있다. 이 같은 연봉주의는 진정한 직무중심의 성과주의라고 할 수는 없을 것이다. 물론 CJ 등 일부 기업은 직무분석 및 직무평가에 의해 직무체계를 재정립하고, 직무가치에 따른 기본급(직무급)을 결정하는 직무중심의 성과주의 인사관리체계를 구축하고 있다.

직무중심의 성과주의는 새로운 인사 패러다임이며 이는 거역할 수 없는 흐름이다. 직무와 사람이라는 인사관리의 기본적인 두 축 가운데 과거에는 사람에 무게중심을 두었지만 이제 직무에 초점을 맞추는 인사관리로 이행해야 한다는 것이다. 직무주의 인사관리를 정착시키기 위해 직무(job)에 대한 철저한 파악과 분석이 필요하다. 직무가 지니고 있는 상대적 가치가 직무주의 인사관리의 기본이 된다. 직무가 지니고 있는 상대적 가치를 파악하기 위해 직무의 내용과 그 직무를 수행하는 사람이 갖춰야 하는 능력, 경험, 자격 등을 상세히 분석하는 직무분석(job analysis)이 수행돼야 하며 모든 직무들의 상대적 가격을 결정하는 직무평가(job evaluation)가 선행돼야 한다. 이는 직무주의가 일의 상대적 가치(comparable worth)에 기초하고 있기 때문이다.

1990년대 후반에 들어 기업들은 구조조정과 함께 '성과주의 인사관리'를 내용으로 하는 인사관리의 혁신을 과감히 추진하기 시작했고, 그 중심에 연봉제가 있었다. 연봉제는 개인의 기여도에 따라 보상을 차별화하는 제도이다. 따라서 연봉제가 성공하기 위해서는 직무의 기여도를 평가할 수 있는 직무가치의 측정과 성과에 대한 평가가 필요하다. 즉, 성공적인 연봉제는 사람중심이 아니라 철저히 직무중심, 성과중심이 돼야 한다.

결국 연봉제로 상징되는 인사관리의 혁신은 합리적이고 체계적인 직무분석을 기반으로 해야 한다. 직무분석이 제대로 되어있지 않으면 평가제도 자체가 흔들리게 되고 이런 평가제도에 기초한 연봉제는 사상누각에 불과할 것이다.

직무분석이 성과주의 인사제도의 구축을 위해 필요함에도 국내 기업들이 갖고 있는 직무분석에 대한 이해정도나 수준은 지나치게 과거지향적이고 현재의 조직이나 업무중심적이다. 따라서 경쟁이 치열해지고 시장개방이 가속화되면서 새로운 산업, 새로운 업무가 하루가 다르게 생겨나고 있는 현실적인 요구와는 거리가 있다. 지금까지 국내 기업들이 직무분석을 제대로 실시하지 못하고 있는 주요 요인들은 다음과 같다.

첫째, 직급 및 사람중심의 업무분장과 이에 따른 직무분석이 행해지고 있어서 직무의 정의가 명확하지 않고 부서의 인원수, 직급구조에 따라 업무가 유동적인 경우가 많다. 둘째, 직무분류 및 직무관리에 있어 개인의 직급, 근속연수 등 인적 특성을 지나치게 고려함으로써 직무가 체계적으로 분류·관리되지 못하고 있다. 셋째, 직무분석의 결과를 인력구조조정 등에 주로 활용함으로써 구성원이 직무분석 자체를 부정적으로 받아들이고 있다. 과거에 국내 기업들은 위기상황에서 구조조정이 필요할 때 주로 직무분석을 했기 때문에 구성원은 직무분석에 대해 좋지 못한 인식을 갖고 있는 경우가 많다. 이런 상황에서는 직무분석이 제대로 정착되기 어렵다. 넷째, 직무기술서(job description)에 기록된 직무정보를 기초로 하여 제반 인사관리를 하기보다 그때그때 상사의 지시에 따라 인사상 결정이 이루어졌다. 다섯째, 직무의 프로세스나 동태성(dynamics)을 무시하고 정태적이고 단편적인 직무를 기업 내부적인 관점에서 분석하려는 경향이 강하다. 여섯째, 직무의 내용과 특성은 변화하는데 직무분석이 이를 따라가지 못했기 때문이다. 고객과 경쟁사, 정보기술, 생산기술 등이 급속히 발전함에 따라 직무의 등장이나 소멸, 직무내용과 필요기술의 변화가 수시로 발생한다. 그럼에도 불구하고 직무분석정보는 제대로 업데이트

되지 못했기 때문에 갈수록 외면당할 수밖에 없다.

이제는 진정한 의미의 직무중심의 성과주의 인사체계를 구축해서 임금관리를 합리적으로 해야 한다. 직무를 체계적으로 조사하여 합리적으로 직무를 재설계하고 또 유사한 직무들을 직종–직열–직군으로 분류함으로써 직무중심의 조직 및 인사관리의 기틀을 견고히 해야 한다. 그뿐 아니라 이런 직무분석에 기초해 각 업체의 실정에 맞는 경력개발 프로그램(Career Development Program, CDP)을 개발해야 한다. CDP는 직원들의 경력욕구를 충족시키는 동시에 조직의 목표를 효율적으로 달성하도록 할 것이다. 또 직무분석을 통해 각 직무를 수행하는 데 필요한 요건 등을 체계적으로 정리, 제공함으로써 합리적인 인사선발과 교육훈련에도 활용하도록 해야 한다.

 토론주제

    1. 현재 우리나라의 많은 기업들이 도입하고 있는 한국형 연봉제에서 임금인상의 기준은 무엇인가?

    2. 한국형 연봉제의 문제점은 무엇이며, 어떻게 개선되어야 하는가?

    3. 미국식 직무급형 연봉제는 우리나라 상황에 적합한 임금제도인가?

    4. 직무 및 성과중심의 연봉제에서 임금의 인상요인은 무엇인가?

PART 3

역 량 관 점 의
인 적 자 원 관 리

6

역량의 개념과 역량모델링

CHAPTER 6

학습목표

- 역량에 대한 개념을 이해한다.
- 역량이 기존의 능력, 태도와의 차이점이 무엇인지를 이해한다.
- 역량모델의 구성요인을 이해하고, 사례를 학습한다.
- 역량을 도출하는 방법을 학습하고, 각 방법의 장단점을 이해한다.

CHAPTER 6

개 요

역량은 우수성과자의 행동특성이다. 따라서 기업은 조직 내 우수성과자의 특성을 도출하여 이를 역량모델로 체계화하고, 선발, 교육훈련과 평가 등에 활용한다. 역량모델은 조직에서 요구하는 역할들을 효과적으로 수행하는 데 요구되는 지식과 기술, 행동특성을 조합한 것을 말한다. 한 조직의 구성원으로 직위나 역할에 관계없이 공통적으로 모든 구성원들에게 필요한 것을 조직역량 또는 공통역량이라고 한다. 또 특정 직위나 직무(예 : 관리자, 영업담당자)를 효과적으로 수행하는 데 필요한 역량(예 : 리더십역량, 영업직무역량)도 있다.

대부분의 우리나라 기업들은 역량을 공통역량, 리더십역량, 직무역량 세 가지 역량군으로 구성하고, 각 역량군별로 2~5개의 개별역량을 포함하고 있다. 그리고 각 역량은 구체적인 행동지표로 구성되어 있다.

1. 역량의 중요성

치열한 경쟁상황에서 구성원의 지식과 기술(skill, 직무와 관련된 구성원의 행동적 특성)이 조직성과에 미치는 영향은 커진다. 이러한 상황에서 역량(competency)은 조직의 성과를 창출하는 데 중요한 지렛대 역할을 제공한다. 즉, 기업을 둘러싼 경영환경이 급격하게 변화하고 있기 때문에 과거를 기준으로 이미 정의되어 있는 역할과 책임으로 구성원의 행동을 제약하는 것보다 특정 상황에서 조직 구성원의 기술과 지식을 활용하게 하는 것이 조직이 성과를 창출하는 데 중요하다는 의미이다.

이런 관점에서 보면 역량중심의 접근은 주어진 환경에서 구성원의 역할과 행동범위를 제한하는 과거 직무중심관점의 한계점인 유연성의 부족을 탈피할 수 있다. Hagan 등에 따르면 전통적인 직무중심의 관리시스템(traditional job-based management system)은 현대의 글로벌화와 빠른 변화 속도에 직면하고 있는 기업이 환경에 신속하고도 민감하게 대응하여야 하는 상황에서는 부적합하다. 따라서 역량에 대한 관심이 증대하게 되었으며, 역량중심의 시스템(competency-based system)은 고객의 가치창출에 필요한 기업의 능력(capability)을 구체화하고 있다.

조직이나 조직 구성원의 기본적인 요건(foundation building block)으로서 역량은 지속적으로 연구되고 또 기업에서 활용되고 있다. Schippmann 등은 "역량모델의 활용은 과거 수년 동안 인적자원 분야에서 연구되어 왔다."라고 했다. 그가 조사한 기업의 75~80%가 역량에 기초한 인적자원관리 프로그램을 활용하고 있었다. 또 Lievens 등은 1995~2003년까지 약 500편 이상의 역량과 관련된 논문들이 발표되었다고 조사했다.

우리나라 기업의 경우에도 1980년대까지는 시장이 덜 개방된 상황이어서 기업 간의 경쟁정도가 낮았다. 또한 정부의 중앙집권적인 통제경제는 기업의 판단이나 자유재량을 제한하였다. 따라서 기업은 현재보다 상당히 수동적이었다. 기업이 필요로 하는 인재의 요건도 단순 관리자나 수행자였다. 다시 말하면 1980년대까지는 역량을 보유한 인재보다는 정해진 구체적인 직무를 수행할 인재가 필요했다.

그러나 1990년대 이후 급격한 기술의 발전과 시장개방으로 기업 간 생존을 위한 경쟁이 치열해지게 되어 기업은 상황을 잘 판단하고 이에 적절히 대응할 수 있는 역량을 보유한 인재가 필요하게 되었다. 이러한 배경을 기초로 하여 1990년대 말에서 2000년대 초에 우리나라 대기업들은 역량의 중요성을 인식하였다.

이 장에서는 우리나라 기업들이 효율적인 인적자원관리를 위하여 역량을 어떻게 구체화하고, 효과적으로 표현하고, 또 평가할 것인가와 기존의 각 인사기능이나 시스템에 역량을 어떻게 활용할 것인가에 대하여 분석할 것이다. 또 국내 대기업을 중심으로 개발되고 운영되고 있는 역량중심의 인사시스템들을 소개할 것이다.

2. 역량의 개념 및 역량모델 구성

1) 역량의 정의

역량에 대한 초기 연구들은 개인의 행동을 예측하는 데 있어 기존의 전통적인 인적자원관리 방법(예 : 시험, 적성검사)의 한계를 지적하고 있다. 역량이란 개념은 1970년대 하버드대학교의 McClelland 교수가 전통적인 학업, 적성검사 혹은 성취도검사의 한계를 지적하면서 제시하였다. McClelland 교수는 전문지식보다는 직무의 핵심적인 성공요소와 연관된 구체적인 직무수행능력을 강조하였다.

그러나 불행하게도 역량에 대하여 지금까지 널리 인정되는 정의 또한 부족한 실정이다. 지금까지의 연구들에 따르면 역량은 개인의 본질적인 특질(trait)과 직무와 관련된 행동, 그리고 특질과 직무와 관련된 행동 사이에 있는 다른 개념들(예 : 태도, 가치관 등)을 포함하고 있다. Spencer & Spencer는 역량을 다음 세 가지 수준의 개인 특성으로 기술한다. 첫째, 표면에는 지식과 기술이 있고 이들은 관찰 가능하며 측정이 가능하다. 둘째, 개인의 특성으로 깊이 내재화되어 있는 특질과 동기가 있다. 이들은 성격과 같은 지속적인 특성과 관련되어 있다. 셋째, 이들 두 수준의 사이에는 자아개념(self-concept)이 있는데 여기에는 태도, 가치관, 자기이미지가 있다.

Lucia & Lepsigner는 Klemp나 Parry의 개념을 기초로 하여 역량을 정의하였다. Klemp는 직무에서 우수한 성과를 내기 위한 개인의 기본적인 특성(characteristic)

표 6.1 주요 연구자들의 역량에 대한 정의

학자	정의
Boyatzis(1982)	역량은 사람이 활용하는 동기, 특질, 기술, 자기이미지의 한 측면 또는 지식의 체계라고 할 수 있다.
Spencer & Spencer(1993)	역량은 직무나 상황에서 준거와 관련된 효과적이고/이거나 우수한 성과와 인과관계로 연관된 개개인의 기초를 이루고 있는 특성이다.
Lucia & Lepsigner(1999)	조직에서 역할(role)을 효과적으로 수행하는 데 필요한 지식, 기술 및 특성의 특별한 조합을 나타내며, 채용, 훈련, 평가, 승계의 도구로 사용한다.

으로 역량을 정의하였으며, Parry는 역량을 직무에서의 역할과 책임에 영향을 끼치고 성과와 관련된 일련의 지식, 기술, 태도로 정의하였다.

역량에 대한 개념은 1990년대에 들어서면서 개인의 수준을 넘어서 조직의 전략과 연결되며, 역량의 개념이 통합적인 개념을 띠면서 인사관리 전반에 그 영향을 미치기 시작하였다. Hamel & Prahalad는 핵심역량(core competency)의 개념을 제안하면서 역량이란 개념을 개인수준의 역량이라기보다는 조직의 경쟁전략 설계의 구성요소로 바라보았다.

2) 일반적 접근과 상황적 접근

지금까지 역량의 개념에 대한 지배적인 관점은 역량이 활용되고 개발되는 구체적인 조직과 분리되어 있는 일반적 접근(universal approach)이었다. 이러한 관점은 McClelland의 연구로 거슬러 올라간다. 그는 역량을 우수한 성과자가 보통 성과자와 차별화되는 행동을 구분하는 통계를 활용하여 정의하였다. Boyatzis는 McClelland의 역량 연구를 관리자의 영역으로 확장하여 12개 조직에서 관리직에 있는 2,000명을 대상으로 연구해서 어느 업무에서나 일관성 있게 나타나는 21개의 우수한 관리자 역량모델을 제안하였다. Spencer & Spencer는 역량에 관한 모델을 개발하고(Iceberg model, 빙산모델) 286개의 역량모델을 연구하여 공통적인 역량을 추출하였다. Spencer & Spencer의 연구는 표준화된 직업에 적합한 일반적인 역량 프로파일을 구체화할 목적으로 연구를 했다.

이러한 접근이 널리 채택되고 있는 것은 다음과 같은 이유 때문이다. 역량을 도출할 때 시간과 비용이 많이 소요되는 현장 연구(field study)를 하는 것보다 기존의 역량 코드북(code book)이나 표준화된 역량 프로파일을 활용하는 것이 매우 간편하기 때문이다.

그러나 Capaldo 등에 따르면 이러한 접근은 다음과 같은 모순을 가지고 있다. 첫째, 개념적인 면에서 표준화된 역량 프로파일을 활용하는 하향식 방식의 접근은 '역량은 독특하고 가치창출적이며 모방이 불가능한 자산'(Prahala & Hamel)이라는 개념과 일치하지 않는다. 일반화된 역량모델에 대해서 Boyatzis도 비판했다. 그는 표준화된 코드북을 사용하는 것을 제한하고 심층면접에 의한 보다 질적인 분석이 필요하다고 했다. 둘째, 실제 조직에서 역할을 활용하는 면에서도 일반화된 역량은 행동에 대한 기술을 모호하게 하여 구체성을 떨어뜨린다. 따라서 구체적이고 자세한 행동에 관한 정보를 제공할 수 없다.

일반적 접근의 한계점을 극복하기 위하여 일부 연구자들은 다른 관점을 수용하고 있다. 즉, 이들은 역량은 조직문화, 구성원 간의 상호작용, 그리고 개별조직 내의 구성원들이 직무수행 과정에서 독특한 방법 등에 의해서 결정된다고 했다. 이러한 접근을 상황적 접근(situational approach)이라고 한다. 상황적 접근에 기초한 연구자들은 "개인의 유능성은 특정한 상황에서 역량이 발휘될 때 의미가 있는 것이다."라고 주장한다.

3) 역량모델의 구성

역량모델은 그 목적에 따라서 개발과 활용 범위가 다양하게 정의될 수 있다. Lucia & Lepsigner에 따르면 역량모델은 조직에서 하나의 역할을 효과적으로 수행하기 위해 필요한 지식과 기술, 특성의 특정한 조합을 의미하며, 선발, 교육훈련과 개발, 평가, 승계계획을 위한 인적자원 도구로 사용되는 것을 의미하는 것으로 정의하고 있다.

어떤 역량모델은 조직에서 직위나 역할에 상관없이 모든 조직 구성원에게 공통적으로 필요한 핵심역량을 정의하고 있다. 일반적으로 '핵심역량'이란 한 조직의 특유한 강점(예 : 소니 ─ 제품의 소형화 기술을 통한 신제품 개발, 나이키 ─ 제품디자인과 마케팅 등)을 의미하지만, 인적자원관리에 활용되는 역량모델에서는 조직구성원의 모든 직위에서 필요한 행동을 의미한다. 한편, 또 다른 역량모델은 특정 직위(예 : 관리자)나 직무(예 : 공장관리자, 시장분석가)를 효과적으로 수행하는 데 필요한 역량들로 정의된다. 즉, 이런 역량모델은 개인이 속한 내 · 외부 업무환경의 구체적인 특성, 그들이 상대해야 하는 고객의 유형, 구체적인 업무요소까지 고려해야 한다.

Sparrow는 역량을 다음과 같은 세 가지 유형으로 구체화하였다. 즉, 조직역량(핵심역량), 관리역량, 개인역량(직무역량)으로 구분하였다. Schippmann은 전략적 직무모델링을 강조하면서 직무분석과 역량모델을 개념적으로 구분하였으며, 역량모델을 업무지식역량(can-do competency)과 업무의지역량(will-do competency)로 구분하였다.

그림 6.1 A사의 역량모델 예시

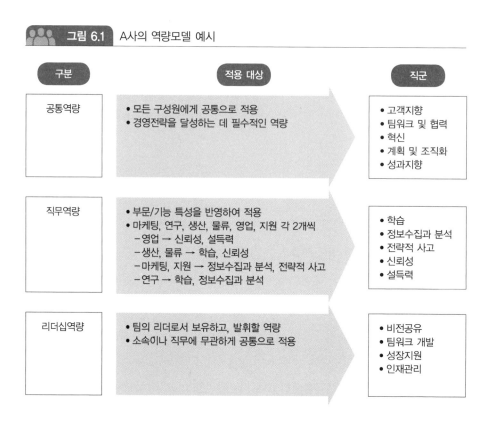

표 6.2 미국 T사의 역량모델 예시

역량 \ 직급	경영자/팀 매니저/감독자	관리자	기술자	사무행정
전략적 리더십	• 사업결과 전달 • 변화선도 • 높은 성과목표 • 전략적 사고	• 고객지향 • 사업결과 전달	• 고객지향 • 사업결과 전달	• 고객지향
인적 리더십	• 코칭 • 동기부여 • 공정성 • 팀워킹 • 다양성 관리 • 대인관계	• 멘토링 • 권한 위임 • 팀워킹 • 다양성 관리 • 대인관계	• 공정성 • 팀워킹 • 다양성 관리 • 대인관계	• 공정성 • 팀워킹 • 다양성 관리 • 대인관계
인력관리 효과성	• 의사소통 • 유연성 • 자기계발 • 감정이입 • 주도성 • 영향력	• 의사소통 • 협상력 • 유연성 • 자기계발 • 감정이입 • 주도성 • 영향력	• 학습 • 의사소통 • 협상력 • 유연성 • 자기계발 • 감정이입 • 팀 기여	• 학습 • 의사소통 • 유연성 • 감정이입 • 팀 기여
전문성	• 재무 이해 • 글로벌사업 이해 • 사업 통찰력 • 전문지식 • 핵심역량	• 재무 이해 • 사업 통찰력 • 전문지식 • 핵심역량 • 품질지향	• 사업 통찰력 • 전문지식 • 품질지향 • 안전인식	• 사업 통찰력 • 효율적 업무처리 • 전문지식 • 품질지향

그림 6.2 역량모델의 구성체계 및 요소

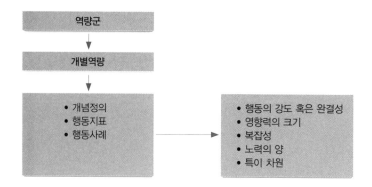

2000년대 초반에 역량모델을 구축한 우리나라의 A 기업은 역량모델을 그림 6.1 과 같이 공통역량, 직무역량, 리더십역량으로 구성하고 있다. 공통역량은 조직 내 전체 구성원이 개발해야 할 역량으로 고객지향, 팀워크 및 협력, 혁신, 계획 및 조 직화, 성과지향의 5개로 구성되어 있으며, 직무역량은 6개 직군별로 각각 2개씩 구 성되어 있다. 그리고 리더십역량은 중간관리자인 팀장이 보유해야 할 역량으로 비 전공유, 팀워크 개발, 성장지원, 인재관리의 4개로 구성되어 있다.

한편, 미국의 한 컴퓨터 부품을 생산하는 대기업의 역량모델(표 6.2)은 전략적 리 더십(strategic business leadership), 인적 리더십(people leadership), 인력관리 효과 성(personal effectiveness), 전문성(functional excellence)으로 구성하고 있다. 전략 적 리더십은 고객지향, 사업성과, 전략적 사고 등으로 구성되어 있으며 인적 리더 십에는 멘토링(mentoring), 다양성 관리, 대인관계, 동기부여, 권한 위임 등이 포함 되어 있다. 그리고 인력관리 효과성에는 의사소통, 협상력 등이 포함되어 있으며 전문성은 조직 내의 역할을 감안하여 직무성과에 관련된 역량으로 구성되어 있다.

역량모델의 일반적인 구성체계는 다음과 같다. 역량군, 개별역량, 그리고 개 별역량에 대한 정의와 행동으로 구성된다. 역량모델은 보통 3~5개의 역량군 (competency cluster), 그리고 각 역량군은 다시 2~5개의 역량으로 구성된다. 그리 고 각 역량은 정의와 행동지표를 포함한다.

타당성 있는 역량모델이 인사관리의 전 분야에서 효과적으로 사용되기 위해서는 역량모델의 구성체계에 포함되어 있는 행동지표가 무엇보다도 중요하다(Lucia & Lepsinger). 예를 들어 고객초점이 핵심역량이라면, 영업소 관리자들의 행동(예 : 영업소 간의 협조를 통한 고객문제 해결, 상품을 준비하기 위한 고객의 구매 형태에 대한 분석 등)뿐만 아니라 신입사원의 고객서비스 행동(예 : 전화가 세 번 울리기 전에 전화 응답하기, 예의 바른 언어 사용 등)까지 고객초점이란 역량을 구체적인 행동으로 나타내어야 한다.

역량들을 행동용어로 표현하는 것은 다음과 같은 두 가지 이유에서 중요하다. 첫째, 역량모델이 인적자원 도구로서 유용하기 위해서는 효과적인 성과를 내는 데 필요한 역량을 정의할 뿐만 아니라 업무에서 특정한 역량이 어떤 행동으로 발휘되는가에 대한 사례를 제시해야 한다. 둘째, 개인의 선천적인 특성은 대체로 변하지 않으나, 행동은 수정하고 가르칠 수 있다. 다시 말하면 타인에 대한 감정이입이 부족한 사람이 감정이입 특질을 개발하는 것은 어렵거나 거의 불가능하지만, 타인의 요구에 대하여 경청하고 타인의 염려를 이해하는 등의 감정이입을 표현하는 행동들은 교육훈련과 개발을 통하여 육성될 수 있다.

그러므로 역량개발을 위한 자료수집 과정(예 : 인터뷰, 질문지, 포커스 그룹 인터뷰나 다양한 기법들을 동시에 활용)은 교육훈련이나 코칭 또는 다른 개발방법을 통하여 배울 수 있거나, 바뀔 수 있는 구체적이고 특정한 행동들에 초점을 맞추어야 한다. 마찬가지로 모델 자체도 행동용어로 표현되어야 한다. 이렇게 함으로써 역량모델의 타당성을 높일 수 있다. 역량모델에 포함된 행동들이 사람들의 실제 작업방법을 정확하게 기술하는지에 대한 타당성을 검증할 수 있을 때 우수 성과자를 관찰하도록 권장한다.

역량모델을 개발하려고 한다면 다음과 같은 점을 염두에 두어야 한다. 고객 초점이나 문제해결처럼 어떤 역량은 모든 조직에 적용되는 일반적인 역량일 수 있지만, 이러한 역량과 관련된 행동들은 조직 내의 역할이나 직무에 따라 다양할 뿐만 아니라 조직 간에도 상당히 다양하다. 예를 들면, 자동차를 성공적으로 판매하는 데 필요한 행동은 비록 능력이나 인성과 관련된 특질이 같더라도 의약품을 성공적으로 판매하는 데 필요한 행동과는 다를 것이다. 비록 같은 조직 내에서라도 두 가지 관리업무(예 : 인사관리, 재무관리)는 매우 다른 일들을 수행하고 다른 기술을 필요로 할 수 있다. 역량모델을 효과적으로 활용하기 위해서는 특정한 업무나 역할을 염두에 두고 개발하여야 한다. 이런 이유로 질 높은 연구에 기초하여 개발된 최고의 역량모델이라도 고객에 맞추어 적용될 때 보다 효과적일 수 있다.

7

역량모델의 활용 : 선발, 평가

- 역량에 기초한 선발제도의 특성을 이해한다.
- 역량구조화 면접이란 무엇이며, 왜 면접을 역량관점에서 설계하고 운영하여야 하는가를 이해한다.
- 역량평가방법과 목적을 이해한다.
- BARS, BOS 등 역량평가의 사례나 장단점을 이해한다.

CHAPTER7

개 요

최근 선발제도의 특성은 역량면접의 도입이다. 기존의 체계적이지 않았던 면접은 선발도구로서의 타당성과 신뢰성이 부족하다. 역량면접이란 채용할 인재조건, 즉 역량을 도출하고 이를 파악하기 위한 질문을 구체화하는 것이다. 또 탐색질문을 통하여 역량을 구성하는 구체적 행동의 실천여부를 평가한다.

각 기업은 역량 및 행동의 보유나 실천여부를 파악하기 위하여 일대일 면접, 집단토의, 역할연기, 프레젠테이션 등 다양한 방법을 도입하고 있다.

매년 1회 또는 2회 정기적으로 진행되는 평가에서 역량평가는 30~40%의 비중을 차지한다. 역량평가방법에는 평정척도법, 행위기준척도법, 행동관찰빈도법, 기술식 방법이 있다. 행위기준척도법과 행동관찰빈도법은 역량평가의 결과를 보상과 연계하는 경우에 활용되는 반면, 기술식 방식은 직원들의 육성 및 개발에 활용하고 있다.

인적자원관리 시스템을 개선하기 위하여 역량모델을 활용하는 사례가 증가하고 있다. 일부 기업들은 역량모델을 중심으로 제반 인적자원관리 시스템을 통합적으로 재설계하고 조직의 성과향상에 기여하고 있다. 반면 일부 기업들은 필요에 따라 역량평가시스템 또는 역량선발시스템 등 일부 개별 시스템에만 역량모델을 활용하고 있다.

1990년대 후반에 우리나라의 일부 대기업들은 역량모델을 중심으로 교육훈련체계를 재정립하고 또 교육과정을 역량을 기초로 설계하였다. 이후 역량모델은 선발, 평가, 승진 분야에 활용되면서 역량을 기초로 한 통합적인 인적자원관리 시스템을 완성하였다. 그러나 중소형 기업을 중심으로 한 많은 기업들은 성과평가의 객관성 확보와 임금 차등의 공정성을 확보하기 위하여 역량을 정기적인 평가에 국한하여 활용하고 있는 실정이다.

1. 선발에 활용

선발과정에서 종래의 적성검사 대신에 역량측정검사를 실시하는 기업이 증가하고 있다. 또한 면접을 실시하는 경우에 응시자의 역량을 발견하기 위한 노력이 증가하고 있다. 역량중심의 선발제도는 입사지원서, 역량중심 구조화 면접을 비롯하여 프레젠테이션이나 역할연기 등 다양한 평가방법들이 혼합되어 설계되어 있다. 최근 우리나라 기업들은 다양한 역량중심 선발기법을 빠르게 개발하고 있으며 그중 가장 일반적인 것이 역량면접(competency interview)이다.

또 많은 기업들이 역량면접뿐만 아니라 해당 역량을 가장 잘 평가할 수 있는 인·적성검사, 프레젠테이션, 역할연기, 사례분석 등 다양한 평가방법들을 함께 활용함으로써 선발의 정확성을 높이고 있다. 다양한 평가를 위해서는 1인당 소요시간과 비용이 높음에도 불구하고 이러한 기업에서는 능력 있는 우수 인재뿐만 아니라 회사에 적합한 인재를 채용하기 위한 과감한 투자를 아끼지 않고 있다.

기업들의 역량중심의 면접제도의 도입절차와 방식은 다음과 같다(박두진 & 최유경). 일반적으로 역량면접은 회사가 기존에 가지고 있는 역량모델을 활용하거나

그림 7.1 역량면접 개발의 절차

1단계 (사전준비)	2단계 (역량최적화)	3단계 (질문 작성)	4단계 (탐색질문)	5단계 (채점기준)	6단계 (질문검증)	7단계 (면접가이드 작성)
회사의 핵심가치, 구성원에게 공통으로 요구되는 역량, 직무역량 등 면접에서 측정하고자 하는 요소를 결정한다.	면접에서 측정하고자하는 역량 및 가치를 결정한다. 행동지표를 확인하고 현업 관리자와 공유한다.	측정하고자 하는 역량, 가치 항목당 하나 이상의 질문을 작성한다. 원하는 행동 경험을 바로 이끌어내는 것이 어렵기 때문에 행동의 '전이가능성'을 염두에 둔다.	행동지표의 내용이 모두 측정될 수 있도록, 질문의 응답이 더 풍부하도록 탐색질문을 작성한다. '언제, 어디서, 무엇을, 어떻게, 왜'와 같이 의문사를 활용하여 자유로운 응답이 가능한 형식을 작성한다. 행동지표마다 정해진 탐색질문을 한다.	구체화한 행동지표를 그대로 채점기준으로 사용하거나, 직무/직군별로 채점기준을 더욱 상세화한다.	질문과 채점기준이 측정하고자 하는 역량/가치 항목을 제대로 반영하고 있는지, 문장이 매끄럽고 이해하기 쉬운지, 탐색질문이 행동지표를 모두 평가하는 데 부족함이 없는지 확인한다.	질문지 세트를 구성한다. 면접을 시작하는 인사, 면접 진행 시 기록할 부분, 채점의 근거, 최종 채점지, 종료 인사 등이 포함된 면접가이드를 작성한다.

면접용으로 수정·개발한 역량에 기초하여 설계한다. 따라서 전사 공통의 공통역량, 리더십역량, 직무역량으로 구성되는 역량모델이나 채용 대상인력의 특성과 필요에 맞게 역량면접을 개발한다. 직무별로 역량 프로파일과 행동면접을 개발하는 것은 시간과 비용 측면에서 제약사항이 있기 때문에 국내 기업에서는 실질적으로 어려운 경우가 많다. 국내 기업의 일반적인 접근 형태는 전사 공통역량을 대상으로 하는 경우이다. 다음에 소개하는 절차(그림 7.1)는 전사 공통역량에 대한 면접 가이드를 제작하는 전형적인 하나의 예시이다. 기간은 회사의 준비정도에 따라 다소 차이가 있으나 최소 4주에서 최대 10주 정도의 기간이 필요하며 일반적으로 역량모델은 사전에 개발되어 있는 것을 전제로 하고, 역량모델의 개발이 필요하다면 최소 4주 정도가 추가적으로 필요하다.

첫째, 사전준비 단계이다. 이 단계에서는 면접에서 측정하고자 하는 요소를 결정한다. 여기서는 회사의 핵심가치, 구성원에게 공통으로 요구되는 역량, 직무역량 등을 고려한다.

표 7.1 역량질문 예시

역량	질문방법
계획 및 조직화 후보자의 조직화 능력을 어떻게 측정할 것인가?	조직화에 관한 후보자의 특성에 관하여 질문한다. 가설적인 프로젝트를 어떻게 조직화하는지를 질문한다. 파일링 시스템을 선호하는지 질문한다.
문제해결 문제 상황을 어떻게 분석하는가? 가장 효과적인 답을 신속하게 찾는 능력을 측정한다.	문제해결능력의 예를 들어보라고 한다. 어려운 상황을 기술하고, 후보자에게 핵심 포인트를 찾게 하고 잠재적인 해결책을 찾도록 한다.
의사결정 후보자가 어려운 결정을 어떻게 하고 또 결정을 신속히 실천하는가를 측정한다.	이전의 경험을 물어본다. 과거에 어려운 결정을 했던 경험을 물어보고, 어떻게 결정에 도달했는지, 결정을 어떻게 처리했는지 물어본다.
대인관계/협력 후보자가 상사, 동료, 부하와 잘 지낼 것인가? 고객과의 관계를 원만히 이끌어갈 것인가?	팀워크에 관한 후보자의 경험을 물어본다. 팀에서 같이 일하기를 좋아하는지 아니면 혼자 일하기를 좋아하는지, 동료 사이에서 발생된 가상적인 문제를 어떻게 처리할 것인지를 물어본다.
의사전달 후보자가 명확히 자신의 의사를 표현하는가?	면접 자체에서 후보자의 표현력을 평가한다. 또 문장 기술력에 대해서도 물어본다.

둘째, 역량최적화 단계이다. 이 단계에서는 면접에서 측정하고자 하는 역량 및 가치를 결정하고 구체적인 행동지표를 확인하고 현업 관리자와 공유한다.

셋째, 질문 작성 단계이다. 이 단계에서는 측정하고자 하는 역량이나 가치 항목당 하나 이상의 질문을 작성한다. 하나의 질문과 이에 대한 응답만으로 구성원의 역량을 판단하기는 곤란하다. 따라서 행동의 '전이가능성'을 염두에 두고 다양한 질문을 개발하여야 한다. 여기서 행동의 '전이가능성'이란 역량면접에서 중요한 개념으로 미래의 행동은 과거의 유사한 상황에서 했던 행동이 전이되어 나타난다는 것이다. 따라서 효과적인 역량면접의 개발은 과거의 행동을 찾아내기 위하여 행동의 '전이가능성'을 염두에 두고 질문을 개발해야 한다.

넷째, 탐색질문 단계이다. 이 단계에서는 행동지표의 내용이 모두 측정될 수 있도록 질문의 응답을 더 풍부하게 하는 탐색질문(probing question)을 작성한다. '언제, 어디서, 무엇을, 어떻게, 왜'와 같이 의문사를 활용하여 자유로운 응답이 가능한 형식으로 작성한다. 또한 행동지표마다 정해진 탐색질문을 개발하도록 한다.

다섯째, 채점기준 단계이다. 이 단계에서는 구체화한 행동지표를 그대로 채점기준으로 사용하거나, 직무/직군별로 채점기준을 더욱 상세화한다.

여섯째, 질문검증 단계이다. 이 단계에서는 질문과 채점기준이 측정하고자 하는 역량/가치 항목을 제대로 반영하고 있는지, 문장이 매끄럽고 이해하기 쉬운지, 탐색질문이 행동지표를 모두 평가하는 데 부족함이 없는지 확인한다.

일곱째, 면접가이드 작성 단계이다. 이 단계에서는 질문지 세트를 구성한다. 면접을 시작하는 인사, 면접 진행 시 기록할 부분, 채점의 근거, 최종 채점지, 종료 인사 등이 포함된 면접가이드를 작성한다.

실제로 국내의 대다수의 대기업들은 역량을 선발과정에 효과적으로 적용하고 있다. 기업들은 응시자의 역량을 정확하게 판단하기 위하여 다양한 모의면접을 동시에 실시하고 있다. 가장 일반적으로 활용하는 면접으로 토론면접, 프레젠테이션, 그리고 역할연기 등이 있다.

토론면접이란 역할이 주어진 토론방식과 그렇지 않은 토론방식으로 구분된다. 주로 의사소통, 리더십 등 대인관계에 대한 역량평가를 위하여 활용된다.

그리고 프레젠테이션 면접은 기업이 제시한 사례를 분석하고 이를 발표하는 방식으로 진행되는 면접방식이다. 주로 발표력, 설득력, 논리적 사고, 창의력 등을 평가하기 위하여 활용된다. 그리고 특정 상황에서의 대응능력을 평가하기 위하여 역할연기가 활용되기도 한다.

LG 전자는 사업전략에 맞는 적합한 인재의 확보에 초점을 두고 있고, 이를 위해 '인재유치단'을 구성하여 타깃 분야에 대한 국내 및 해외 우수인재를 확보하는 활동을 벌이고 있는 것이 특징이다. LG 전자는 선발과정에서 역량을 파악하기 위하여 프레젠테이션 면접을 실시하고 있다. 프레젠테이션 면접 시 지원한 실무부서에서 과거 또는 현재 진행 중인 업무에 대한 내용을 제시하고 이에 대한 의견을 발표하도록 하여 직무의 적합성을 판단한다.

금호아시아나그룹은 신입사원을 서류전형, 인·적성검사, 집단토의, 역량면접, 한자시험, 자질·인성면접을 통해 최종합격자를 선발한다. 특히 1차 면접 시 역량면접과 집단토론을 실시하고 있다.

GS 칼텍스는 다양한 인재를 선발하기 위하여 여러 가지 선발도구를 통해 평가하고 있다. 역량을 파악하기 위하여 개별면접의 경우 자기소개서의 내용에 근거하여 사전에 선정된 직무역량을 검증하기 위한 질의응답을 실시하고 있으며, 집단토론 은 6~8명이 한 조를 이뤄 시사적인 주제를 놓고 토론을 벌이는 방식이다.

동부그룹은 2004년 하반기부터 동부의 핵심가치와 인재상에 적합한 잠재역량 을 갖춘 인재를 채용하기 위하여 체계적이고 과학적인 선발체계를 운용하고 있다. 선발체계는 인재상에 따른 세부평가 항목과 측정방법에 관한 매트릭스를 구성하 여 전형 단계마다 최적의 인재를 선발하도록 구성되어 있다. 채용의 당락이 면접에 서 결정되는 단순한 인물중심면접에서 탈피한 역량중심의 심층적인 면접방식을 운 영하고 있다. 1단계 '프레젠테이션 면접'(주제발표 및 질의응답)의 경우 창의적 전 문가로서의 개인능력과 기초적인 직무수행능력을 평가하고, 2단계 '질의응답 심층 면접'은 역량중심의 면접이라는 구조화된 면접기법을 통해서 지원자의 잠재역량을 평가하고 있다.

2. 평가 및 보상에 활용

조직은 매년 또는 반기마다 조직 구성원의 성과를 평가하여 이를 기초로 연봉의 인 상을 결정하고 또한 단기 성과급을 결정한다. 회사에 따라 차이는 있지만 기본급여 인 연봉인상의 결정기준이 역량의 향상이기도 하고 또 역량 향상과 업적의 증가를 공동으로 고려하기도 한다. 결국 조직은 조직 구성원의 업무와 관련된 역량을 평가 하여 이를 기본급여인 연봉과 승진/승격의 기준으로 활용한다.

특히 우리나라의 많은 기업들이 1997년 IMF 경제위기 이후 급여 차등을 하기 시 작하였으며, 이에 대한 객관적 기준으로서 역량평가의 중요성이 강조되었다. 과거 의 추상적인 능력과 태도에 의한 평가에서 구체적인 행동을 기준으로 한 역량이 평 가에 중요한 부분을 차지한다.

구체적인 평가방법 면에서 전통적으로 활용하여온 평정척도법(rating scale method), 행위기준척도법(Behaviorally Anchored Rating Scale, BARS), 행동 관찰빈도법(Behavioral Observation Scale, BOS), 그리고 기술식 방법(narrative

그림 7.2 A사의 역량평가 예시(BARS)

역량명	고객지향			
역량정의	고객중심사고 : 고객의 관점에서 사고하고 고객의 요구를 적극적으로 파악하여 만족시킨다.			
수준	1	2	3	4
수준정의	고객의 불만이나 요구를 친절하게 수용한다.	고객의 눈높이에 맞추어 의사소통한다.	고객의 실제 요구를 직접 확인하기 위해 계획적으로 행동한다.	고객의 요구를 체계적으로 파악하고 대처할 수 있는 방법이나 프로세스를 구축한다.
행동지표	고객의 불만이 제기되었을 경우 진심으로 사과와 감사의 뜻을 표시한다.	각종 문서를 고객이 이해하기 쉽게 작성한다.	고객과 직접 접촉함으로써 불편이나 불만을 경청하고, 숨겨진 고객의 요구를 파악한다.	고객의 요구를 분석하는 프로세스를 구축하여 사내에 적용한다.
	현장, 고객의 불편이나 불만을 적극적으로 수용한다.	시장이나 제품에 관한 정보를 고객의 입장에서 이해할 수 있도록 전달한다.	고객의 소리에 관심이 많으며 다양한 방법으로 고객정보를 수집한다.	현장과 고객의 트렌드를 알아내기 위한 계획을 수립하고, 실행을 촉진한다.
	겸손하고 친절한 태도로 고객을 대한다.	고객이 쉽고 정확하게 이해할수 있도록 자료를 정리하고 설명한다.	고객의 니즈를 파악하기 위해 주기적으로 직접 현장을 방문한다.	고객과 시장의 변화를 파악하기 위한 기법을 고안하여 제공한다(마케팅).
난이도	단순하고 기본적			어렵고 복잡

description) 등이 활용되고 있다. 물론 역량평가방법으로 가장 많이 활용되고 있는 방법은 행위기준척도법과 행동관찰빈도법이다.

평정척도법은 전통적으로 가장 널리 사용되는 평가방식이지만 평가에 대한 기준이 불명확하다는 단점을 가지고 있다. 역량모델이 평가에 적용되면서 행위기준척도법과 행동관찰빈도법, 그리고 기술식 방식이 역량평가방법으로 활용되고 있다. 행위기준척도법과 행동관찰빈도법은 역량평가 결과를 보상과 연계하는 경우에 자주 활용되는 반면, 기술식 방식은 역량을 육성 측면에서 활용할 경우에 사용된다. 화장품 및 생활용품을 생산하는 국내 L 대기업의 경우에는 역량을 기술식 방식으로 평가하고 이를 기준으로 직원들의 육성 및 개발에 활용하고 있다. 반면 대부분의 기업들은 역량을 행위기준척도법이나 행동관찰빈도법을 적용하여 평가하고 이

표 7.2 D사의 BOS 방식의 역량평가표

설문 항목	전혀 이러한 행동을 하지 않음	이러한 행동을 가끔 함	대체로 이러한 행동을 하는 편임	자주 이러한 행동을 함	항상 이러한 행동을 함
복잡한 과제를 체계적인 방법으로 처리할 수 있는 작은 단위로 세분화한다.					
집단 앞에서 자신의 의견이 정확하게 전달될 수 있도록 준비하고 발표한다.					
개인적인 시간을 투자해서라도 자기계발을 위한 기회를 적극적으로 찾는다.					
새롭고 독특한 아이디어를 많이 제안한다.					
반드시 개선할 필요가 있다고 판단되면 개인적 노력이나 희생을 감수하고 문제해결을 주도한다.					
복잡하고 상호 연관된 시스템 내에서 사건이나 정보가 가지는 함축적 의미를 파악한다.					
청중 앞에서 자신 있게 행동하며 자신이 말하고자 하는 바를 이해하기 쉽게 전달한다.					
냉정한 자기평가 혹은 외부의 피드백을 통해 끊임없이 자신의 강점과 계발의 필요점을 찾는다.					
타인의 창의적인 아이디어를 비즈니스 상황으로 전이시키는 데 능숙하다.					
수행의 향상이나 시스템 개선을 위해 안정된 상태에서 벗어나려는 시도를 한다.					

를 연봉인상이나 승격에 활용하고 있다.

그림 7.2와 표 7.2는 국내 대기업에서 활용하고 있는 역량평가표이다. 그림 7.2는 행위기준척도법을 응용하여 설계한 역량평가표이다. 행위기준척도법이란 역량

의 성숙도 단계(proficiency level)에 따라 역량수준을 4단계로 구분하고, 각 단계별로 역량의 수준을 정의하는 방식이다. 역량을 인식하는 성숙도의 단계가 낮은 1단계에서부터 역량을 발휘하는 2단계, 역량을 지도할 수 있는 3단계, 그리고 일반화가 가능한 4단계까지로 구분한다. 그림 7.2에서는 역량의 수준을 단계별로 구분하고, 평가의 객관성을 확보하기 위하여 단계별로 구체적인 행동을 구분하여 제시하고 있다.

반면 표 7.2는 행동관찰빈도법 방식으로 각 역량별로 다차원적인 행동을 도출하여 각 행동 항목별로 관찰 빈도를 기준으로 평가한다.

역량모델이 정기적인 평가에 활용되면서 평가의 객관성을 확보하기 위하여 다면평가제도가 도입되고 있다. 전통적으로 평가는 직속상사가 하여왔다. 직속상사는 개인 직원의 업무를 잘 아는 편이고 또 그 개인을 잘 평가할 수 있는 위치에 있기 때문이다. 그러나 한 사람이 평가를 하게 되면 오류가 생길 수도 있고, 관계의 질에 따라서는 직원이 부당하게 평가될 가능성도 배제할 수 없다. 따라서 점차 평가자의 범위가 확대되어 다양한 관계자가 평가를 하는 방향으로 변화되어 가고 있다. 다면평가는 360도 평가(360 degree appraisal)라고도 하는데, 이것은 ① 위에서 상사가 아래로 평가하는 것, ② 아래에서 부하가 상사를 평가하는 것, ③ 옆에서 동료가 평가하는 것, ④ 내·외부 고객으로부터의 평가, 그리고 ⑤ 내적인 피드백인 자기평가 등의 다양한 평가를 포함한다.

물론 이런 다면평가가 되려면 개인의 업무를 관찰할 수 있는 기회가 주어졌을 때 가능할 것이다. 이 다섯 가지 평가를 모두 포함하는 것은 쉽지 않으며, 이 중에서 부분적으로 몇 개를 골라서 활용할 수 있을 것이다. 이 방식은 주로 개발 목적으로 사용하게 된다. 그렇지 않고 관리적 목적으로 사용되면 부하가 보복의 두려움이나 익명성이 유지되지 않을까 봐 염려하는 등의 문제점이 발생할 수 있다.

8

역량모델의 활용 : 교육훈련 및 승진/승격

CHAPTER8

학습목표

- 역량에 기초한 교육훈련체계의 수립에 대해서 학습한다.
- 교육훈련체계의 수립 사례를 학습하고 응용방안을 이해한다.
- 평가센터의 목적을 이해한다.
- 평가센터의 구성과 운영방법을 이해한다.
- 평가센터의 적용 사례를 학습한다.

CHAPTER8

개 요

역량모델은 교육훈련을 통해 개발할 행동과 기술의 목록을 구체적으로 제공하기 때문에 교육체계도의 개발 및 교육과정 개발에 유용하게 활용된다. 교육체계도란 직급/직위별로 조직 내 구성원들이 제공받을 수 있는 역량관련 교육과정의 내용, 방법, 시간 등을 도식화한 자료이다. 교육과정이란 교육계획이나 체계가 결정되면 이를 구체적으로 실현할 수 있는 프로그램을 말한다. 교육과정에는 강의, 토론, 워크숍 등 교육방법과 형태도 포함된다.

　마지막으로 역량은 승진이나 승격의 기준으로도 활용된다. 특히 최근에 객관적인 역량평가 도구 중 하나인 평가센터(AC)가 빠른 속도로 승진이나 승격의 도구로서 도입되고 있다. 평가센터는 주로 경영자나 중간관리자 이상의 역량을 확인하고 개발하는 수단으로 활용된다. 즉, 경영자나 중간관리자의 승진 대상자들 가운데 요구되는 역량의 보유를 평가하기 위해서 역할연기, 서류함 기법, 프레젠테이션, 집단토론 등 다양한 기법들이 복합적으로 활용된다.

1. 교육훈련에 활용

역량모델은 교육훈련을 통해 조직 구성원들이 개발할 행동과 기술의 목록을 구체적으로 제공해주기 때문에 교육과정 개발에 유용하게 활용될 수 있다. Dubois의 연구에서는 역량에 기반한 교육과정의 개발을 ① 사전 분석·평가 및 계획, ② 역량모델 개발, ③ 교육과정 계획, ④ 교수전략의 설계와 개발, ⑤ 평가의 다섯 단계로 나누면서 역량모델 개발을 교육과정 및 교수전략 설계의 핵심적인 단계로 고려하고 있다.

또한 역량에 기초한 교육훈련과 개발시스템을 구축하기 위하여 다음과 같은 요소들도 필요하다. 첫째는 업무에서 요구되는 역량에 대한 구체적인 행동 사례가 필요하며, 둘째는 사람들이 현재 어느 정도 역량들을 보유하고 있는가를 파악하기 위한 프로세스가 필요하다. 그리고 셋째는 사람들에게 역량을 배우고 개발하게 해주는 교육훈련과 개발의 기회 인식과 넷째는 지식과 기술의 차이를 좁히기 위한 지원과 사후관리(follow-up) 방법 등이 필요하다.

또 이재경, 송영수, 윤여순, 최욱, Dubois 등의 연구자들이 제시한 교육과정의 개발 절차를 종합하면 다음과 같다.

첫째, 개발해야 할 역량의 결정 및 교육요구를 조사하는 단계이다. 조직 내 직원들을 대상으로 한 면접과 설문조사를 통하여 필요한 역량과 교육의 우선순위를 조사한다. 또 현재 교육현황과 문제점, 필요한 교육에 대한 기대를 조사한다. 이러한 조사·분석을 통하여 가장 개발이 필요한 역량과 교육의 우선순위를 결정한다.

둘째, 역량 개발의 목표수준을 확정하는 단계이다. 각 업무 및 직급별로 직원 개개인이 어느 수준의 역량을 개발해야 할지를 결정한다. 따라서 이 단계에서는 현재 보유역량과 미래의 필요역량 간의 격차분석 결과, 고객인터뷰, 포커스그룹 회의 결과, 역량 종합기술서 등의 다양한 자료를 바탕으로 직급/직무별로 교육훈련을 통해 달성하고자 하는 역량 개발의 목표수준을 결정한다.

셋째, 교육과정의 필요성을 결정하는 단계이다. 각 교육과정은 직원 개개인에게 요구되는 업무와 직급별로 그 필요성이 다르게 나타난다. 따라서 교육과정을 직급/

그림 8.1 교육훈련체계 예시

계층별 리더십	전략적 리더십(LET)	조직역량 트랙(OET)		직무전문가 트랙(PET)	
	리더십역량 강화과정	조직역량 강화과정	기본역량 강화과정	직무 공통과정	직무 전문가과정

전략적 리더십(LET) — 리더십역량 강화과정
- 변화 리더십
- 성과관리 리더십
- 사람관리 리더십
- 전략적 리더십

조직역량 트랙(OET) — 조직역량 강화과정
- 전략적 조직 개발 프로그램
- 기업문화 과정
- 변화관리 활성화 교육

조직역량 트랙(OET) — 기본역량 강화과정
- 정유산업 이해과정
- 전사마케팅 마인드셋 교육
- 팀웍 향상 조직활성화 과정
- 효과적 커뮤니케이션 과정
- 경력계획수립 워크숍
- 창의적 문제해결 과정
- 경력사원 입문교육 / 신입사원 입문교육

직무 공통과정
- 사내강사 양성과정
- 외국어
- MS Office or IT 기술과정
- 정유생산 및 영업과정
- 국내외 석유정책 및 시장 트렌드

직무전문가 트랙(PET) — 직무 전문가과정
- 전문분야: 영업, 마케팅 / 물류 / 생산 / 경영지원
- 전문가과정 (master course)
- 실무과정 (advanced course)
- 기본과정 (basic course)

계층별 리더십 / 승진단계
- 임원: 신임임원과정
- 1급: 임원준비과정, 신임팀장과정
- 2급: 팀장준비과정, 신임 L 과정
- 3급: L급 준비과정, 신임 M 과정
- 4급: M급 준비과정

직무별로 필수과정과 선택과정으로 분류해주어야 한다. 또한 개별 직원과 부서의 특성 및 요구에 따라 해당 부문의 관리자들과 협의하에 현실적으로 이수 가능한 교육과정을 우선적으로 개발하도록 한다.

넷째, 교육체계도를 개발하는 단계이다. 이 단계에서는 직급/직무별로 조직 내 구성원들이 제공받을 수 있는 역량관련 교육과정의 내용, 방법, 시간 등을 도식화하여 교육체계도를 개발한다. 교육체계도에는 역량별로 구체적인 학습형태와 학습지원방안, 시간 등을 구체화한다.

다섯째, 교육과정을 개발하는 단계이다. 전체적인 교육계획 및 개발의 교육체계도가 완성되면, 이를 구체적으로 실현할 수 있는 개발과 실행이 이루어져야 한다. 이때에는 교육방법과 형태(워크숍, 강의, 토론, OJT/Off-JT, 개별/집단 학습, 멘토링, 프로젝트 수행, 면대면/사이버 강의방식 등)가 구체적으로 계획되고, 세부 교수전략과 실행방안이 명세화될 필요가 있다. 이를 통해 실제적인 최종 개발 결과물의 형태를 결정할 수 있고, 필요한 물적·인적자원을 추산할 수 있기 때문이다.

또 일부 기업에서는 360도 피드백 설문지를 통하여 구성원의 역량을 진단하고 이를 기초로 하여 교육훈련과 개발 프로그램을 설계하고 있다. 360도 피드백 설문지는 우수한 성과를 올리기 위한 역량별 구체적인 행동목록들을 포함하고 있다. 즉, 360도 피드백은 사람들에게 변화해야 한다는 필요성을 인식시켜 주고, 자신들의 강점과 개발 필요점에 초점을 맞추게 하고, 조직 개발의 필요성을 규명하며, 업무에서의 행동의 개선을 모니터링하기 위하여 다수의 교육훈련과 개발시스템에 활용되고 있다.

2. 승진/승격에 활용

조직 내에서 정기적인 승격(직급의 상승)은 정기적인 평가체계에 기초를 두고 있다. 그러나 상사중심의 전통적인 평가는 새로운 직위에 적합한 사람을 선발하는 데 여러 가지 단점을 가지고 있다. 즉, 전통적인 평가는 주로 과거의 성과나 현재 직위에서의 역량을 평가한다. 또 대부분 상사중심의 평가이기 때문에 객관적인 평가에 의문이 제기되기도 한다. 따라서 최근에는 객관적인 역량평가 도구 중 하나로 평가센터(Assessment Center, AC)가 빠른 속도로 도입되고 있다.

평가센터는 주로 경영자나 중간관리자 이상의 재능을 확인하고 개발하는 수단으로 활용되고 있다. 경영자나 중간관리자 이상의 선발 및 승진뿐만 아니라 잠재적인 후보자의 확인, 개발 니즈의 확인 등 다양한 용도로 사용이 가능하기 때문이다. 전형적인 평가센터는 조직의 특정한 필요에 따라 개발된 적성검사, 개인 또는 그룹 시뮬레이션, 구조화 면접 등 다른 부가적인 기법들과 결합되어 설계된다.

Hagan에 따르면 많은 기업들이 평가센터를 사용하고 있다. 특히 관리역량을 조기에 확인하기 위하여 활용되고 있다. 평가센터는 조직의 효과성과 관련된 태도, 능력의 관점에서 사람을 평가하는 절차이다. 평가센터는 전통적으로 다음과 같은 특징을 가진다.

- 여러 가지 상황이나 워크샘플을 활용한다.
- 구체적인 행동을 명확하게 한다.
- 훈련된 복수의 평가자가 있어야 한다.
- 각 평가자는 다양한 역량을 독립적으로 평가한다.
- 여러 관찰자와 관찰결과를 공유하여 전반적인 평가를 이끌어낸다.

이러한 평가센터는 장소적 개념이 아니라 모의직무상황을 가정한 다양한 기법을 사용하여 피평가자의 특성을 중복 관찰하는 평가시스템을 지칭하며, 다른 역량평가방법보다 타당도와 신뢰도가 높다. 즉, 평가센터는 복수의 평가기법을 사용함으로써 신뢰도가 높고 훈련된 다수의 평가자가 평가함으로써 객관성이 높으며 실제 모의직무상황을 가정함으로써 직무관련성이 높은 것이 특징이다.

평가센터에서 사용되는 평가기법에는 다음과 같은 기법이 있다. 첫째, 구조화 면접(structured interview) 기법이 있다. 구조화 면접에는 지원자의 과거 행동 및 사건을 중심으로 자세하게 행동의 패턴을 확인하고 필요한 역량과의 연관성을 분석하는 행동사건 면접(behavioral event interview)과 과거의 예를 묻는 대신 "미

그림 8.2   주요 시뮬레이션 기법

서류함 기법
- 서류함에는 응답을 요구하는 메모, 프린트, 전화, 편지가 포함되어 있다.
- 후보자는 우선순위의 결정, 메모 작성, 미팅계획 수립 등 응답을 요청받는다.
- 응답에는 시간이 정해져 있고 보통 1시간 내에 응답해야 한다.

집단토론
- 후보자들이 해결해야 할 문제가 제시된다.
- 문제는 새로운 직위에서 자주 발생되는 문제이다.
- 주로 리더십, 커뮤니케이션 기술 등이 평가된다

사례 연구
- 실제적인 경영상황에 관한 사례가 후보자들에게 제시된다.
- 각 후보자는 문제의 본질, 원인을 기술하고 해결방안을 제시하여야 한다.
- 이는 보고서의 형태로 작성해서 제출하며, 발표도 하고 평가단의 질문에도 응답해야 한다.

표 8.1   미국 기업의 역량과 시뮬레이션 매트릭스

역량	문장작성 실습	스피치 테스트	사례 분석	서류함 기법 잠정	서류함 기법 결과	리더십 집단토론 경영문제	리더십 집단토론 사회이슈
의사소통(oral communication)					X	X	X
프레젠테이션 기술(oral presentation)		X				X	
문장작성(written communication)	X		X	X	X		
스트레스 내성(stress tolerance)				X	X	X	X
리더십(leadership)					X	X	X
감수성(sensitivity)			X	X	X	X	X
인내(tenacity)				X	X	X	
위험감수(risk taking)			X	X	X	X	X
주도성(initiative)			X	X	X	X	X
기획력(planning & organization)			X	X	X	X	
통제(management control)			X	X	X		
위임(delegation)				X	X		
분석력(problem analysis)			X	X	X	X	X
의사결정(decision making)			X	X	X	X	X
결정력(decisiveness)			X	X	X	X	
반응성(responsiveness)			X	X	X	X	X

표 8.2 K 통신사의 역량과 시뮬레이션 기법

역량 \ 평가방법	집단토론	프레젠테이션	서류함 기법	역할연기	면접
의사소통	O	O			
고객지향	O		O		O
비전제시			O	O	O
조정 및 통합	O			O	
결과지향		O			O
전문가 의식	O				O
혁신주도		O	O	O	
문제인식 및 이해				O	
전략적 사고	O	O			O

래에 ~한 상황에서 어떻게 행동하시겠습니까?" 등으로 질문하는 미래행동 면접(forward looking interview)이 있다. 전자는 과거에 경험하지 못한 업무의 수행도를 예측하기에 어려움이 있으며 후자는 임기응변식의 답변을 후하게 평가하게 될 가능성이 있다.

둘째, 역할연기(role play) 기법이 있다. 역할연기는 특정 역할에 적합한 피평가자의 의사결정과 문제해결 역량을 평가하기 위하여 활용된다. 피평가자는 역할연기 대상자의 정보를 살펴보고 역할연기에 임하며, 평가자는 피평가자의 행동을 관찰, 기록하고 평가한다.

셋째, 서류함 기법(in-basket)이 있다. 서류함 기법이란 보고서, 메일, 메모, 전화연락, 전문, 공문, 보도자료, 언론 보도 등을 보고 문제를 해결하는 역량평가방법이다. 이는 아주 긴급한 상황에서 다양한 문제를 어떻게 해결하는지 복합적인 상황에서의 대응자세를 평가하는 방법으로 적합하다.

넷째, 프레젠테이션(presentation) 기법이다. 이는 상황별 과제를 보고 과제를 해결하고 발표한 후, 추가 면접을 실시하는 기법이다.

다섯째, 집단토론(group discussion) 기법이다. 이는 주어진 그룹의 공통과제에

표 8.3 K 통신사의 시뮬레이션 운영계획

프로그램	예상시간	세부 예상시간	내용
집단토론	90분	40분 50분	준비시간(주어진 과제를 파악) 사회자의 회의 진행으로 피평가자 간 토론
프레젠테이션	70분	40분 10분 10분	준비 및 보고서 작성 발표 Q & A
서류함 기법	80분	40분 40분	준비시간(주어진 과제를 파악) 서류함 면접
1 : 2 역할연기	70분	30분 30분	준비시간(주어진 과제를 파악) 평가자와 상호작용 및 역할수행
면접	70분	40분 30분	준비 및 보고서 작성 면접 및 Q & A

대해 정해진 시간 내에 집단토론을 한다.

평가센터는 민영기업뿐만 아니라 공공부문에서도 가장 널리 활용되고 있는 프로그램이다. 특히 관리자나 관리역량에 대한 평가방법으로 활용되고 있다. Fidler는 미국의 중요한 기업의 약 50%가 어떤 형태이든 평가센터를 활용하고 있으며, 인사 담당 임원들은 평가센터가 선발과 승진에 매우 효과적인 방법이라고 고려하고 있다.

국내의 K 통신회사는 부장급을 대상으로 하여 평가센터를 도입하고 있다. K사는 표 8.2와 같이 9개의 역량을 평가하기 위하여 평가센터가 집단토론, 프레젠테이션, 서류함 기법, 1 : 2 역할연기, 면접 등 5개의 시뮬레이션으로 구성되어 있다. 각 시뮬레이션은 70~90분이 소요되며(표 8.3 참조), 각 시뮬레이션에서 역할 및 평가를 위하여 피평가자와 평가자는 짧은 시간에 상황에 대한 이해를 하여야 하는 부담을 가진다.

3. 개별기업 고유의 역량모델

우리나라 기업들이 역량을 각 인사시스템에 활용하기 시작한 것은 불과 10여 년 정도이다. 또 일부 기업을 제외하고는 역량을 정확하게 이해하고 이를 인사시스템에 적용할 전문적 지식을 가진 내부 전문가도 부족한 실정이다. 그 때문에 아직 우리나라 기업들은 역량모델을 개발하고 이를 인사시스템에 원활히 적용하여 조직의 성과창출에 연계시키지 못하고 있다.

역량은 성과창출과 관련된 구성원의 행동특성이기 때문에, 각 기업은 자사의 성과창출에 영향을 미치는 역량을 파악하고 이를 선발, 평가, 교육훈련, 승진 등 제반 인사시스템에 활용하여야 한다. 또 역량모델을 활용하여 인사시스템의 운영을 담당하는 현장관리자들의 역량에 대한 이해수준도 향상시켜야 한다.

첫째, 역량이 선발, 교육훈련, 평가 및 보상, 승진/승격 등 인사의 제반 분야에 활용되는 중요한 사항인데도 불구하고 많은 회사들이 역량모델을 개발할 때 각 회사에 고유한 성과창출의 근거가 되는 역량을 도출하지 않고, 타사를 벤치마킹하거나 피상적인 워크숍(내부 업무담당자 워크숍)에 의해 역량을 도출하고 있다. 또 많은 경우 이런 과정에서 시간을 절약하고자 표준화된 역량 사전(competency dictionary)을 제공한다. 결국 우리나라의 많은 기업의 역량 및 행동지표들이 유사하다. 이는 각 회사가 고유한 역량을 도출하지 못하고 있다는 것을 증명한다.

따라서 시간과 비용이 다소 소요되더라도 심층면접방식을 활용하거나 아니면 워크숍 이전에 2~3시간 정도 성공 사례 및 성공요인에 대한 토의과정을 포함하는 것이 좋다. 필자가 경험적으로 역량 워크숍 이전에 2~3시간 동안 각 직무에서의 성공 사례를 토의하고 이를 잘 정리한 결과 매우 구체적이고 고유한 행동지표를 도출할 수 있었다.

둘째, 선발과정에 있어서도 역량구조화 면접의 설계, 특히 역량 파악을 위한 질문 및 추가질문의 목록을 구성하는 것도 중요하지만, 역량구조화 면접에서 면접관으로 참여하는 현장 팀장, 임원에 대한 역량 교육 및 면접자 교육이 시급히 요청되고 있다.

셋째, 평가센터의 다양한 시뮬레이션 가운데 각 회사에 적합한 방법을 찾아 선발, 승진/승격에 활용하는 것이 효과적이다. 우리가 알고 있는 평가센터에는 다양한 시뮬레이션들이 포함되어 있다. 이 가운데 두세 가지 방법을 선택하고 선발이나 승진/승격에 활용할 수 있다. 실제로 일부 기업들에서 선발에 집단토론이나 역할연기, 또는 프레젠테이션 등을 복합적으로 활용하고 있다.

넷째, 기타 평가의 객관화 및 교육훈련체계의 수립에서도 역량을 활용한 효과적인 기법이 연구되어야 한다.

■ 제 3 부
■ 참고문헌

박두진, 송유경, 역량면접 구축 및 실행을 위한 실무 가이드, 임금연구, 한국노동연구원, 2006

송영수, 핵심역량 중심의 교육접근방안, 산업교육 4월호, 2000

윤여순, 기업교육에서의 competency-based curriculum의 활용과 그 의의, 기업교육연구, 1(1), 1998

이재경, 역량기반 교육과정 개발 방법론에 대한 고찰, 교육공학연구, 제18권 제4호, 2002

정재창, 민병모, 김종명, 알기 쉬운 역량모델, PSI컨설팅, 2001

정종태, 임원제도 및 임원 인사관리, 한국인사관리협회, 2007

최욱, 기업교육 체계수립 개발 사례 : DACUM과 CBC의 비교, 교육공학연구, 18(2), 2002

Becker, B. E. & Huselid, M. A., Overview : Strategic human resource management in five leading firms. *Human Resource Management*. 38, 1999

Becker, B. E., Huselid, M. A. & Ulrich, D., *The HR scorecard : Linking people, strategy, and performance*. Boston : Harvard Business School Press, 2001

Boyatzis, R. E., *The competent manager : A model for effective performance*. New York : Wiley, 1982

Boyatzis, R. E., *Transforming qualitative information : thematic analysis and code development*. Thousand Oaks. CA : Sage, 1998

Capaldo, G., Iandoli, L., & Zollo, G., A Situationalist Perspective To Competency Management. *Human Resource Management*, 2006

Dubois, D. David., *Competency-based performance improvement : A strategy for organizational change*. MA : HRD Press, Inc, 1993

Hagan, C. M., Komopaske, R., Bernardin, H. J., & Tyler, C.L., Predicting assessment center performance with 360-degee, top-down, and customer-based competency assessments. *Human Resource Management*, Fall, 2006

Klemp, G. O., *The assessment of occupational competence*. Washington D. C. : Report to the National Institute of Education, 1980

Lievens, F., Sanchez, J. I., & De Corte, W. D., Easing the infecrential leap in competency modeling : The effects of task-related information and subject matter expertise. *Personnel Psychology*, 57, 881-904, 2004

Lucia, A. D. & Lepsinger, R., *The art and science of competency models : Piopointing critical success factors in organizations*. CA : Jossey-Bass, 1999 정재창 외 (역), 알기쉬운 역량모델링, PSI 컨설팅, 2001

Parry, S. B., The quest for competencies. *Training*. 33(2), 1996

Prahalad, C.K., & Hamel, G., The core competency of the corporation. *Harvard Business Review*, 67(3), 1990

Schippmann, J. S., Ash, R. A., Battista, M., Carr, L., Eyde, L. D., Hesketh, B. Et al., The practice of competency modeling. *Personnel Psychology*, 53, 2000

Spencer, L. M. & Spencer, S. M., *Competence at work : Models for superior performance*. NY : Wiley & Sons, Inc., 1993 민병모 외 (역), 핵심역량모델의 개발과 활용, PSI 컨설팅, 1998

역량면접

A 은행은 서류합격자를 소집하여 안성에 있는 연수원으로 이동하여 1박 2일간 면접을 진행한다.

- 08:00~10:00　은행 본점에서 인·적성검사(직무적합성평가 1시간, 인성평가 1시간)
- 10:00~12:00　안성연수원으로 이동
- 12:00~13:00　점심 및 오리엔테이션(조장 선발)
- 13:00~16:00　인성면접

  인성면접은 블라인드 면접으로 자기소개서 및 기본인적 기록이 없이 대화방식으로 진행된다.

  '전공이 무엇인가?', '전공과 관련하여 최근 이슈는 무엇이 있는가?', '시사상식질문(하우스푸어, 블랜컨슈머, 예금자보호제도, 저축은행사태, 부동산대책, 선물거래 등)', '고객감동을 위한 경험을 말해보고 입행 후 어떤 방식으로 고객감동을 실천할 것인가?', '가장 성취가 있었던 경험', '취미가 무엇인가?', '영어로 자기소개', 'A 은행에 지원한 동기는 무엇인가?', 'PB란 무엇인가?' 등의 질문이 있다.

- 16:00~18:00　세일즈 프레젠테이션

  세일즈 PT는 단체로 들어가 면접관에게 인사하고 각자 주제를 뽑아서 온 후, 대기실에서 10분간 응대예절과 상품안내를 읽으며 세일즈 전략을 세우고 직접 세일즈를 하는 면접이다. 10분 후 모두 제공된 자료를 거두어 들이고, 1명씩 면접관들 앞에서 PT를 한다.

  예를 들어 주 거래기업의 신입직원인 홍길동 씨가 신용카드를 발급하기 위하여 은행에 찾아왔다. 홍길동 씨는 3년 후 결혼자금으로 목돈을 마련하기 위해 적금을 가입하고 싶지만, 저축은행은 부실하고 시중은행은 금리가 너무 낮아 적당한 곳을 찾지 못하고 있는 상황이다. 이러한 홍길동 씨에게 A 은행의 적금을 세일즈하는 면접이다.

PT 중에 면접관들이 다음과 같은 질문을 한다. "이거 중간에 불입하지 못하면 이자나 혜택에서 불이익 없을까요?"

- 18:00~19:00　　저녁식사
- 19:30~22:00　　단체 및 개인 PT 작성, 퍼즐 맞추기

2시간 30분 동안 진행되는 활동이다. 조를 2개로 나눈 뒤 문제지를 받으면 A 지점, B 지점의 상황이 나온다. A 지점은 로열층을 대상으로 하며, B 지점은 고연령 및 주부가 주 고객층이다. 두 지점의 영업상황이 제공된다. 예를 들어 B 지점의 상황은 다음과 같다. 주 고객층(고연령, 주부), 세대구성(연립주택, 다세대주택), 총 수진 영업순위(18위/20개), 총 여신 영업순위(19위/20개), CS 평가(19위/20개), 지역 내 주요 은행 중 실적 최하위, 카드 영업실적(4위/20개).

2개 지점 중 하나를 선택하여 영업활성화 대책을 수립하는 것이 과제이다. 주어진 시간 내에 개인 PT 계획수립, 조별 PT 계획수립, 퍼즐 맞추기를 모두 성공해야 한다.

- 다음 날 08:00~10:00　　전날 준비한 PT 발표 및 질의응답

조별로 발표자가 나가서 준비한 PT를 발표하고 상대편이 질문을 한다. 적극적으로 질문을 하는 사람에게 가산점이 부여된다. 이 과정 후 상호평가도 진행된다.

- 10:00~11:30　　집단토론

조를 다시 2개로 나누어 조장을 뽑는다. 그리고 문제지가 주어진다. 예를 들면 하나는 이동통신 요금인하 정책이고, 다른 하나는 SSM 규제에 대한 문제이다. 30분간 조별로 토론전략을 수립한다. 각자 대응할 분야를 정하고, 합의할 사항들을 미리 생각해야 한다. 다른 조와는 논의를 할 수 없다.

토론주제

1. A 은행은 어떤 면접 또는 어떤 선발방법을 사용하고 있는지 정리해보자.

2. 각 선발기법들의 장점과 단점은 무엇인가?

3. 최근 금융권, 대기업들의 선발절차나 방법이 점점 복잡해지고 까다로워지고 있다. 그 이유는 무엇이라고 생각하는가?

4. 전통적인 면접과 역량구조화 면접의 차이점은 무엇인가?

승진 때문에 과외 받는 공무원

2012년 8월 말로 예정된 승진시험을 앞두고 최근 서울시 공무원들 사이에 과외 열풍이 불고 있다. 한 달에 100~200만 원씩 과외비를 내고 시험공부를 하는 공무원이 많다는 것이다. 6일 서울시에 따르면 일부 시의 공무원들은 5급(팀장급) 승진시험인 역량평가를 준비하기 위해 오피스텔을 빌려 강사를 데려와 고액 과외를 받거나 전문 학원에 등록해 강의를 듣고 있다. 자료를 요약하는 서류함 기법, 사례 연구, 역할연기 등을 공부하고 있다. 익명을 요구한 서울시 한 공무원은 "과외비가 부담스럽지만, 승진을 위해선 어쩔 수 없는 것 아니냐."라면서 "서울시뿐만 아니라 역량평가를 치르는 중앙부처 공무원들도 사교육을 받는 것으로 안다."라고 말했다. 이를 위해 이들은 한 달에 많게는 200만 원 이상을 쓰는 것으로 알려졌다.

서울시는 2008년부터 5급 승진자에 대해 역량평가방식을 도입했다. 경력과 근무 평정 등 심사평가로 절반을 선발하고, 탈락자를 대상으로 역량평가를 통해 나머지 절반을 선발한다. 이 때문에 심사평가에서 탈락한 공무원들 처지에선 역량평가에 대한 절박감이 클 수밖에 없다. 게다가 역량평가는 과거처럼 단순 암기 위주가 아니라 다면평가로 바뀐 상태라 새 평가방식에 낯선 직원들이 어쩔 수 없이 사교육 시장에 뛰어들고 있다는 설명이다. 서울시 산하 인재개발원에서 역량평가의 준비과정을 제공하고는 있지만 이것만으로는 부족하다는 게 직원들의 심정이다.

구아미 서울시 인사과장은 "일부 승진 대상자들이 불안감 때문에 과외를 받고 있다는 얘기는 들었지만, 구체적인 내용을 확인하지는 못했다."라면서도 "승진방법을 개선하는 방안을 검토하는 한편, 서울시 인재개발원의 역량평가준비 교육과정을 대폭 확대하고, 내년 3월부터 사이버 강좌도 신설할 예정"이라고 밝혔다.

(조선일보, 2012년 8월 7일)

토론주제

1. 서울시 5급(팀장급) 승진 시 역량평가를 실시한다고 생각하는가?

2. 역량평가 시 역할연기, 서류함 기법, 사례 연구 등 다양한 방법을 활용하는 이유는 무엇인가?

3. 우리나라 기업에서 평가센터의 활용 사례를 조사하고 토론하라.

4. 미국 등 글로벌 기업에서 평가센터의 활용 사례를 조사하고 토론하라.

PART 4

성 과 관 리 관 점 의
인 적 자 원 관 리

성과평가방법

성과평가방법에는 평정척도법, 순위결정법, 목표관리법이 있다. 평정척도법은 가장 일반적인 방법이지만 평가자의 주관을 배제할 수 없다. 순위결정법은 동료들을 비교하고 경쟁하게 만드는 방법이다. 순위결정법은 경쟁을 통해 성과를 향상시킬 수 있는 장점이 있지만, 반대로 다른 사람의 성과향상을 방해하는 부정적인 면도 있다. 목표관리법은 직원 스스로 업무목표를 설정하고, 목표달성도에 따라 평가를 하는 방법이다. 목표관리법은 다른 성과평가방법에 비하여 다음과 같은 특성들을 가지고 있다. 첫째, 사전에 명확한 목표 및 성과기준을 가지고 있다. 둘째, 평가에 대한 구체적인 근거를 제공한다. 셋째, 목표설정 및 평가과정에 부하직원들을 참여시킨다. 이러한 세 가지 특성 때문에 대부분의 기업이 목표관리제도를 활용하여 기업의 성과평가를 수행한다.

1. 성과평가의 의의

평가라 하면 우리나라 기업들이 전통적으로 활용하였던 인사고과가 시초라고 할수 있다. 인사고과는 조직 구성원 개인의 업적, 능력, 태도를 상급자가 평가하는 방법이다. 상급자는 보통 연 1회 정기적으로 부하직원들의 업적, 능력, 태도를 평가하여야 한다. 전통적인 인사고과는 통상적으로 부하직원들의 업적, 능력, 태도를 탁월(S), 우수(A), 보통(B), 미흡(C), 매우 미흡(D)의 5등급으로 구분한다.

표 9.1 전통적 인사고과표

평가요소	평가항목	가중치	평가척도				
			탁월	우수	보통	미흡	매우 미흡
업적	업무기여도						
	업무난이도						
능력	기획력						
	업무추진력						
태도	협조성						
	성실성						

그러나 이러한 인사고과는 상급자가 부하직원을 평가함에 있어 평가기준이나 근거의 제시 없이 상급자의 주관적인 판단에 따라 평가가 결정되기 때문에 문제점이 있는 것으로 인식되어 왔다. 피평가자인 근로자의 업적, 능력, 태도를 한 장의 평가표(인사고과표)로 평가하여 종합평가라 한다(1980~1990년대 이후 역량이 기업의 인사관리에 활용되고, 특히 역량평가라는 개념이 등장하면서부터 평가는 업적평가와 역량평가로 구분되고, 역량모델링에 의하여 구체적인 행동을 평가하는 방식으로 개선되었다.).

최근 들어 평가는 단순히 부하직원의 성과를 판단하고 등급을 매기는 것이 아니라 부하직원의 성과향상을 위한 성과관리(performance management)에 초점을 두고 있다. 또한 평가시스템도 종업원의 행위와 그 결과들이 조직의 목표에 적합한가를 확인시켜 주는 중요한 수단으로 사용되고 있다.

따라서 최근 기업들이 도입하고 있는 평가 또는 성과관리시스템은 기본적으로 다음 세 단계의 기능을 포함한다. 첫 번째 단계는 성과관련 측면에 대한 규명 단계이다. 이 단계에서는 성과의 어떤 측면이 중요하고 어떻게 평가되어야 하는지가 밝혀져야 한다. 두 번째 단계는 성과평가(performance appraisal) 단계이다. 이 단계에서 성과에 대한 실질적인 평가가 이루어진다. 마지막 세 번째 단계는 성과에 대한 평가 결과를 피드백하는 단계이다. 이 단계에서는 성과평가의 결과를 활용하는 단계인데, 성과 부진이나 미달의 원인이 무엇인지 밝혀내고 이를 해결하기 위해 조치를 취하며(필요하면 직원을 훈련시키는 일 등) 성과향상의 수준에 기초하여 보상을 결정하는 것 등이 포함된다.

2. 평가 및 평가시스템의 목적

평가시스템을 구축하여 운영하는 목적은 전략적 목적, 관리적 목적, 개발적 목적 세 가지로 정리할 수 있다. 평가시스템은 이러한 전략적, 관리적, 개발적 목적으로 구축되지만, 연봉제의 도입과 더불어 시스템 운영이 관리적 목적에만 치우치면서 평가의 왜곡이 생겨나고 오류가 발생한다.

1) 전략적 목적

평가의 전략적 목적(strategic purpose)이란 개인의 활동들이 조직의 목표와 전략적 방향에 연계되어야 함을 의미한다. 이에 따라 성과평가는 조직 구성원들이 조직의 사업전략이 요구하는 핵심직무를 잘 수행하고 있는가를 평가하는 데 초점을 두어야 한다.

2) 관리적 목적

평가의 관리적 목적(administrative purpose)은 평가를 임금, 승진, 해고, 인센티브 지급 등을 위해 사용하는 것을 말한다. 평가자들이 관리적 목적을 위해 평가를 할 때에는 평가를 '필요악'으로 간주하며, 피평가자를 의식하여 모두 높게 평가하거나 비슷하게 평가하는 오류를 범하기도 한다.

3) 개발적 목적

평가의 개발적 목적(development purpose)은 평가 결과를 통해 낮은 평가를 받았을 때 그 원인이 능력의 부족인지, 동기의 부족인지, 아니면 장애요인 때문인지를 파악하여 필요한 부분을 개발시켜 주기 위한 목적으로 성과관리를 하는 것을 말한다.

3. 성과평가의 방식 : 상대평가와 절대평가

성과평가의 접근법에는 크게 상대평가 접근법과 절대평가 접근법이 있다. 상대평가 접근법 혹은 비교 접근법(comparative approach)은 한 개인의 고과를 다른 사람의 고과와 비교하여 평가하는 방법인데, 서열화(ranking)를 하거나 강제 배분방식(forced distribution)으로 접근한다. 또한 개인의 성과에 따라 평가등급별로 인원분포를 조정하기도 한다.

　반면 절대평가 접근법은 상대적인 비교가 아닌 각 개인의 절대적인 성과를 평가하여 관리하는 방법이다. 이 두 가지 방식 중 어느 하나가 절대적으로 우월하지는 않으며, 각기 나름대로의 장단점이 있다.

　두 가지 평가방법을 둘러싼 몇 가지 사례가 있다. A 기업은 상-중-하 세 그룹으로 20%, 60%, 20%씩 각각 강제 배분하는 상대평가를 하였다. 이 제도는 너무 인위적이며 공정하지 못하다는 비판과 함께 고정된 배분이 종업원 간의 협력을 저해한다는 의견들이 제시되었다. 그래서 A 기업은 세 등급은 그대로 둔 채 강제 배분 제도를 없애버렸다. 그 결과 대부분의 직원이 중간에 포함되었고 아주 뛰어난 사람은 상위 등급으로, 즉각적인 개선이 필요한 직원만 하위 등급으로 분포되었다.

　이와는 반대로 B 기업은 13등급(S, S$^-$, A$^+$, A, A$^-$, B$^+$, B, B$^-$, C$^+$, C, C$^-$, D, D$^-$)으로 구성된 절대평가방식의 평가시스템이었다. 그런데 직원의 73%가 중상위 수준으로 평가되고 연봉의 차이가 거의 없어 결과적으로 동기저하 현상이라는 문제

표 9.2	상대평가 접근법의 장단점	
장점	**단점**	
• 종업원들의 성과 차등화에 효과 • 관대화, 중심화, 엄격화의 문제를 해결 • 관리자의 의사결정에 유익 • 개발과 사용이 용이 • 사용자들의 수용성이 높음	• 조직전략과의 연계성 부족 • 신뢰성과 타당성이 평가자에 의존 • 피드백 목표를 위한 구체성(specificity)의 결여	

가 발생하게 되었다. 그래서 평가등급을 다시 5등급으로 조정하였고, 또한 강제로 배분하는 방식으로 시스템을 개정하였다. 두 조직은 평가시스템을 바꾼 이후에 모두 만족스러운 결과를 얻게 되었다. 결국 A 기업은 상대평가방식에서 절대평가방식으로, B 기업은 절대평가방식에서 상대평가방식으로 전환하여 그런대로 만족하고 있다. 그러나 시일이 지나면서 A 기업은 관대화 경향이 나타나 대부분의 직원이 높은 등급이나 중간 등급으로 평가될 것이며, B 기업의 경우도 불만이 발생할 것이다. 따라서 두 평가방식의 적절한 조합을 통해 그 문제를 해결해야 한다. 예를 들어 S, A, B, C, D의 5등급을 유지하되, S와 A등급을 20%, B등급을 60%, C와 D 등급을 20%로 인원배분을 정하고 S와 D등급은 절대평가로 하는 방법 등을 생각할 수 있다.

4. 성과평가 기법

성과평가의 완벽한 방법이 있다면 인적자원관리는 보다 쉬울 것이다. 많은 경영자들이 효율적인 평가 기법을 찾는 데 많은 시간과 노력을 기울이고 있다. 하지만 아쉽게도 지금까지 여러 가지 평가방법이 개발되었지만 아직까지 완벽한 방법은 없다. 지금까지 많은 기업들이 사용했던 성과평가방법들은 모두 장점과 단점을 가지고 있으며 결국 중요한 것은 사용하고 있는 시스템의 한계점을 인식하고 보완하기 위하여 지속적으로 노력해야 한다는 것이다.

이 장에서는 가장 많이 사용되고 있는 성과평가의 세 가지 방법을 제시할 것이다. 또 각각의 장점을 파악하고, 효과적으로 운영하기 위한 방안을 제공할 것이다.

만약 당신이 성과평가 및 성과관리시스템(performance management system)을 설계하는 역할을 맡은 담당자라면 이 장에서 회사에서 효과적으로 활용할 수 있는 평가방법에 대한 아이디어를 얻을 수 있을 것이다.

성과평가의 세 가지 기법인 평정척도법(rating system), 순위결정법(ranking system), 목표관리법(objective based system)은 다음과 같다.

1) 평정척도법

평정척도법은 아주 일반적인 방법이다. 성과평가방법 중에서 가장 널리 사용되어 온 방법이기도 하다. 이는 평정척도법이 가장 적은 노력을 필요로 하는 평가방법이기 때문이며 평정척도법이 직원들을 평가하는 데 있어 가장 좋은 방법이라는 의미는 아니다.

평정척도법은 표 9.3과 같이 크게 두 가지로 구분되어 있다. 하나는 평가해야 할 내용, 분야, 행동 특성을 나타내는 성과기준항목(criteria)이고, 다른 하나는 평가해야 할 항목에 대한 성과수준을 나타내는 척도(scale)이다.

(1) 평정척도법의 사용 예시

평정척도법을 사용하는 대부분의 기업들은 성과평가 과정의 일체성 및 일관성을

표 9.3 평정척도법의 예

성과기준항목	척도			
1. 시간 내에 일을 완료한다.	거의 못함 1	가끔 2	자주 3	항상 4
2. 직무가 요구하는 기술과 능력을 나타낸다.	나타내지 못함 1		지속적 2	항상 3
3. 창의적이고 주도적으로 일을 수행한다.	결코 아님 1	가끔 2	자주 3	항상 4
4. 매 분기마다 매출목표를 달성 또는 초과달성한다.	개선 필요 1		어느 정도 2	우수함 3

※ 성과기준항목을 더 구체적인 결과나 행동지향적으로 기술할수록 더 효과적이다.

강조한다. 인사부서는 각 부서의 책임자들에게 표준양식을 제공하고, 모든 직원들을 동일한 항목으로 평가하게 한다. 보통 1년에 한 번 팀장이나 부서장들은 인사부서로부터 직원들의 평가를 요청받는다. 대부분의 기업들은 회계기간 말에 모든 직원들을 대상으로 평가를 하는데, 일부 기업은 입사 1년이 되는 시점에서 개인별 평가를 하기도 한다.

누가 평가를 하는가? 이는 경우에 따라서 다르다. 일부 회사에서는 팀장이나 부서장 등의 상급자들이 종업원들을 평가한다. 일부 다른 회사에서는 종업원들이 팀장이나 부서장을 평가하는 상향식 평가방식을 운영한다. 또한 상급자 평가와 상향식 평가 두 가지 모두를 병행하는 기업들도 있다.

(2) 평정척도법의 장점

평정척도법은 최소의 노력으로 빠른 시간 내에 평가를 완료할 수 있기 때문에 매우 일반적으로 사용되고 있다. 팀장이나 부서장들은 약 10~15분 정도의 시간으로 한 사람의 평가를 끝낼 수 있다. 또한 대부분의 종업원들과 팀장은 평정척도법에 익숙하기 때문에 별도의 교육을 하지 않아도 된다.

더욱이 평정척도법은 직무나 부서에 관련 없이 사용할 수 있도록 표준화되어 있어서 사용이 용이하다.

(3) 평정척도법의 단점

평정척도법은 이용이 쉽다. 따라서 팀장이나 부서장들이 평가에 크게 관심을 두지 않으며 단지 평가표를 채우기만 하면 된다는 인식을 가질 수도 있다. 평가의 진정한 목적은 직원의 성과향상에 있다. 이런 점에서 평정척도법은 팀장이나 종업원들에게서 신뢰할 수 있는 평가 결과를 창출하지는 못한다.

또한 평정척도법은 성과기준항목과 척도가 애매모호한 단점이 있다. 그래서 평정척도법은 종업원들이 그들의 성과를 개선하는 데 구체적인 피드백을 제시하기 힘들다.

(4) 평정척도법의 개선방법

피평가자인 종업원과 일을 어떻게 할 것인가에 대한 정기적인 대화를 통해 기존의 평정척도법을 보완하는 것이 효과적이다. 그리고 업무와 관련된 문제의 논의는 연말 평가시기까지 기다릴 것이 아니라 수시로 성과에 대한 대화를 나누어야 한다.

각 평가항목마다 간단하게 평가의견을 기술하는 형태로 평가표를 개선하는 것도 효과적이다. 만약 평가등급이 낮으면 왜 낮은지, 또 평가등급이 높으면 그 직원이 어떤 일을 잘 수행하였는지, 어떤 행동이 효과적이었는지를 기술하도록 평가표를 설계하고, 또 평가 시에도 해당 평가등급을 부여한 것에 대한 이유와 설명을 반드시 기술하도록 하여야 한다.

평가하기 전에 각 평가항목의 의미를 명확하게 해야 한다. 평가항목에 대한 의미에 대해 직원들이 어떻게 이해하고 있는지 물어보는 것이 필요하다. 성과평가는 단지 등급만 판정하는 것이 아니다. 평가과정에 피평가자를 참여시키고, 평가결과에 대해서 논의해야 한다.

2) 순위결정법

순위결정법은 피평가자인 직원들을 비교하여 매출이나 능력 면에서 누가 더 나은지를 결정하는 방법이다. 평정척도법과의 차이점을 이해하는 것이 중요하다.

표 9.4 평정척도법의 예(양식 개선)

성과기준항목	척도				성과평가기준
1. 시간 내에 일을 완료한다.	거의 못함 1	가끔 2	자주 3	항상 4	
2. 직무가 요구하는 기술과 능력을 나타낸다.	나타내지 못함 1		지속적 2	항상 3	
3. 창의적이고 주도적으로 일을 수행한다.	결코 아님 1	가끔 2	자주 3	항상 4	
4. 매 분기별마다 매출목표를 달성 또는 초과달성한다.	개선 필요 1		어느 정도 2	우수함 3	

순위결정법에서는 한 팀의 구성원들이 모두 유능한 직원이라 해도 모두를 S등급(탁월)으로 평가할 수 없다. 그중의 한 사람만을 최고등급인 S등급으로 평가해야 한다. 반대로 아주 능력이 떨어지는 직원들로만 구성되어 있는 팀이라 해도 그중의 누군가를 최고등급으로 평가해야 한다.

사실 우리나라의 기업들은 평가 시 순위결정법의 원리를 많이 이용하고 있다. 그러나 순위결정법이 가지는 부정적인 측면을 간과해서는 안 된다. 왜냐하면 이 방법은 다음과 같은 부정적인 효과(기대하지 못한 역효과)를 초래할 수 있기 때문이다.

순위결정법은 동료들을 비교하고 경쟁하게 만드는 방법이다. 순위결정법 평가에서 높은 등급을 받는 사람들은 두 가지 유형으로 나뉠 것이다. 하나는 높은 성과를 발휘한 사람이고, 다른 하나는 동료들의 성과가 낮아 상대적으로 높은 등급을 받은 사람일 것이다. 전자는 올바른 현상이지만 후자는 좋은 현상이 아니다. 간단히 요약하면 순위결정법은 조직의 관심사인 성과를 향상시키는 데 기여하기보다는 다른 사람의 작업이나 목표달성을 직간접적으로 방해할 수도 있다. 다른 사람의 성과가 낮기 때문에 일부 사람들이 높은 보상을 받는 것은 좋은 시스템이라고 보기 어렵다.

3) 목표관리법

지금까지 우리가 알고 있는 가장 효과적인 성과평가방법은 목표와 성과기준(objective, standard, 또는 target)을 사용하는 방법일 것이다. 목표에 의한 평가는 지금까지 기업들이 많이 활용하고 있는 방법이다. 이를 목표관리제도(Management By Objective, MBO)라고 부른다. 이 제도는 회사의 비전과 중장기 경영전략, 연간 사업계획을 달성하기 위한 목적으로 본부, 팀, 팀원에 이르기까지 상사와 부하가 사전에 협의하여 업무목표와 달성기준(평가기준)을 명확히 설정하고, 상호 역할을 분담하여 자율적으로 업무를 수행하며, 일정기간이 경과한 후 추진실적에 대하여 평가하는 제도이다.

이 제도는 근본적으로 인간의 자주성과 성취동기에 의한 자기관리에 기초를 두고 있다. 즉, 기업은 이 제도를 통하여 회사의 목표와 개인의 목표를 연계시켜 경영목표를 효율적으로 달성하게 된다. 또한 이 제도는 직원의 참여에 의한 목표설정과 자율적인 업무수행을 통해 동기부여에 의한 업적 향상, 권한과 책임의 명확화, 그리고 자율경영체계의 정착에 기여한다.

그리고 직원 개인은 개인별로 달성해야 할 목표를 설정하고, 목표를 성취하기 위해, 그리고 장애물을 확인하고 그것들을 제거하기 위해 지속적으로 상사와 의사소통해야 한다.

개인별 목표를 설정하는 것은 성과평가에서 매우 중요하다. 물론 목표관리방법이 완벽하지는 않다. 왜냐하면 어떤 평가방법이라도 완벽한 것은 없기 때문이다. 앞에서 설명한 평정척도법은 몇 가지 단순한 항목을 기준으로 개인의 성과를 평가하고, 순위결정법은 다른 사람의 성과와 비교하여 개인의 순위를 정하는 방법인 데 비해, 목표관리법은 개인별로 협의하여 정한 목표에 따라서 개인의 성과가 측정되는 방법이다. 목표는 객관적으로 측정이 가능하도록 기술되어야 하며, 개인의 수준을 반영하여 어느 정도 유연성 있게 설정되어야 한다.

(1) 목표관리법의 전형적 사용 예시

성과계획을 수립할 때 팀장은 직원과의 협의하에 성과계획을 결정해야 하고 직원의 동의를 받아야 한다. 또한 평가 면담 시에는(보통 연말), 팀장과 종업원이 계획한 목표가 어느 정도 달성되었는지를 목표항목별로 조사한다.

만약 목표가 명확하다면 평가과정은 무난히 잘 진행될 것이다. 중요한 것은 목표관리법에서도 평가 면담이 평가에만 국한된 채 진행되어서는 안 된다는 것이다. 평가 면담은 팀장과 직원이 목표달성이 어렵거나 부족한 항목을 논의하고, 문제점을 진단하며 이러한 문제를 최소화하기 위한 아이디어를 발견하는 데 기초해야 한다.

(2) 목표관리법의 장점

목표관리법은 개인의 목표와 개인이 속한 단위조직의 목표가 일치되는 것을 전제로 한다. 또한 목표설정 면담과 평가 면담을 통하여 평가에 대한 불일치의 가능성을 제거하여야 한다.

목표관리법은 평정척도법이나 순위결정법과는 달리 팀장과 종업원이 서로 면담을 통해서 성과목표를 정하고, 목표가 미달되었을 경우에는 그에 대한 문제를 함께 논의하는 입장에 서게 된다.

(3) 목표관리법의 단점

목표관리법은 사전에 목표를 수립하여야 하고, 목표수립에 많은 시간이 소요된다. 또한 팀장이나 직원이 성과를 측정해야 하고, 의미 있는 목표를 수립하여야 하기 때문에 이와 관련된 성과관리 기술(skill)이 필요하다. 그뿐 아니라 수립한 목표를 문서화하는 문서작업(paper work)도 필요하다.

그리고 목표에 의한 평가의 본질적인 목적을 잊어버리고 형식적으로 흐를 가능성이 있다. 또 주로 단기적인 목표만을 강조하기도 한다.

10

목표관리제도(MBO)

목표는 'SMART'라는 요건을 충족하도록 설정되어야 한다. SMART란 구체적이어야 하고, 측정 가능하고, 달성 가능해야 하고, 상위조직의 목표와 관련성이 있어야 하고, 반드시 언제까지 완료한다는 기간 설정이 있어야 하는 등의 다섯 가지 요건이다.

목표는 그 특성이나 유형에 따라 계량적 목표, 비계량적 목표, 그리고 단순 결과목표로 구분할 수 있다. 계량적 목표는 목표수준이 금액이나 비율 등을 다루는 것으로 구체적이지만 비계량적 목표는 각종 제도의 도입 등으로 목표수준이 구체적이지 않다. 따라서 비계량적인 목표를 구체화하는 것이 매우 중요하며, 가능하면 세부 추진일정을 구분하고 추진일정의 준수 여부를 평가하도록 해야 한다. 단순 결과목표는 횟수나 건수를 평가하고 운영의 충실도나 완성도를 추가적으로 고려하는 것이 효과적이다.

목표관리제도는 운영 측면에서 유연성과 엄격성을 동시에 고려하여야 한다. 즉, 목표설정이나 평가시기 등은 철저히 일정을 준수하여야 하나 환경변화 등을 고려하여 목표의 수정이 가능하도록 하여야 한다.

1. 목표설정 절차

조직에 소속되어 있는 모든 구성원은 연초에 자신의 업무목표를 수립하여야 한다. 목표를 설정하는 방법에는 통상 두 가지가 있다. 첫 번째 방법은 개인이 스스로 자신의 목표를 설정하고 이를 팀장과의 면담을 통하여 확정하는 자율적인 방법이다. 그리고 두 번째 방법은 팀장이나 상사로부터 목표를 부여받는 방법이다. 그러나 현실적으로는 위의 두 가지 방법 중 하나만 선택하여 사용하기보다 상황과 개인에 따라 두 가지 방법 모두를 적절하게 병행하여 사용한다. 즉, 경험과 역량을 가진 직원은 스스로 목표를 설정하고 이를 팀장이나 상사와의 면담을 통하여 결정하며, 반면 역량이 다소 부족한 직원은 상사가 직접 목표를 부여하는 편이 더 효과적일 수 있을 것이다.

목표설정이란 평가자인 상사와 피평가자인 부하직원 간에 성과기준에 대한 공감대를 형성하는 과정이다. 따라서 목표는 상하 간의 면담과정을 통하여 설정되어야 한다. 또한 목표설정 후에는 상사와 부하직원이 설정된 목표를 검토하고 확인하는 절차가 반드시 필요하다.

또한 목표를 설정할 때에는 다음과 같은 다섯 가지 특징을 지니도록 해야 한다. 첫째, 목표는 구체적(Specific)이어야 하고 명확하게 기술되어야 한다. 둘째, 측정 가능(Measurable)해야 한다. 목표는 정량적일 수도 있고 정성적일 수도 있으나, 일정한 기간이 경과한 후 평가를 통해 그 목표의 달성 여부를 측정할 수 있어야 한다. 셋째, 달성 가능(Attainable)한 목표여야 한다. 넷째, 상위조직의 목표와 관련성(Relevant)이 있어야 한다. 다섯째, 언제까지 완성할 것인가에 대한 기간이 정해져(Time-bound) 있어야 한다. 기간을 정하지 않은 막연한 목표는 달성하고자 하는 의미를 약하게 하기 때문이다. 이 다섯 가지 특징을 영어 단어의 첫 글자를 따서 SMART라고 한다.

목표설정 시 10가지 고려사항
  1. 소속조직의 목표나 상위조직의 목표를 우선적으로 검토한다.

2. 소속조직의 목표나 상위조직의 목표가 달성되도록 개인의 목표항목을 결정한다.

3. 개인의 업무내용과 업무목록을 동시에 검토하여 중요한 업무가 목표에 빠지지 않았는지 검토한다.

4. 목표는 통상 전년도보다 20~30% 정도 높은 수준으로 설정한다.

5. 목표는 가능하면 구체적으로 설정한다.

6. 계량적인 수치의 산출이 가능할 경우 계량적인 수치로 목표를 정한다.

7. 계량적인 수치의 산출이 곤란한 목표는 업무추진에 대한 세부계획을 설정하고 세부계획의 일정을 구체화한다.

8. 본인의 노력에 따라 성과가 향상될 수 있는 목표를 설정하는 것이 효과적이다.

9. 언제까지 완성하겠다는 시한을 정하여 목표를 설정한다.

10. 측정이 곤란하다고 해서 목표에서 제외시켜서는 안 된다.

2. 목표특성 및 유형별 목표설정 방법

목표설정 양식이나 내용은 고정되어 있는 것이 아니라 기업이나 업무내용에 따라 고유한 특성을 감안하여 설계하고 사용해야 한다. 또 문제점을 지속적으로 보완하여 개선해나가야 한다. 목표설정에는 세 가지 방법이 있으며 구체적인 방법의 예를 들면 다음과 같다.

1) 계량적 목표

영업팀에 소속되어 있는 김 대리는 팀장과 상의하여 2013년의 자신의 목표를 표 10.1과 같이 설정하였다. 여기서 김 대리의 매출목표는 20억 원으로 구체적이며, 추진계획도 분기별로 5억 원씩 구분되어 있다. 필요에 따라서 월별로 계획을 구분할 수도 있다. 또한 평가기준도 목표달성률에 따라서 구체화되어 있다. 즉, 목표를 110% 초과달성하면 S등급, 목표를 달성하면 A등급, 90% 달성하면 B등급, 80% 달

목표항목	목표수준	가중치	분기별 추진목표				평가기준				
			1/4	2/4	3/4	4/4	S	A	B	C	D
매출목표	20억	30%	5억	5억	5억	5억	110% 이상	109 ~ 100%	99 ~ 90%	89 ~ 80%	80% 미만

※ 가중치는 개인별 목표의 합이 100이 되도록 개별 목표항목별로 일정 가중치를 부여한다.

성하면 C등급, 80% 미만이 되면 D등급으로 평가된다.

2) 비계량적 목표

인사팀의 박 대리는 2013년도에 연봉제를 도입하기로 한 회사의 방침에 따라 팀장과 연봉제 도입에 관한 상의를 한 후 표 10.2와 같이 목표를 기술하였다. 박 대리의 목표는 제도개선이기 때문에 목표수준이 구체적이지 않다. 이에 따라 박 대리는 연봉제 도입업무를 수행하기 위한 구체적인 실행계획(action plan)을 만들고 실행계획의 내용과 이행시기를 구체화하였다. 연봉제 도입을 위하여 2월까지 2개사의 연봉제 도입방법, 도입대상, 평가등급별 연봉인상률을 조사하기로 계획을 세웠다. 또 이를 평가하기 위하여 실행계획의 완료일을 기준으로 1주일 이전에 완료하면 S등

👥 표 10.2 목표설정표 2

목표 항목	목표 수준	가중치	분기별 추진목표				평가기준				
			1/4	2/4	3/4	4/4	S	A	B	C	D
연봉제 도입	벤치마킹(2개사) • 도입방법 • 도입대상 • 연봉차등의 폭 등	5%	2월				1주일 이전	기일 이내	기일 1주 이내	기일 한 달 이내	기일 한 달 이상 경과
	연봉제(안) 설계 • 급여항목 통합 • 직급별 상, 하한 • 평가등급별 차등율	10%		3월							
	직원설명회 • 3차(직급별)	5%			4월						
	제도시행 • 연봉규정 작성 • 연봉동의서 사인	10%			5월						

※ 가중치는 개인별 목표의 합이 100이 되도록 개별 목표항목별로 일정 가중치를 부여한다.

급, 2월 말까지 완료하면 A등급, 3월 첫 주까지 완료하면 B등급, 3월 말까지 완료하면 C등급, 그 이후는 D등급으로 평가기준을 설정하였다.

3) 단순 결과목표

2개의 파트로 구성되어 있는 A팀은 연초에 각 파트별로 세미나를 통하여 직원들의 업무지식을 향상시키고 문제해결 역량을 개발하고자 하였다. 팀장은 두 파트장에게 파트목표를 수립할 때 세미나와 관련한 목표를 각각 포함하도록 하고 표 10.3과 같이 목표를 설정하도록 하였다. 즉, 세미나 개최 횟수를 목표수준으로 하고, 세미나 운영의 충실도를 고려하여 평가등급을 상향 또는 하향할 수 있도록 하였다.

표 10.3 파트목표설정표

목표 항목	목표 수준	가중치	분기별 추진목표				평가기준					비고
			1/4	2/4	3/4	4/4	S	A	B	C	D	
세미나 진행	연 6회	10%	1	2	1	2	6회	5회	4회	3회	3회 미만	단, 세미나에 직원참여도, 세미나 결과 정리 및 업무적용을 감안하여 효과적인 진행을 할 경우 평가등급을 한 등급 상향 조정, 효과적인 진행이 미흡한 경우에는 한 등급 하향 조정

※ 가중치는 개인별 목표의 합이 100이 되도록 개별 목표항목별로 일정 가중치를 부여한다.

3. MBO 제도의 운영

1) 엄격성과 유연성의 조화

개인별 목표설정은 바쁜 업무를 수행하고 있는 조직 구성원들에게 자칫 평가를 위한 형식적인 과정으로 인식되기도 한다. 따라서 마지못해 형식적인 요건을 맞추려는 자세를 보일 수도 있다. 이런 부정적인 면을 방지하기 위해서는 목표설정 기준과 원칙을 엄격히 설정하고 유지해야 한다. 그리고 기본적으로 목표설정 양식과 작성요령을 빠짐없이 준수하여야 한다. 목표수준은 가능하면 구체적으로 하고, 평가

기준 및 평가척도도 목표수립 시점에서 구체화하여야 한다.

회사에 따라서 목표항목을 4개에서 5개로 제시하는 경우도 있다. 또한 상사(팀장)는 수립된 목표를 기준으로 면담을 시행하여야 한다. 목표수립 면담에서는 부하직원이 수립한 목표에 대하여 목표수준이 도전적인지, 목표달성 시기가 적합한지, 평가기준이나 척도가 타당한지를 검토하고 논의하여야 한다. 또한 생략된 목표가 있는지도 검토해야 한다. 평가 면담도 반드시 진행하여야 하며, 이때 실적 점검과 부진한 성과에 대한 원인진단도 있어야 한다.

목표설정 절차나 원칙들은 소홀해지기 쉽다. 그래서 많은 경우 바쁘다는 핑계로 등한시되고 있는 것이 사실이다. 효과적인 업무수행을 위해서는 철저한 계획수립이 매우 중요하다. 목표설정은 업무계획을 수립하는 것이기 때문에 구체적이고 도전적이어야 하며, 원칙이 철저히 지켜져야 한다.

반면 목표가 모두 다 이해되어야 하는 것은 아니다. 시기에 따라 경영환경은 변화하며, 업무목표도 경영환경의 변화에 따라 바뀔 수 있다. 따라서 목표설정 여부에 관계없이 일의 우선순위나 진행 여부는 경영자나 상사의 판단에 따라야 한다. 목표설정 시점에서는 고려되지 않았지만 현 시점에서 필요한 일이 있다면 수행하여야 한다. 또한 지금 진행되어야 하지만 조직의 여건상 연기가 필요하면 진행을 미루는 것이 타당하다. 목표설정 내용을 중심으로 이행시기와 내용이 일치되는 것이 가장 이상적이다. 하지만 조직환경은 변화될 수 있기 때문에 효율적인 조직관리를 위해서는 변화된 환경이 고려되어야 한다.

이를 위하여 목표설정과 평가시기의 중간에 목표조정이 필요하다. 통상 6월이나 7월에 하반기 경영목표에 대한 수정이 필요하며 이에 따라 팀의 목표 및 개인의 목표 또한 조정이 필요하다. 연초에 수립된 목표에 없던 업무는 추가하고, 연초에 수립되었지만 의미가 없어진 목표는 제외해야 한다. 또 시행시기가 변경된 경우에는 시기조정이 필요하다.

| 목표설정 연초(1월) | 중간 조정 (6, 7월) | 연말 (12월) |

2) 업무특성을 고려한 목표관리

목표에 의한 관리는 조직 구성원 개인이 목표를 수립하는 것을 전제로 한다. 그러나 일부 직무는 그 특성상 목표를 수립하기 곤란한 경우가 있다. 예를 들어 금전출납 담당자(cashier)나 가스안전 점검기사는 매일 반복적인 업무를 수행한다. 이들에게 개선이나 도전적인 목표를 4~5개 설정하라고 한다면 이들은 목표를 설정하는데 어려움을 느낄 것이다. 병원에 근무하는 간호사들도 마찬가지 경우이다. 이러한 업무들을 정형적인 업무라고 하는데, 이러한 업무특성을 가진 직원들의 성과에서 중요한 부분은 정확한 업무처리나 철저한 기준의 준수일 것이다. 물론 업무의 개선이나 도전적인 측면도 중요하지만 업무특성상 현실적으로 실행 가능성이 없다. 도전적인 목표를 설정하고자 할 때에는 종업원들의 노력에 따라 결과가 나타나는 업무일 경우에 적합하다. 즉, 영업사원이 매출을 향상시킨다거나 인사 담당자가 고민하여 객관적이고 합리적인 평가제도를 설계하는 경우이다.

따라서 정형적인 업무에 대한 성과평가에는 일상적인 업무의 정확한 수행이나 기준을 준수하는 것도 중요하다. 이 또한 성과평가에 반영되어야 한다.

3) 이동 등 여타 인사제도의 개선

성과평가제도의 안정적인 정착을 위해서는 이동 등의 여타 인사제도의 개선이 필요하다. 공공조직에서는 성과평가제도가 잘 정착되지 않는데, 이는 빈번한 이동 때문이다. 만약 연초에 목표를 수립하고 담당업무를 수행하고 있는데 중간에 이동이 있다면 성과목표 자체의 진행이 어려울 것이 불 보듯 뻔한 일이다. 또 본인의 의사에 관계없이 타 직무로 이동되었다면 새로운 직무에서 성과를 창출하기 어려울 것이다. 그뿐 아니라 잦은 이동은 담당자의 업무에 대한 전문성의 습득을 저해하고, 담당자가 업무를 개선하는 데 도움이 되지 못할 것이다.

4. 성과평가의 딜레마

세계적으로 유명한 오페라 가수가 아마추어 오케스트라와 같이 일을 한다고 가정해보자. 그 오페라 가수는 최선을 다해 노래를 했다. 그러나 오케스트라의 성과는 매우 저조했다. 이럴 때 우리는 오페라 가수를 비난할 수 있는가? 아니면 그녀의 노력을 칭찬해야 하는가?

매우 훌륭한 농구선수가 이전 리그에서 성적이 최하위였던 팀으로 이동했다. 그 팀은 이번 리그에서도 최하위였다. 우리는 스타플레이어를 칭찬해야 하는가? 아니면 팀의 실패를 인정해야 하는가?

자동차 조립라인은 원자재의 부족으로 자주 작업을 중단해야 했다. 결과적으로 생산량은 기대치보다 낮았다. 우리는 조립라인의 작업자들을 어떻게 평가해야 하는가?

한 매장의 매니저는 올해에 매출을 20% 이상 증가시켜야 한다고 지시를 받았다. 그러나 업무가 시작되자마자 채용 예산이 절감되었고 그로 인해 인력이 부족해지면서 매장은 깨끗하지 못하고, 계산대에 줄이 길어지고, 고객 불만이 발생했다. 결과적으로 매출이 감소했다. 이 경우에 매니저를 해고하는 것이 타당한 결정이겠는가? 보다 중요한 것은 새로운 매니저를 고용하는 것이 매출을 올리는 방법이 될 것인가?

위의 문제들을 어떻게 보는가? 오페라 가수, 농구선수, 조립라인 작업자들, 매장 매니저 모두 개인적인 노력에도 불구하고 성과에 문제가 있다. 우리가 개인에 초점을 둔다면, 이러한 문제들을 풀 수 없다. 심지어 문제의 실질적인 원인을 찾을 수도 없다.

지금까지는 우리나라 기업은 집단문화, 공동체문화에 젖어있었다. 반면 미국의 많은 기업들은 개인주의문화 속에서 일하고 있다. 위의 사례들은 두 문화권에서 상반된 평가를 받을 것이다. 전통적인 한국문화에 비추어보면 유명한 오페라 가수, 스타플레이어, 조립라인 작업자들, 그리고 매장 매니저들은 이해되고 그들의 노력이 평가되었을 것이다. 물론 구체적인 평가방법은 없었겠지만 말이다.

그러나 최근 한국 기업에 도입된 개인평가 도구나 방법에 의존한다면 주변의 여건이나 상황에도 불구하고 오페라 가수, 스타플레이어, 조립라인 작업자들, 그리고 매장 매니저는 아주 낮은 평가를 받았을 것이다. 왜냐하면 최근의 우리나라 다수의 기업들은 개인의 성과기준을 계량적으로 정하고 그 계량적 성과에 따라 평가를 하기 때문이다.

업무의 성과는 개인적 요인(예 : 기술, 노력 등)과 개인이 직접 통제할 수 없는 요인(예 : 다른 사람, 자원, 업무시스템 등) 등에 의해 결정된다. 만약 우리가 매장 매니저가 성과달성에 실패했다고 해서 그를 교체한다면 새로운 매니저도 마찬가지로 실패할 가능성이 크다.

매니저 교체, 즉 매출의 저하를 매니저의 탓으로 돌리는 결정은 불공정하고 어리석은 결정이다. 그보다는 실패의 실제적인 원인이나 이유를 파악하는 것이 더 중요하다. 우리가 개인의 성과 여부에만 초점을 두고 영업환경 등 외부요인을 고려하지 않는다면 원인에 대한 대책이나 개선 없이 담당자만 교체하는 악순환이 반복될 것이다. 이러한 딜레마를 해결할 수 있는 해법(solution)은 있는가? 그것은 마인드셋을 통해 가능하다. 각 개인을 평가하더라도 '개인성과가 완전히 개인의 통제하에 있는 것은 아니다.'는 마인드를 유지해야 한다. 어떤 평가방법을 사용하더라도 본질적인 성과부진의 문제를 발견해내야 하고, 직원들이 통제할 수 없는 것에 대해 비난하거나 보상하는 것을 피해야 한다.

결국 평가는 개인이 담당하는 업무의 성과에 대한 것이다. 그러나 개인의 업무성과의 부진과 향상이 개인의 노력에 의해서인지 아니면 다른 상황에 의해서인지를 구분하는 것이 중요하다. 일부 회사에서는 목표관리에 의한 개인의 성과평가에 전반적인 업무여건과 상황을 추가적으로 고려하여 반영하고 있다.

BSC에 의한 성과관리

- BSC 도입의 필요성을 이해한다.
- 네 가지 관점, 전략체계도, KPI 등 BSC의 구성요소를 학습한다.
- 전략체계도의 작성원칙을 학습한다.
- 각 부문별로 구체적인 핵심성과지표(KPI)의 사례를 보고 활용 가능성을 타진해본다.

BSC는 1990년대 초반에 창안되어 현재 사기업은 물론 공공기관에까지도 널리 사용되는 성과관리 기법이다. 우선 단위조직(회사, 사업부, 팀)별로 네 가지 관점(재무관점, 고객관점, 내부 프로세스 개선관점, 학습 및 성장관점)에서 핵심성과지표(KPI)를 도출한다. 그리고 핵심성과지표별로 연간성과목표를 설정한다. 기존의 성과관리는 네 가지 관점을 고려하지 않았다. 기존의 성과관리는 주로 매출액, 영업이익 등 재무목표만을 고려하였다. 네 가지 관점을 균형되게 고려하는 것이 기업의 장기적 발전의 기초가 된다. 네 가지 관점의 균형이란 단기와 장기, 내부와 외부, 결과와 과정, 재무와 비재무의 균형을 의미한다.

1. BSC의 개발 및 도입배경

균형성과표(Balanced Scorecard, BSC)는 1992년에 하버드대학교의 Robert Kaplan 교수와 David Norton 박사에 의해 창안되었으며, 이후 최근까지 전 세계적으로 다양한 조직에 널리 사용되고 있는 성과중심의 경영관리방법이다.

우리나라에서도 1990년대 후반과 2000년대 초반에 대기업을 중심으로 BSC를 도입하여 성과관리 및 성과평가에 활용하고 있다. 2000년대 중반 이후에는 대기업뿐만 아니라 공공기관 및 중소기업에도 도입·활용되고 있다.

2. BSC의 구성요소

성공적인 BSC를 도입·정착시키기 위해서는 BSC의 네 가지 관점, 전략체계도, 핵심성과지표, 실행계획 등 BSC의 핵심개념 및 주요 요소를 이해하여야 한다.

1) 네 가지 관점

BSC는 기본적으로 재무관점, 고객관점, 내부 프로세스 개선관점, 학습 및 성장관점을 기초로 한다. 즉, 기업은 위의 네 가지 관점을 중심으로 균형되게 기업의 전략적 목표를 설정하고 관리하여야 한다.

재무관점이란 기업이 재무적으로 성공하기 위해서 주주에게 어떤 모습을 보여야 하는가에 대한 관점을 말한다. 즉, 기업은 기업의 가치를 증가시켜야 하고 매출을 증대하여야 할 것이다. 고객관점은 기업이 비전을 달성하기 위해 고객에게 어떻게 보여야 하는가에 대한 관점을 말한다. 즉, 지속적으로 고객을 만족시키는 것이 중요하다. 내부 프로세스 개선관점이란 고객을 만족시키기 위해 기업은 어떤 프로세스에 탁월하여야 하는가를 말한다. 기업은 고객을 만족시키기 위해 품질을 향상시키고 시간을 단축시키는 노력을 하여야 한다. 그리고 마지막으로 학습 및 성장관점은 기업이 종국적으로 비전을 달성하기 위해 조직을 어떻게 개선하고 직원들을 학습·성장시킬 것인가에 관한 것이다. 그래서 기업은 직원들을 교육하고 또 필요한 분야의 인재를 확보하여야 한다.

BSC가 성공적으로 정착되면 기업의 비전은 재무관점의 성과를 통해 달성될 것이며, 재무관점의 성과는 고객관점의 성과를 통해 달성된다. 또 고객관점의 성과는 내부 프로세스 개선관점의 성과를 통해 달성될 것이며, 내부 프로세스 개선관점의 성과는 학습 및 성장관점의 성과를 통해 달성된다.

2) 전략체계도

전략체계도(strategy map)란 네 가지 관점별로 회사가 추구할 과제(전략적 목표)를 도출하고, 이들 과제 간의 인과관계를 나타내는 도표를 말한다. BSC에서 전략은 원인과 결과에 대한 일단의 가설(if-then)이라고 할 수 있다. 합리적으로 구축된 BSC

그림 11.1 전략체계도 예시 : 중소기업의 전략체계도

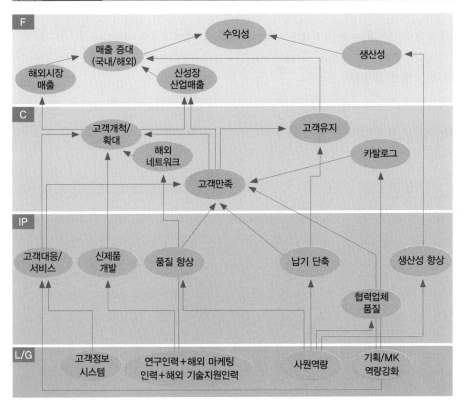

는 이와 같은 연속적인 인과관계를 통해 기업전략의 줄거리를 조직 구성원들에게 말해줄 수 있어야만 한다. 즉, BSC에서의 인과관계는 전략이 내포하는 일련의 가정들을 가시화하는 것이다. 인과관계를 밝히는 과정에서 각 조직은 전략적 목표의 상충관계를 조율하고, 자신이 기여하는 바를 명확히 하게 된다.

(1) 전략체계도의 작성절차

전략체계도는 성과관리제도의 도입 시 작성하는 것으로 성과지표 간의 균형과 연관성을 검토하기 위한 BSC 제도 도입의 핵심절차이다. 이는 전략의 구성요소 사이의 인과관계들을 시각적으로 표현함으로써 전략적 지표들을 독립된 네 가지 관점상의 성과지수가 아닌 네 가지 BSC 관점의 목표 사이를 잇는 인과관계라는 관점에서 바라볼 수 있게 한다. 또한 목표 및 지표들이 설계, 관리될 수 있도록 통일되고 일관된 전략 묘사방식을 제공한다. 즉, 기본적인 전략의 상위 개념인 '사명선언문'으로부터 각 일선 및 후선 부서의 구성원들에 의해 수행되는 작업에 이르기까지 하나의 조직을 움직이는 논리적인 연속체 내의 한 단계라고 할 수 있다.

① 비전 및 전략 수립

비전은 목적지에 대한 청사진이다. 그리고 전략은 이러한 비전을 어떻게 성취할 것인가에 대한 논리이다. 따라서 전략은 사명, 비전으로부터 도출되어야 한다. 다시 말해 전략은 '비전을 달성하는 방법론'이다.

비전은 호소력이 있고 매력적이어야 한다. 그래야 직원들이 비전에 관심을 가진다. 비전이 신뢰를 얻기 위해서는 관리자들이 비전의 구체적인 실현과정을 보여주는 전략을 개발하여야 한다. 그렇지 못하면 비전은 직원들로부터 신뢰를 얻지 못한다.

훌륭한 전략은 회사의 모든 활동을 조목조목 단계별로 장황하게 펼쳐놓은 업무계획도 아니며, 전략기획팀이 몇 개월에 걸쳐 공들여 세운 상세한 혁신계획도 아니다. 전략은 비전의 달성에 필요한 명확하고도 중요한, 그러나 간략한 방법론만 제시하는 편이 좋다. 기업이 전략을 세울 때 명심해야 할 네 가지 기본원칙은 다음과 같다.

첫째, 전략은 비전으로부터 도출되어야 한다. 우선적으로 해야 할 일을 명확하게 알지 못하면 전략을 세울 수 없다. 비전이 먼저이며 전략은 그 다음이다.

둘째, 전략을 세울 때에는 기업의 강점과 독특한 능력을 활용해야 한다. 다시 말해 기업이 정통하고 잘하는 것을 중심으로 해야 한다.

셋째, 전략은 실현 가능한 것이어야 한다. 그러므로 내부(사내)상황과 함께 외부(사외)요인까지 고려해야 한다. 현실적인 조건이 좋지 않더라도 현실과 당당히 맞서는 방향이어야 한다.

넷째, 전략은 전략을 실행할 사람들과 함께 세워야 한다.

② 네 가지 관점별 목표설정과 인과관계의 수립

전략의 결정은 비즈니스의 핵심요소 가운데 하나이다. 그러므로 네 가지 관점별 목표설정에 특별히 신경을 써야 한다.

● 재무관점 : 재무관점의 목표는 기업의 투자자인 주주들의 기대나 가치를 충족시키도록 설정되어야 한다. 이는 기업의 유형적인 성과목표이며, 전통적인 재무관점으로 기술된다. 예를 들어 투자수익의 극대화, 주주가치의 증대, 수익규모의 확대, 매출 증대, 생산성 향상 등과 같은 목표로 나타난다. 재무관점의 목표는 투자수익률, 주가, 수익성, 매출성장률, 생산성 등과 같은 지표들을 통하여 성공 여부가 측정된다.

재무관점의 가장 위쪽에는 수익 및 주주가치의 극대화와 같은 일반적으로 기업들이 추구해야 할 궁극적인 목표가 설정된다. 이는 두 가지 측면에서 고려되어야 한다. 한 측면은 단기적인 생산성이 고려되어야 하며, 다른 한 측면은 장기적인 성장차원이 고려되어야 한다. 이 두 가지 차원의 균형이 전략의 나머지 부분을 구성하는 개념적 기초가 된다. 즉, 기업의 재무관점은 장기적인 차원에서의 매출 성장과 단기적인 차원에서의 생산성이라는 두 가지 하위목표로 구성된다. 매출 성장은 기존 고객들과의 관계 향상, 새로운 고객층에 대한 매출 증대 등에 의하여 확보된다. 생산성은 지출 감소, 수율 향상, 자산의 효율적인 활용 등으로 확보된다.

● 고객관점 : 고객관점의 목표는 고객이 원하는 가치를 제공하여 고객만족을 달성하고, 이를 통해 구매(재무목표 달성)로 이어지게 한다. 일반적으로 고려되는 고객관점들은 고객만족도, 고객유지율, 신규고객 확보율, 고객수익성, 시장점유율로 나타난다. 고객관점의 목표를 설정할 경우 고려해야 할 첫 번째 요소는 현재 고객의 만족도이며, 두 번째 요소는 신규고객의 확보, 그리고 마지막은 고객의 성과 및 기여도이다.

고객만족의 목표설정을 위해서 해당 기업의 구체적인 세분 고객층을 파악하는 것이 필요하며, 일반고객보다 목표고객층의 만족도, 유지율, 시장점유율을 측정하는 것이 중요하다. 목표고객층이 누구인지 알게 되면 기업은 가치명제에 대한 목표 및 지표를 파악해낼 수 있기 때문이다.

목표고객의 파악을 통한 목표, 지표명확화의 예는 다음과 같다. 예를 들어 사우스웨스트 항공사나 월마트는 최저가격을 기대하는 고객을 목표하여 성공한 예이다. 반면 벤츠나 인텔은 가격보다는 제품혁신을 통한 뛰어난 품질로 성공하였다.

● 내부 프로세스 개선관점 : 고객관점의 목표들은 목표고객층이 기대하는 가치 자체를 기술한 것이다. 그리고 재무관점의 목표들은 성공적인 전략의 경제적 · 재무적 결과들(매출 및 이익, 생산성)을 말한다. 일단 조직이 이러한 재무 및 고객목표에 대한 명확한 밑그림을 갖게 되면 내부 프로세스 개선관점과 학습 및 성장관점에서 그 전략이 어떻게 성취될 것인지를 나타내야 한다. 조직은 전략상의 차별화된 가치명제를 산출해내기 위해 내부 프로세스의 개선 및 사람, 정보, 조직자산의 개발을 추진해야 한다.

내부 프로세스 개선관점은 운영 프로세스의 효율화, 제품 및 서비스 혁신, 고객관리로 구성된다. 운영 프로세스의 효율화는 기업이 기존의 제품 및 서비스를 생산하고 고객에게 전달하는 기본적 · 일상적인 프로세스이다. 즉, 자재구입, 생산, 유통과정을 말한다. 제품 및 서비스 혁신은 새로운 제품, 프로세스, 서비스 등을 개발해냄으로써 기업으로 하여금 새로운 시장이나 세분 고객층을 개척할 수 있도록 해준다.

고객관리 프로세스는 목표고객층과의 관계를 확장하고 깊게 발전시킨다. 고객관리는 목표고객층의 선정, 목표고객층의 획득, 고객유지로 분류한다. 목표고객층의 선정은 그 기업의 가치명제에 가장 적합한 소비자층을 파악하는 것과도 관련이 있다. 고객선정 프로세스를 통해 그 기업에 매혹적인 세분 고객층을 묘사하는 고객특성군이 규명된다. 목표고객층의 획득은 판매기회 창출, 새로운 잠재고객에 대한 제품정보 전파, 초기 진입제품 선정, 제품에 대한 가격 책정, 판매 완료 등을 말한다. 고객유지는 탁월한 서비스 및 고객요구에 대한 능동적인 대처를 통해 성취된다. 고객충성도를 유지하고 고객이탈의 가능성을 감소시키기 위해서는 시간엄수 및 충분한 지식을 갖춘 서비스 부서가 필수적이다.

● 학습 및 성장관점 : 학습 및 성장관점에서는 조직이 전략을 수행하는 데 필요한 무형자산을 파악하는 과정이다. 즉, 전략의 실행에 필요한 인적자원, 정보자산, 조직자산을 구체화하여 내부 프로세스 개선의 효율화를 지원하도록 하는 것이다.

인적자원, 정보자산, 조직자산의 세 가지 요소로 구성된 학습 및 성장관점의 목표들은 내부 프로세스 개선관점의 목표들과 연계되어야 할 뿐만 아니라 서로 통합되어야 한다. 인적자산은 전략을 지원하는 데 필요한 기술, 재능, 노하우 등을 말하며, 정보자산은 전략을 지원하는 데 필요한 정보시스템, 네트워크, 인프라 구축을 말한다. 그리고 조직자산은 전략의 실행에 필요한 변화과정을 활성화하고 지속해 나갈 조직의 능력이다.

많은 기업들이 구성원, 기술, 문화 등을 개발하고자 하지만, 대부분의 조직들은 이러한 무형자산을 프로세스 관점의 전략에 연계시키는 데 실패하고 있다. '우리의 조직 구성원들을 개발하자.', 또는 '우리의 핵심가치를 생활화하자.' 등과 같은 막연한 구호가 아닌 전략의 핵심 내부 프로세스가 요구하는 구체적인 능력 및 속성에 초점을 맞추어 학습 및 성장관점의 전략을 개발하여야 한다.

위 네 가지 관점의 목표들은 인과관계에 의해 서로 연계된다. 전략체계도는 어떻게 목표고객을 만족시키고 고객으로부터 구매를 끌어내며 제품충성도를 형성시킬 것인지를 기술한다. 즉, 내부 프로세스와 내부 프로세스를 지원하는 학습과 성장방향의 토대를 제공한다.

3) 전략체계도와 성과지표, 목표치, 실행계획 및 책임

BSC는 전략체계도상의 목표들을 지표나 목표치들로 전환시켜 준다. 그러나 목표와 목표치들의 정의가 곧 전략의 달성을 의미하는 것은 아니다. 조직은 모든 지표에 대한 목표치를 달성하기 위해 그에 상응하는 일련의 실행 프로그램을 가동하여야 한다. 그리고 각 실행 프로그램에 자원(사람, 자금, 역량)을 할당하여 공급해야 한다.

이를 전략적 이니셔티브라고 한다. 이니셔티브란 개선 또는 조치사항을 의미하며, 성과목표(target)의 달성을 위하여 필요한 제도개선 및 시행을 말한다. BSC의 각 지표에 대해 경영자들은 목표치의 달성에 필요한 전략적 이니셔티브들을 구체화하여야 한다. 결과를 창출하는 것은 바로 이 이니셔티브들이다. 따라서 전략의 실행은 이니셔티브들의 실행에 의해 관리된다고 할 수 있다. 전략적 이니셔티브에 필요한 자원을 정의하고 그에 따라 자원을 공급하는 '실행계획'은 전략적 주제를 중심으로 정렬되어야 한다.

표 11.1 전략목표, 성과지표, 목표치, 이니셔티브 관계

전략목표	KPI & target		실행계획	
	성과지표	목표치(목표수준)	이니셔티브	예산
재무관점 매출 증대	전기대비 매출증가율 시장점유율	30% 20%	– –	– –
고객관점 고객만족도 증가	고객만족도 점수 반품률	85점 1.5%	CRM 시스템 구축 –	5억 원 –
내부 프로세스 개선관점 대기시간 감축 신제품 개발	대기시간 신제품 개발기간 신제품 수	3.1분 3.5개월 3년/건	– PMS 도입 –	– 3억 원 –
학습 및 성장관점 역량향상 혁신 마인드 R&D 인력확보/유지	직무역량 수준 신제품 아이디어 수 R&D 인력확보율 R&D 인력이직률	4등급 2건/분기 5% 3%	교육프로그램 개발 아이디어 포상 signing 보너스 의사소통 활성화	1억 원 2억 원 9억 원 1억 원

4) 성과측정지표

성과관리를 성공적으로 정착시키기 위해서는 성과에 대한 명확한 정의와 목표달성을 측정할 수 있는 성과지표에 대한 이해가 필요하다. 많은 기업들이 성과관리를 성공적으로 정착하기 위하여 핵심성과지표(Key Performance Indicator, KPI)를 도출하는 데 노력을 기울여왔다. 핵심성과지표란 기업의 전략을 달성하기 위한 활동의 성과를 측정하는 지표를 말한다. 성과측정지표가 구체적인 경우, 기업이나 개인은 목표로 한 성과가 미진하면 이의 원인이 무엇인지를 신속하게 파악하여 개선조치가 이루어질 수 있다. 반면 성과측정의 기준이 불명확하거나 없는 경우에는 성과부진 현상을 파악할 수 없을뿐더러 뚜렷한 조치를 취할 수도 없게 된다.

(1) 핵심성과지표의 고려사항

물론 KPI를 정립하는 외형적인 목적은 활동성과를 제대로 평가하는 데에 있다. 그러나 이를 KPI의 궁극적인 활용목적이라고 할 수는 없다. 왜냐하면 기업활동의 목적이 평가활동 자체가 아니기 때문이다. 그러면 평가는 왜 하는가? 평가는 업무를 수행하는 구성원들과 정기적으로 커뮤니케이션을 하는 수단이며, 이를 통해 구성원들로 하여금 보다 높은 성과를 창출하도록 동기부여하는 데 그 궁극적인 목적이 있다.

결국 KPI를 도출하고 활용하는 궁극적인 목적은 구성원들을 기업이 원하는 방향으로 동기부여하는 데에 있는 것이다. 따라서 KPI를 도출할 때 가장 중요하게 고려되어야 할 원칙은 바로 KPI의 활용을 통해 구성원들을 동기부여할 수 있는지 여부이다.

특히 바람직하지 못한 KPI를 활용할 경우에는 구성원들의 사고와 행동의 초점을 잘못된 방향으로 이끌게 되며, 이는 궁극적으로 구성원들의 의욕을 저하시키고, 기업 전체의 성과도 저하되는 결과를 가져올 수 있음을 명심할 필요가 있다.

구성원을 동기부여하고자 하는 KPI의 도입목적을 고려할 때, KPI를 선정하는 원칙은 관리 중요성, 통제 가능성, 그리고 측정 가능성 등 세 가지로 요약할 수 있다. 다음에서는 이러한 세 가지 요인을 실제로 어떻게 적용하여 KPI를 개발할 것인지에 대해 보다 구체적으로 살펴볼 것이다.

첫째, 성과지표를 개발할 때 첫 번째로 고려할 사항은 '관리 중요성'이다. 관리 중요성이란 경영활동을 대표할 수 있는 핵심요인을 중심으로 성과지표를 선정하는 것을 의미하며, 이를 통해 업적평가의 타당성(validity)을 높일 수 있다. 특히 관리 중요성이 높은 지표를 KPI로 활용함으로써 구성원들로 하여금 회사 전체의 성과 향상을 위해 스스로가 중요한 역할을 담당하고 있다는 인식을 줄 수 있기 때문에, 관리 중요성은 구성원들을 동기부여하는 데에 매우 중요한 요인이 된다.

관리 중요성을 기준으로 KPI를 도출할 경우, 기업이 추구하는 전략의 방향이 먼저 고려되어야 한다. 기업이 추구하는 전략방향이란 일반적으로 기업의 성장 단계에 따라 달라진다. 예를 들어 기업이 성장기, 성숙기, 수확기 등 어떠한 라이프사이클 단계에 있는가에 따라 KPI 개발의 초점이 달라져야 한다. 성장기에 있는 기업의 경우 생산설비의 건설 및 확장, 운용역량의 구축, 고객과의 관계설정을 중심으로 KPI를 개발하는 것이 필요하며, 반면 성숙기에 있는 기업의 경우 현 시장점유율의 유지 및 향상, 투하자본으로부터의 수익극대화 등과 같은 방향에 의거하여 KPI를 개발하는 것이 필요하다.

둘째, 성과지표를 개발할 때 두 번째로 고려할 사항은 '통제 가능성'이다. KPI를 구성원들의 업무방향 제시 및 동기부여 요인으로 활용하기 위해서 도출된 KPI는 구성원들이 자신의 업무권한의 범위 내에서 직접 통제할 수 있는 것이어야 한다. 자신이 직접 통제할 수 있는 KPI가 아닐 경우, 구성원들의 의욕저하를 가져올 수밖에 없기 때문이다. 특히 우리나라 기업들이 과거에 활용하였던 지표를 보면 통제 가능성이 낮은 지표를 많이 활용해온 경향이 있다. 이는 과거 우리나라 기업에서 하위 조직 단위에 성과지표를 부과하는 방식이 일반적으로 하향식 방식이었으며, 하향식 방식으로 할당된 성과지표에 대해서는 자신이 통제 가능한지, 그렇지 않은지에 대해 논란을 벌이는 것이 허용되는 분위기가 아니었기 때문이다.

또한 우리나라 기업들의 조직 운영방식이 수평조직(horizontal organization)과 같이 해당 프로세스와 관련된 업무를 통합해서 수행하는 것이 아니라, 각 기능별로 업무를 분화해서 수행하는 체제였기 때문에 지표의 통제 가능성 측면에서 문제가 발생하기 쉬웠다.

셋째, 성과지표를 개발할 때 고려할 세 번째 사항은 '측정 가능성'이다. "측정할 수 없으면, 개선할 수 없다."라는 말이 있다. KPI로 활용되기 위해서는 기본적으로 측정 가능하여야 한다. 측정하지 않고서는 최종성과가 어떤 수준인지, 성과에 문제가 있다면 무엇 때문인지, 그리고 이를 어떻게 개선할 것인지를 파악하는 것이 어렵기 때문이다.

측정 가능성을 고려한 KPI를 개발할 경우, 여러 가지의 성과동인을 종합적으로 반영한 통합지표를 개발하는 것이 바람직하다. 예를 들어 품질의 다양한 요인에 대해서는 고객 특성별로 중요도를 달리 적용한 종합품질지수(Overall Quality Index, OQI)를 개발하여 활용하거나, 고객만족의 개별지표는 고객만족지수(Customer Satisfaction Index, CSI)로, 그리고 구성원 만족도와 관련된 개별 측정치는 구성원 만족지수(Employee Satisfaction Index, ESI)로 종합하여 활용하는 것이 바람직하다. 또한 측정방식의 개선을 통해서 관리 중요성이나 통제 가능성을 개선할 수 있기 때문에 측정방식에 대한 정교한 정의도 매우 중요하다.

(2) 부문별 주요 성과지표의 예시

① 마케팅 부문

마케팅 부문은 시장환경 분석을 통하여 제품 및 고객 개발을 비롯한 전반적인 마케팅 전략을 수립하는 부문으로 신제품 매출성장, 영업이익 향상, 우수고객관리 및 고객만족이 주요 업무목표이다. 따라서 신제품 영업이익률, 신제품 매출성장률, 신제품 매출비중, 우수고객 확보 및 유지율, 고객만족점수 등을 성과지표로 설정할

부문	성과지표(KPI)	계산식
마케팅	신제품 영업이익률	(신제품 영업이익/신제품 매출액) × 100
	신제품 매출성장률	[(당월 신제품 매출액/전월 신제품 매출액)−1] × 100
	신제품 매출비중	(신제품 매출/총 매출) × 100
	우수고객 확보 및 유지율	우수고객 이탈 수/우수고객 수 × 100
	고객만족점수	고객만족도 점수(고객설문조사 점수)

수 있다.

② R&D 부문

R&D 부문은 시장경쟁력이 있는 신제품을 개발하는 것을 목적으로 시장동향 및 기술수준을 조사하고, 지속적인 기술 개발을 통하여 적기에 신제품을 출시하는 것을 목적으로 한다. 따라서 R&D 부문은 개발일정준수율, 신제품 매출비중, VE 절감액을 주요 성과지표로 설정할 수 있다.

부문	성과지표(KPI)	계산식
R&D	개발일정준수율	실적일정/목표일정 × 100
	신제품 매출비중	(신제품 매출/총 매출) × 100
	VE 절감액	설계 VE 금액 × 예상생산수량

③ 영업 부문

영업은 마케팅 부문에서 수립한 마케팅 전략에 따라 영업활동을 수행한다. 영업은 직접 고객을 개발하고 고객에게 회사 제품에 대한 강점을 설명하고 구체적으로 계약을 체결하는 업무이다. 따라서 영업부문은 수주율, 매출액 목표달성도, 매출액 영업이익률, 판가유지율, 제품재고 회전기간, 매출채권 회전기간, 부실채권금액, 주문납기 준수율 등을 성과지표로 활용할 수 있다.

부문	성과지표(KPI)	계산식
영업	수주율	(수주수량/생산가능용량) × 100
	매출액 목표달성도	(실적매출/계획매출) × 100
	매출액 영업이익률	(세전영업이익/매출액) × 100
	판가유지율	(실적판가/목표판가) × 100
	제품재고 회전기간	365/(매출/제품재고)
	매출채권 회전기간	365/(매출/매출채권)
	부실채권금액	부실채권금액
	주문납기 준수율	[1−납기 미준수건수/총 수주건수] × 100

④ 자재관리 부문

효율적인 자재관리는 자재를 적기에 적합한 양으로 주문하는 것이다. 자재관리 부문에 적합한 성과지표로 조달납기 준수율, 조달 L/T, 출하이행률 등을 들 수 있다.

부문	성과지표(KPI)	계산식
자재관리	조달납기 준수율	(납기 준수건수/주문건수) × 100
	조달 L/T	(자재입고일−구매 주문 발행일)
	출하이행률	[∑실제출하량/∑출하요구량(주가단위)] × 100

⑤ 생산 부문

생산 부문은 조직에서 가장 중요하고 기본적인 역할을 하는 부서로서 효율적으로 생산량을 유지하고 내부 혁신을 통하여 생산효율성의 향상과 비용절감을 목적으로 하고 있다. 따라서 생산 부문은 생산납기준수율, 인당 생산성, 설비가동률, 설비고장부 작업률 등을 주요 성과지표로 설정할 수 있다.

부문	성과지표(KPI)	계산식
생산	생산납기준수율	∑(출고수량/생산요구수량) × 100
	인당 생산성	양품 수/총 제조인원수
	인당 생산성	(생산액/제조인원수) × 100
	설비가동률	(실가동시간/부하시간) × 100
	설비고장부 작업률	(설비고장시간/부하시간) × 100

⑥ QA 부문

QA는 회사가 생산하는 제품의 품질을 관리하는 역할을 한다. 따라서 효율적인 품질관리를 위해서 제조공정 부품불량률, 고객초기불량률 등을 QA 부문의 주요 성과지표로 활용할 수 있다.

부문	성과지표(KPI)	계산식
QA	제조공정 부품불량률	(불량수량/투입수량) × 100
	고객초기불량률	(불량수량/출하수량) × 100

⑦ 인사 부문

인사 부문은 우수한 인력을 확보하고 인력육성을 통하여 기업의 가치를 증대시키는 것을 목적으로 한다. 채용, 평가 및 보상, 인력육성, 교육훈련 등을 주요 업무로하고 있다. 따라서 인사 부문은 1인당 부가가치, 인건비율, 이직률, 1인당 교육비, 1인당 교육시간 등을 주요 성과지표로 설정할 수 있다.

부문	성과지표(KPI)	계산식
인사	1인당 부가가치	(부가가치액/총 인원) × 100
	인건비율	(인건비/매출액) × 100
	이직률	(이직인원/총 인원) × 100
	1인당 교육비	(총 교육비/총 인원)
	1인당 교육시간	(총 교육시간/총 인원)

⑧ 회계 부문

회계 부문은 회사의 자산 및 매입채무관리를 하는 업무를 담당한다. 따라서 회계부문은 다음과 같은 성과지표로 관리될 수 있다. 즉, ROI, 총 자산회전율, 매출액영업이익률, 매출성장률, 시장점유율, 영업수지율, 외화손실률, 자본비용, 결산준수율, 매입채무 회전기간, 1회전 운전기간 등이 주요 성과지표이다.

부문	성과지표(KPI)	계산식
회계	ROI	영업이익/총 자산
	총 자산회전율	매출액/총 자산
	매출액 영업이익률	영업이익/매출액
	매출성장률	[(당해 매출액/전년도 매출액)−1] × 100
	시장점유율	자사매출액/시장규모
	영업수지율	(영업현금지출/영업현금수입) × 100
	외화손실률	[1−(실적환율/기준환율)] × 100
	자본비용	평균자본비용
	결산준수율	기준 LT/실적 LT
	매입채무 회전기간	365/(매출액/매입채무)
	1회전 운전기간	재고자산 회전기간+매출채권 회전기간−매입채무 회전기간

5) 전략체계도와 부문/팀의 목표 연계

전사수준의 전략체계도와 성과지표가 완성되면, 이를 하위 조직의 목표로 연계하여야 한다. 기업은 사업부, 팀, 개인에 이르기까지 다양한 단계로 구성되어 있고, 이러한 단계별 역할과 책임의 효율적인 배분이야말로 기업의 성과창출에 큰 영향을 미친다. 이때 각 단계별로 업무관련성을 철저히 분석하여야 하며, 특히 권한의 위임정도에 대한 파악도 필요하다.

예를 들어 팀은 전사 전략체계도상의 네 가지 관점별 전략목표는 물론 소속 사업부의 목표를 정확히 이해하며, 상위 조직인 사업 부문의 목표달성을 성공적으로 지원할 수 있는 목표를 수립하여야 한다.

■ 제 4 부
■ 참고문헌

김순기 외, 성과측정치의 다양성과 측정치와 전략과의 연계가 기업성과에 미치는 영향, 경영논총, 제 15-1집, 2005

정종태, 경영업적평가와 성과측정실무, 한국생산성본부, 2012

정종태 외, 인사관리종합, 한국생산성본부, 2012

정종태 외, 인사평가시스템 구축, 한국생산성본부, 2012

정종태 외, 평가 및 급여 인센티브 실무, 한국생산성본부, 2012

정종태, 최광석, 직무분석 및 직무평가 과정, 한국BSC컨설팅주식회사, 2009

최동득, 정형철, 정종태, 알기 쉬운 BSC, 코미트출판부, 2006

G.S. 오디언, 목표관리의 이론과 실제, 한국능률협회, 1998

딘, R. 스피처, KPI 이노베이션, 한국경제신문사, 2008

랄프 스미스, 비즈니스 프로세스와 경영과 BSC, Nemo Books, 2007

로버트 S. 개플란, 데이비드 P. 노튼, Strategy Maps, 21세기북스, 2005

최근 들어 많은 기업들이 앞다투어 MBO(목표관리제도)를 도입하고 있다. MBO는 전통적인 우리나라 기업들의 평가방식에 비해 다음과 같은 특징을 가지고 있으며, 이런 점에서 MBO는 다른 평가방법보다 평가 결과에 대한 수용도를 높인다. 즉, MBO는 평가기준을 사전에 제시하며, 목표설정 및 평가과정에 피평가자를 참가시킨다. 또한 평가는 관련된 자료나 성과에 근거해 이루어진다. 이러한 특징 때문에 HRM 분야의 많은 전문가들은 평가나 보상제도를 설계할 때 MBO의 도입을 제안한다.

한편 일부 전문가나 인사담당자들은 MBO의 본질을 오해하여 MBO는 성과측정이 계량적으로 가능한 직무에 한하여 활용할 수 있으며, 성과를 계량적으로 측정하기 어려운 직무에는 적용하기 곤란하다고 말한다. 즉, MBO 도입의 주요 기준으로 '계량적 성과측정'을 들고 있다. 이들은 "영업직이나 생산직의 경우에는 계량적인 성과의 산출이 가능하므로 MBO를 도입할 수 있고, 그 결과에 따라 보상을 차등 지급할 수 있으나, 기타 지원 및 관리업무는 계량적인 성과가 없으므로 MBO를 실시할 수 없고 MBO를 도입했던 많은 우리나라 기업들이 실패했다."라고 말한다.

그러나 기업들이 MBO를 도입할 때 고려하여야 할 사항으로 '계량적 성과측정'도 중요하겠지만 더 중요한 것은 바로 '성과에 대한 통제 가능성'에 있다. 이는 조직행동론의 기대이론의 주장과도 일치한다. 기대이론에 따르면 동기는 성과달성에 대한 기대, 보상에 대한 신념 및 가치의 함수이다. 성과달성에 대한 기대란 노력하면 성과를 얻을 수 있다는 믿음을 말한다. 만약 노력하여도 성과를 얻을 수 없다면 보상획득에 대한 신념이나 기대가 크더라도 동기를 불러일으킬 수 없다.

따라서 동기를 유발시켜 목표달성을 극대화하기 위한 MBO는 영업직 등 계량적 성과측정이 가능한 직무보다 성과의 계량적 특성은 다소 떨어지나 성과에 대한 통제가 가능한 관리직에 적합한 방식이다. 성과의 계량적 측정이 가능한 영업직은 관리절차가 복잡한 MBO가 아니더라도 '복률성과급' 등 더 효과적인 동기부여방법을 모색할 수 있다.

증권회사의 증권중개인이나 자동차회사의 세일즈맨의 경우를 보자. 증권회사나 자동차회사의 지점에는 지점단위의 목표는 있으나 영업직원의 개인별 목표는 볼 수 없는 경우가 흔하다. 개인별 목표부여, 그 달성 여부에 따른 평가 및 보상은 오히려 목표의 일관성 문제 등 여러 가지의 혼란을 초래할 수 있다.

이런 경우 목표를 부여하고 관리하기보다는 개인별 영업실적을 기초로 복수의 임률(multiple piece rate)을 적용하여 직원들을 동기 유발하는 것이 효과적이다. 한 증권회사는 증권중개인의 수익기여 단계를 3단계로 구분하여 단계별로 성과급 지급률을 차등함으로써 성과달성에 대한 의욕을 불러일으키고 있다.

관리직은 최고 경영층의 지원파트너로 경영의사결정을 지원하는 역할을 하고 있다. 따라서 자신의 노력과 열정으로 새로운 제도를 도입하고, 일상적 업무처리 과정을 개선하여 처리시간을 단축함으로써 조직의 효율을 향상시킬 수 있다. 사실 관리직은 계량적인 성과측정이 어렵다는 이유로 그동안 MBO의 적용에서 제외되어 왔다. 그러나 MBO가 관리직에 적용되어 제도개선의 내용, 제도의 완성 및 이행시기를 중심으로 목표를 설정하고 평가될 때 평가의 객관성을 높일 수 있고, 목표달성을 자극할 수 있다.

 토론주제

1. 성과에 대한 통제 가능성이란 무엇을 의미하는가?
2. 성과에 대한 통제 가능성을 기대이론의 관점에서 중요성을 설명하라.
3. MBO가 적합한 직무는 어떤 유형의 직무인가?
4. 성과측정이 계량적으로 가능한 세일즈맨의 경우 MBO보다 인센티브 제도가 더 효과적인 이유를 설명하라.

PART 5

임 금 보 상 관 점 의
인 적 자 원 관 리

임금관리 및 임금정책

■ 임금의 의미와 개념을 이해한다.
■ 효율적인 임금관리의 세 가지 측면을 학습한다.
■ 임금관리의 세 가지 요소별 관리방안을 이해한다.
■ 우리나라 기업의 임금체계의 변천사를 학습한다.
■ 미국 기업의 임금제도의 특성을 이해한다.

임금이란 근로자의 측면에서 보면 소득의 원천이고 기업의 측면에서 보면 비용인 인건비이다. 따라서 근로자는 임금이 많을수록 좋을 것이고 기업은 인건비가 적정한 수준이기를 기대한다. 이러한 측면들을 고려하여 기업은 적정 임금수준을 유지하고 근로자 간의 성과수준을 고려한 공정한 차등 보상을 실시하여야한다.

　차등 보상기준은 시대별로 변천되어 왔다. 1997년 IMF 이전에는 우리나라 대부분의 기업이 연공중심의 임금체계를 유지하였다. 즉, 근속연수에 따라 임금이 일정하게 인상되었다. 특히 1987년 6·29 민주화선언 이후 노동조합활동이 활성화되면서 근로자의 임금인상이 노동생산성을 웃도는 현상도 나타났다. 1997년 IMF 이후 연봉제가 도입되기 시작하였으며, 2000년 이후 연봉제를 도입한 기업이 크게 증가하였다.

1. 임금관리 및 임금체계

1) 임금관리의 의의

임금이란 일반적으로 사용자가 근로의 대가로 근로자에게 지불하는 금전을 말한다. 근로기준법 제18조에서는 "임금이란 사용자가 근로의 대상으로 근로자에게 임금, 봉급, 기타 어떠한 명칭으로든지 지급하는 일체의 금품을 말한다."라고 정의하고 있다. 이 법에서는 사용자가 근로자에게 지불하는 것으로 하고 있기 때문에 고객이 지불하는 팁 등은 임금이 아니다.

또 근로의 대상이기 때문에 임의적이거나 은혜적인 것, 가령 경조위문금은 임금이 아니지만, 지급조건이 명확한 것은 임금이다. 퇴직금에 있어서는 노사 간에 미리 지급조건이 명확하게 정해지고, 법률상 사용자의 의무가 되는 퇴직금은 임금이다.

그리고 직무수당, 가족수당, 통근수당 등의 명칭이라도 근로의 대가로 지급되는 것은 임금에 해당된다.

임금은 기업의 입장에서 보면 비용인 반면 근로자의 입장에서 보면 소득의 원천이다. 따라서 기업은 낮은 비용을 추구하게 되고 종업원은 보다 높은 소득을 요구한다. 임금관리, 임금정책이란 이러한 양측의 상충된 욕구를 바람직한 방향으로 조정하고 관리하는 절차라고 할 수 있다. 임금관리의 목적은 우수한 노동력을 확보하고 근로의욕을 자극하는 한편 건전한 노사관계를 유지함으로써 최종적으로는 기업의 생산성을 증진시키는 데 있다고 할 수 있다.

이러한 의미에서 임금관리란 임금에 대한 전반적인 관리를 의미하며 크게 세 가지 측면으로 구분된다. 첫 번째 측면은 임금수준에 대한 관리이다. 두 번째 측면은 임금체계에 대한 관리이다. 그리고 세 번째는 임금의 지불형태에 대한 관리이다. 따라서 효율적인 임금제도를 위해서는 세 가지 측면에서 검토와 개선이 있어야 한다.

첫째, 임금수준이 적정해야 한다. 즉, 임금수준은 종업원의 생계비 수준, 기업의 지불능력, 경쟁기업의 임금수준 등을 고려하여 적정하게 유지되어야 한다. 임금수준이 낮으면 우수인력의 확보가 곤란하다. 또 기존 직원들의 동기유발이 저하되어 회사의 생산성을 향상시키기 어려워진다. 또 직원들의 이직률도 높아지게 된다.

그림 12.1 임금관리

임금관리요소	관리목적	관리방안
임금수준	대외 경쟁력 확보	• 인건비 총액한도 및 증가액 한도 설정을 통해 급여수준을 결정 • 물가상승률, 시장임금수준을 고려하여 급여의 대외적인 경쟁력 확보

임금체계	대내 공정성 확보	• 급여관리의 단순/명료성
		  −현행 복잡한 급여항목을 단순화
		• 임금관리의 효율성
		  −직급별 임금범위 및 임금인상의 기준을 구체화
		• 성과에 따른 연봉 및 성과급 차등
		  −차등인상제도를 강화하여 연공주의를 제거
		• 경영성과와 연계된 인센티브를 도입

임금형태	관리상의 합리성 확보	• 연봉제 형태로 운영
		  −급여산정기간을 연 단위로 운영
		  −개인별 성과에 따라 급여 차등의 폭을 확대

둘째, 임금체계가 공정하여야 한다. 임금의 총액을 배분함에 있어서는 개인 간의 임금격차를 공정하게 설정하여야 하므로 임금체계를 설계할 때에는 공정성의 확보가 무엇보다 절실하다. 성과가 높은 직원에 대해서 얼마만큼의 임금을 차등하는 것이 효과적인지에 대해서 결정하여야 한다. 이를 위하여 평가체계의 재설계와 객관성을 확보하기 위한 노력이 필요하다.

셋째, 임금형태가 합리적이어야 한다. 임금형태란 임금의 계산 및 지불형태를 말하는데 대표적인 임금형태로는 월급제가 있고 그 외에 시간급제, 일급제, 연봉제 등이 있다. 통상적으로 호봉제는 임금의 계산단위가 월 기준이며 연봉제는 연 단위로 임금을 계산한다.

이 장에서는 임금체계를 중심으로 현재 우리나라 기업들의 임금체계의 문제점을 도출하고, 개선방향을 제시하고자 한다.

2) 한국 기업의 임금체계의 변천

한국 기업의 임금체계의 변천에 대해서 한국노동연구원은 순수 연공급 제도의 시기인 1960~1970년대, 단일호봉제식 연공서열형 제도의 시기인 1980년대, 능력형 임금체계가 도입 및 확산된 1990년대 이후의 세 가지 시대로 구분하고 있다.

표 12.1 시대별 한국기업의 임금체계의 변천과정

구분	1960~1970년대	1980년대	1990년대 이후
한국 경제의 발전단계	도약기	중흥기	전환기
한국 기업의 인적자원 관리의 성격	전통문화의 지배	외래 기법의 부분적인 도입 시도	전통형과 서구형의 혼재
임금관리체계	순수 연공급 임금관리	단일호봉제식 연공서열형 임금관리(능력주의의 인식)	능력형 임금체계(연봉제)의 부분적 도입 및 확산

출처 : 박우성, 이춘우, 임금체계유연화의 실태와 모형연구, 한국노동경영구원, 1999

(1) 1960~1970년대 : 순수 연공급 제도

첫 번째 시기인 1960년대와 1970년대의 임금관리체계는 순수 연공급 제도였는데, 1979년에 한국경영자총협회가 실시한 임금관리제도 실태조사에 따르면, 조사에 응답한 741개 업체의 대부분이 연공급을 채택하고 있는 것으로 나타났다. 대략적으로 이러한 연공임금체계의 태동과 확립은 공업화와 더불어 1960년대 초반에 성립되어 1960년대 중반에 확립되었다. 이는 유교문화에서의 연장자 우대, 동양적인 가부장적 사고를 바탕으로 한 종신고용제적 관행에 따라 자연스럽게 연공급이 정착할 수 있는 제반 여건이 마련되었기 때문이다. 구체적으로 이러한 연공임금이 형성된 배경으로 다음과 같은 것들이 있다.

첫째, 서구에서는 직무내용에 따라 직무분류를 기초로 한 임금제도가 형성된 반면, 한국 기업의 임금제도는 유교사상과 도덕적 신분사상인 장유유서라는 고유사상에 영향을 받아 연공을 중시하는 임금으로 형성되었다.

둘째, 우리나라 기업들의 채용형태나 근로자 육성제도와도 관련이 있다. 즉, 우리나라에서는 연고채용 등의 형태로 기업에 들어가고 경험과 관찰을 통해 기술을 향

상시키거나 기업 내의 양성기관에서 교육을 받고 한 사람 몫의 근로자가 되는 것이 보통이었다. 이와 같은 사정에서 처음부터 고임금을 지불할 수는 없었고 자연히 근속연수에 의해서 임금이 증가하는 연공임금제도를 따르지 않을 수 없었던 것이다.

셋째, 공업설비 및 이에 따른 공업기술의 근대화가 일반적으로 지연되고 있었기 때문에 노동의 숙련은 장인기질과 결부된 것으로서 그것을 체득하기 위해서는 10년 또는 20년 정도의 장기간의 습득기간을 필요로 했다. 그 결과 근속연수는 일반적으로 숙련도를 측정하는 유력한 척도였다.

넷째, 연령, 즉 근속연수에 따라 임금을 증가시키는 것은 연령과 함께 증가하는 근로자의 생계비를 충족시키기 위한 것으로서 노동의 재생산을 위해서도 타당한 임금체계라고 이해되었다.

다섯째, 연공임금은 근로자를 기업에 정착시키는 데 극히 타당한 임금제도였다. 즉, 기업에 채용된 근로자는 기업이 존재하는 한 언제나 정기승급제도에 의해서 임금상승을 기대할 수 있다. 따라서 정기승급제도는 필연적으로 근로자를 한 기업에 정착시키는 효과를 가지며, 노동을 장기로 고용하는 특징을 가지고 있다.

여섯째, 근속별로 노동력이 구성된 조직에 있어서도 매년의 노동력의 신진대사와 퇴직에 의해서 고령자의 높은 임금을 임금이 낮은 신규 채용자와 재직직원의 승급원으로 돌림으로써 인건비를 유용하게 사용하고 그 총액을 일정하게 유지할 수 있었다.

한편 1960년대 후반에 일부 기업들이 직무분석을 토대로 한 직무급을 도입하기는 했지만 대부분 성공을 거두지 못하고 실패로 끝나 직무급이 연공급화되는 결과를 초래하였다.

(2) 1980년대 : 단일호봉제식 연공서열형 제도

1980년대의 임금관리제도는 학력과 근속연한에 따른 기본급에 수당을 부가하는 단일호봉제의 연공급 형태로 발전하였다. 즉, 이 시기에는 1970년대의 연공서열형 임금체계가 유지되면서 심화되었다고 할 수 있다.

특히 1980년대 후반에 노조의 활동이 활성화되면서 근로자의 임금인상 요구에 따라 노동생산성을 웃도는 임금인상이 이루어지기 시작하면서 기업들은 인건비 지출을 적게 하기 위하여 기본급의 비율을 낮추려고 제수당을 신설, 상여금 지급률의 인상 및 각종 부가급 등 임시응변적인 대응을 하면서 근속연수가 기본적인 임금인상의 근거가 되면서 수당이 부가되는 형태를 띠게 되었다.

(3) 1990년대 이후 : 능력형 임금체계의 도입 및 확산

1990년대는 우리나라 임금체계의 변천사에서 가장 변화가 두드러지는 시기라고 볼 수 있다. 이른바 국제화, 개방화의 추세로 인하여 경쟁이 심화되면서 우리나라 기업들도 신인사제도라는 대전제 아래 임금관리의 측면에서도 직능급을 기초로 한 직능자격제도, 차별성과급제, 고과결과 및 업적결과에 따른 능력급제, 연봉제의 도입이 활발히 전개되었다.

연봉제를 도입하는 추세는 급속하게 확산되는 것으로 나타나고 있다. 특히 1997년 IMF 이후 연봉제의 도입이 급속히 확대되고 있어, 연봉제를 도입한 기업은 1996년에 1.3%에서 2000년에 23.0%, 2006년에는 52.0%로 증가하고 있다.

우리나라의 기업들이 도입하고 있는 연봉제는 과도기적 성격을 가지고 있는 것으로서 단순히 연공서열형의 전통적인 기준에만 집착하지 않고 성과요소를 가미하는 형태로서 임금정책의 합리화를 꾀하려는 의도를 가지고 있는 것으로 비춰지고 있다.

이상에서 보듯이 한국 기업의 임금체계의 변천은 1960년대와 1970년대의 순수 연공서열형에서 1980년대의 단일호봉제식 연공서열형, 1990년대 이후 연공제를 기반으로 한 능력형 임금제의 부분적인 도입과정을 거치면서 변화해왔으며 앞으로 연공서열형에서 능력형 쪽으로 변화하는 방향은 계속될 것이다.

표 12.2 100인 이상 기업의 연봉제 도입비율

연도	2006	2005	2004	2003	2002	2001	2000	1996
비율(%)	52.0	50.0	41.9	37.5	32.3	27.1	23.0	1.3

출처 : 노동부, 한국경영자총협회

3) 한국 기업의 임금체계와 미국 기업의 임금체계 비교

(1) 한국 기업의 임금체계

한국 기업의 임금제도를 보면 임금의 구성이 복잡하고 즉흥적으로 만들어진 각종 수당이 존재하고 있으며 임금은 기본급, 각종 수당, 그리고 상여금 등으로 구성되어 있다. 또한 임금의 구성이 산업별, 기업규모별로 큰 차이를 보이고 있어 시장임금조사를 통한 임금수준을 비교하기 어렵다.

근로자들이 수긍할 수 있는 합리적인 임금체계를 설계하기 위해서는 기업 내에서 직무 간 형평성(internal equity), 기업 간 비교성(external equity), 그리고 개인 간 공정성(individual equity)이 충분히 고려되어야 한다.

먼저 직무분석과 직무평가를 통하여 직무등급을 정함으로써 직무 간 임금격차의 정당성을 확보한 상태에서 외부 노동시장의 임금수준을 반영하여 기본 보수수준을 결정한다. 그다음 개인별 인사평가의 결과에 나타난 성과를 반영하여 개인별 임금을 정하게 되는 것이다. 이 때문에 합리적인 임금체계를 설계하기 위해서는 직무급 임금체계의 틀을 기본으로 하는 것이 바람직하다.

표 12.3 한국 기업의 임금 구성항목

	기본급(본봉)	각종수당	상여금
기본 취지	• 고용관계를 지속하는 데 필요한 최소한의 임금수준 • 최저생계비보다 높은 수준이 바람직함	• 생계비를 보조하는 수당 : 가족수당, 김장수당, 학자금수당, 중식수당 등 • 직무관련수당 : 직무수당, 직책수당, 위험수당, 벽지수당 등	• 회사의 성과에 따라 지급하는 성과배분적 임금 • 사후적 변동급의 성격
현실	• 일부 수당과 상여금의 산출기준이 되어 인건비 관리와 연계됨 • 전체 임금의 약 55% 정도이며 계속 낮아지는 추세임	• 능률제고수당, 체력단련수당 등 의미를 파악하기 어려운 각종 수당이 계속 생겨 어떤 기업은 50종류 내외에 이름	• 정률제로서 계층화의 원인이 됨 • 고정급으로 지급률이 계속 높아짐 : 연 800% 내외

구분		임금항목 구성			임금인상	
미국 기업	미국식 연봉	연봉			성과평가에 따른 차등 인상	
한국 기업	직급, 호봉	기본급	제수당	고정상여	임금인상	호봉승급(자동 인상)

표 12.4 한국 기업과 미국 기업의 임금항목 비교

(2) 미국 기업의 임금체계

한국 기업에 비하여 미국 기업의 임금체계는 매우 단순하다. 일반적으로 미국 기업들의 임금은 연봉(base pay) 하나로 구성되어 있다. 우리나라 기업에서 많이 볼 수 있는 각종 수당은 없다. 그리고 매년 성과평가를 감안하여 개인별로 연봉이 차등 인상되는 기본급 차등인상제도(merit pay system)가 도입되어 있다.

(3) merit pay와 인센티브

미국 기업에서는 성과에 따른 임금제도(pay for performance)가 정착되어 있다. merit pay란 성과에 따라 기본급여의 인상을 차등하는 제도를 말하며, 인센티브는 일정기간 동안 성과를 평가하여 높은 성과를 창출한 경우에 지급되는 변동 성과급을 말한다.

merit pay는 일정기간 동안의 근무수행능력이나 실적을 평가하고 그 결과를 임금에 반영하는 시스템이다. 이에 반해 인센티브는 경영목표를 정해놓고 일정기간 동안의 근무성과를 객관적으로 평가하여 특별히 보상하는 시스템이다.

인센티브는 개인의 성과를 반영하여 개인에게 적용하는 경우와 집단(전사, 본부, 팀)의 성과를 반영하여 집단에 적용하는 경우로 나눌 수 있다.

4) 한국 기업의 임금체계의 문제점

(1) 연공급이 지배적

1997년 이전까지는 근로자의 능력이나 업무의 특성, 기업의 경영성과와는 무관하게 근속의 증가에 따라 임금이 자동적으로 상승하는 연공급(호봉제)이 보편적이었다. 개인의 성과, 업적을 중시하는 연봉제, 성과배분제 등이 점차 도입되고 있으나, 아직도 근속기간, 연령 등을 중시하는 연공급 중심의 임금체계가 많은 기업에 존속하고 있다.

근로자가 100인 이상인 사업장의 경우 연봉제를 도입한 경우가 통계상 절반 이상이지만, 차등이 거의 없는 형식적인 연봉제이거나 일부 상위 직급만 연봉제가 적용되는 경우가 많다. 따라서 임금체계의 문제점은 잔존하고 있다.

(2) 근속연수에 따른 불합리한 임금격차의 확대

근속연수의 증가가 임금의 상승에 기계적으로 반영됨에 따라 기업의 인력관리의 대표적인 수단인 임금제도가 근로자의 동기를 유발하는 기능을 상실하고 있다. 근로자의 연령이 상승함에 따른 생산성의 증가는 거의 없거나 오히려 줄어들고 있는 반면, 기업의 인건비 부담은 큰 폭으로 증가하고 있다.

연공급 중심의 임금체계를 가지고서는 유연한 임금조정과 인력관리를 위한 동기유발이라는 임금기능을 구현하기가 어려운 실정이다. 한국노동연구원의 조사에 따르면 34세 이하 근로자의 임금을 100으로 할 때 35~54세 근로자는 173, 55세 이상 중·고령자는 302로 임금이 최대 3배의 격차로 확대되고 있다.

그러나 산업구조 및 기술의 급격한 변화로 장기근속자의 생산성은 하락하고 있다. 34세 이하 근로자의 생산성을 100으로 할 때 35~54세는 105, 55세 이상은 60에 그쳐 오히려 근속이 길어질수록 생산성의 저하 현상이 심각하다.

표 12.5 연령대별 상대임금과 상대생산성

연령대	상대임금	상대생산성
34세 이하 근로자	100	100
35~54세 근로자	173	105
55세 이상 근로자	302	60

출처 : 한국노동연구원

(3) 장기근속자의 고임금 부담으로 신규고용의 축소를 초래

장기근속자에 대한 과도한 급여 및 퇴직금 지급으로 인해 신규고용이 억제됨에 따라 노동시장에 새롭게 진입하는 세대에 심각한 불이익이 발생하고 있다. 호봉제가 있는 사업장과 호봉제가 없는 사업장의 신규사원 채용률이 각각 21.5%와 36%로 호봉제가 인력채용에 부정적인 효과를 나타내고 있다.

또한 호봉제가 있는 사업장과 호봉제가 없는 사업장의 비정규직 비율도 각각 11.9%와 8.4%로 호봉제로 인한 고임금 부담이 비정규직 채용을 초래하고 있다.

2. 임금체계의 혁신 흐름 및 방안

1) 임금체계 혁신의 흐름

최근 임금체계의 혁신 흐름은 성과창출을 위해 기존의 근속, 연령, 학력 등 연공주의 임금체계에서 성과, 업적 등 직무와 역할중심의 성과주의 임금체계로의 전환이다. 일본의 경우 후생노동성의 자료에 의하면 2004년 연봉제의 도입이 종업원의 수가 100~299명인 기업은 16.7%, 300~999명인 기업은 26.8%, 그리고 1,000명 이상인 기업은 31.9%로 직무중심의 성과주의 임금체계가 일반화되고 있다. 일본식 성과주의 임금혁신의 핵심은 직능자격제도의 통합, 성과와 실적의 비중 강화, 자동승급의 폐지와 축소, 인사고과제도의 개선 등을 들 수 있다.

반면 우리나라의 경우 노동부의 자료에 의하면 2004년 6월을 기준으로 100인 이상 기업체의 41.9%, 2006년은 52.0%의 기업이 연봉제를 도입하고 있는 것으로 나타나 1990년 후반부터 매년 성과주의 임금체계가 점차 강화되는 것으로 나타나고 있다. 하지만 순수 연봉제의 방식을 도입한 기업은 15.7%로 실질적으로는 연공주의 임금체계가 상당부분 유지되고 있다.

2) 우리나라 기업의 임금체계 혁신방안

임금은 오늘날에도 근로자의 생활원천이고, 기업의 원가를 구성하는 주요 요소이므로 근로자는 많이 받으려는 반면 사용자는 적게 지급하려는 등 대립구조를 이룰 수밖에 없을 것이다. 이러한 상황에서 노사가 상생할 수 있는 길은 서로 고통을 분담하고 지혜를 모아 노사 간에 납득할 수 있는 합리적인 임금체계의 혁신방안을 마련하여 실천하는 데 있다고 할 수 있다.

아래에서 제시하는 내용은 IMF 이후 우리나라 기업들이 추진하여온 임금체계의 개선에 대한 내용을 중심으로 하여 향후 개선방향을 제시하고 있다.

(1) 공공조직의 정기승급제도 축소 및 폐지

연봉제를 도입한 사기업 이외에 공무원, 공공기관 등은 일부 간부직을 제외한 대부분의 직원들이 호봉제를 적용받고 있다. 즉 매년 호봉 증가에 따른 임금의 정기승급이 이루어지고 있다. 만약 호봉제의 완전한 폐지가 힘들다면 '정기승급제를 유지하되 고과에 따라 승급액과 승급률을 차등하거나 상한 연령을 적용하는 방법' 등을 적용하여야 한다. 정기승급제의 개선방안은 첫째, 제도는 존속시키되 탄력적으로 운영하는 방안(대상의 축소, 기본급표 수정, 고과에 연동한 승급률과 승급액의 유연화 등) 둘째, 제도는 존속하되 자동승급은 완전히 폐지하고 고과승급을 철저히 실시하는 방법, 셋째, 충분한 시간을 두고 완전히 폐지하는 방법 등을 들 수 있다. 이 중 '완전폐지'가 '임금–일'의 연계를 가장 강화하는 방안으로 장기적으로 제일 바람직하다. 따라서 정기승급의 축소 및 폐지는 근로자들의 자율적인 협조를 필요로 하므로 노사 간에 정기승급의 정의 및 범위의 명확화와 공감대를 형성하는 것이 무엇보다 중요하다. 그 토대 위에서 정기승급의 축소, 연기와 동결, 폐지 등 다양한 방안을 점진적으로 개선하는 것이 바람직하다.

(2) 다중구조 임금인상방식의 단순화

우리나라의 '정기승급, 협약임금인상, 최저임금인상' 등 2중 또는 3중 구조의 임금인상방식이 단순화되어야 한다. 선진국들은 물가상승률 정도만 단순히 반영해 임금인상을 결정하는 방식을 채택하고 있다. 일본은 2004년을 기준으로 임금교섭 없이 승급에 의해 임금을 인상하는 기업이 전체의 94.4%에 이르고 있다. 승급의 경우도 물가상승률을 반영하는 수준에서 이루어지고 있다. 임금인상률을 비교하면

2004년을 기준으로 우리나라가 6.0%로 일본 1.9%, 미국 3.3%에 비해 매우 높게 나타나고 있다. 따라서 선진국처럼 물가만을 반영하는 단순한 임금인상방식으로 빠른 변화가 필요하다.

(3) 성과주의 임금체계의 도입

성과주의 임금체계를 도입하여 연공급으로 인한 기업경쟁력의 저하를 극복하여야 한다. 연공과 정기승급으로 인한 임금인상률을 대폭 줄여나가는 대신 성과, 생산성 및 기업경영실적 등에 의한 임금조정의 폭을 확대해나가는 것이 바람직하다.

성과주의 임금체계는 보상의 상당부분이 능력 및 성과와 연동되어 결정되기 때문에 유연한 인건비 관리 기능, 임금의 동기부여 기능을 회복한다. 현재 직급 및 호봉에 의해 산정되는 월 기본급을 폐지하고 기본연봉으로 전환하여 연공에 의한 인상을 막는 동시에 업무수행능력과 성과평가에 의해 임금인상이 되어야 한다.

(4) 경영실적에 따른 성과배분 인센티브 제도의 도입 확대

경영실적에 따른 성과배분 인센티브 제도의 도입이 필요하다. 선진국에서 경영성과급의 도입배경은 기업들이 위기에 처했을 때 경영성과를 제고하기 위해 성과를 창출하면 성과급의 일부를 배분함으로써 동기부여 및 성과 재창출을 계속할 수 있는 노사 상생의 윈윈 임금교섭 시스템을 만드는 데에 있다. 일본의 초우량 기업인 도요타자동차는 2005년까지 4년 연속으로 임금교섭에서 기본급을 동결하고 2003년에 연령급을 폐지하여 실질적인 임금인상이 없는 대신에 순이익 중 7%를 특별성과급으로 배분하여 임금유연성 및 기업경쟁력을 강화하고 있다.

반면 우리나라 기업들의 경우 경상이익이 적자인 기업의 비중이 2004년 3/4분기에 29.5%로 수익을 내지 못하면서 임금인상을 계속하고 있어 경제적 위기를 자초하고 있다. 이런 상황에서 정기승급의 존속은 노사 간에 큰 해를 미치게 되며, 경영성과 인센티브 제도의 활용은 아주 유용한 방안이다.

(5) 직무가치나 직무기여도를 반영한 임금체계

조직은 다양한 직무로 구성되어 있다. 분명히 직무마다 난이도, 복잡성, 그리고 기여 정도가 다르다. 그러나 우리나라 기업들은 대부분 직급별로 임금수준이 차등되어 운영되고 있다. 이를 직급별 임금체계라고 한다. 직급이 높은 사람이 조직기여도나 직무 난이도가 낮더라도 임금을 많이 받는 불합리성이 내포되어 있다. 이를 미국기업들의 임금체계와 같이 조직내 직무들의 직무등급(job level)을 구분하고 직무등급이 높은 직무는 높은 임금을 책정하는 임금체계로 전환하여야 한다.

연봉제의 설계와 운영

CHAPTER 13

학습목표

- 우리나라 기업의 다양한 연봉제의 형태를 파악한다.
- 연봉제의 설계 절차나 방법을 학습한다.
- 직급별 임금범위의 설계기준을 이해한다.
- 직급 또는 직무등급 간 임금수준의 설계방법을 학습한다.
- 평가등급과 직급 내 임금수준을 고려한 연봉인상률의 차등방안을 학습한다.

CHAPTER 13

개 요

우리나라 기업들은 1990년 말부터 연봉제를 도입하였다. 연봉제는 기업의 규모 등의 여건을 고려하여 성과급 차등 연봉제, 순수 연봉제, 혼합형 연봉제 등 다양한 형태로 존재한다. 성과급 차등 연봉제는 기본급(또는 기본연봉)의 차등 없이 성과급만을 차등하는 연봉제이다. 순수 연봉제는 미국식 연봉제로 아예 임금항목이 연봉 하나로 통합되어 있으며 성과평가를 고려하여 매년 연봉인상을 차등하는 방식이다. 혼합형 연봉제는 연봉을 기본연봉과 성과연봉으로 구성하여 기본연봉은 포지티브섬 방식의 차등을 하는 반면 성과연봉은 제로섬 방식의 차등을 한다. 혼합형 연봉제는 기업의 인건비 부담을 경감하고 근로자의 성과에 따라 차등을 둘 수 있으나 성과가 낮은 일부 직원의 임금이 감소될 가능성이 있어 적용 시 근로자들의 동의를 필요로 한다.

1. 성과 차등 연봉제의 다양한 형태

1) 한국 기업에서 연봉의 의미

호봉제도를 운영하고 있는 기업에서는 근로자의 임금이 개인의 성과향상과 회사에 대한 기여도에 관계없이 매년 자동적으로 일정 호봉이 상승한다. 또한 호봉제도를 유지하고 있는 많은 기업의 경우, 매년 호봉상승에 따른 임금의 자동적인 상승 이외에도 통상 2~3년마다 직급이 자동으로 상승함에 따라 급여상승에 대한 부담도 증대된다.

임금형태는 임금을 계산하여 지급하는 기준에 따라 시간급, 일급, 주급, 월급, 연봉급으로 구분할 수 있다. 흔히 연봉하면 떠오르는 것이 프로 선수들이다. 프로농구, 프로야구, 프로축구 선수들은 순수한 연봉제를 도입하고 있는데 이는 기업에서 의미하는 연봉제의 개념과는 약간 다르다. 1년 단위로 연봉계약이 이루어지는 것은 비슷하지만 성과가 없으면 연봉금액이 큰 폭으로 감소한다는 것이 기업의 근로자들과 다른 점이다.

일반적으로 미국에서는 임금제도를 차등인상제도(merit pay system) 또는 성과에 따른 임금제도(pay for performance system)라고 부른다. 이는 평가에 따른 기본급의 차등인상과 연말 인센티브를 말하는 것이다. 보통 연봉 하면 다음과 같은 두 가지 의미를 내포하고 있다. 첫째, 1년간 지급되는 기본급이나 각종 수당 상여금을 총합한 총 임금을 말하며, 둘째, 전년도의 업적과 능력을 평가하여 익년도에 차등 인상하는 것이다. 따라서 호봉제에서는 직무의 성과나 능력에 관계없이 임금이 결정되었지만 연봉제에서는 상대적으로 성과나 능력을 고려하여 임금이 차등된다는 의미에서 우수성과자에 대한 차등 보상이라는 동기부여의 의미가 강하다.

2) 연봉제의 정의

우리나라 기업들이 도입하고 있는 연봉제에 대하여 구체적으로 정의하면 다음과 같다. 우선 Heneman이라는 학자는 미국의 연봉인상방식에 대해 '과거의 일정기간 동안 이루어진 개별 종업원의 성과를 평가하여 이를 바탕으로 그 종업원의 임금인

참고자료 : 직무급 중심의 미국형 연봉제

미국 기업들은 채용 시 직무에 따라 직무급이 결정되며, 채용 후 직무등급의 변동에 따라 임금이 결정된다. 또한 매년 말에 업무성과의 평가에 따라 성과급이 지급된다. 우리는 이를 직무성과급제라 부른다.

상을 결정하는 임금제도'라고 정의하였다. 우리나라의 연구자들도 Heneman의 정의와 유사하게 연봉제를 정의한다. 양병우는 '개별 종업원의 실적, 능력 및 공헌도를 평가하고 계약에 의하여 연간 임금이 결정되는 능력중시형 임금지급체계'라고 정의하였고, 박우성은 '일정기간 동안의 업무성과가 임금인상을 결정하는 가장 중요한 요인이 되는 임금제도'라고 탄력적으로 정의하였다.

우리나라 연봉제의 핵심적인 내용은 임금인상기준에 있다. 즉, 임금인상이 이루어지는 기준이 연공이 아니라 능력 혹은 성과라는 것이다. 결국 연봉제는 외형적으로 보면 임금총액이 연 단위로 결정되는 것이지만, 핵심요소는 임금총액의 결정이 아니라 임금인상분의 크기이다.

따라서 연봉제란 ① 복잡한 급여의 구성 항목들을 단순하게 통합하고, ② 급여 계산방식을 월 단위에서 연 단위로 변경하고, ③ 급여의 인상을 모든 종업원들에게 획일적으로 적용하는 것이 아니라 업적과 능력에 비례하여 개인별로 차등 결정하는 것을 말한다.

다만 임금의 인상방법에서 차이를 보이기도 하는데, 기본급을 기준으로 하는 경우도 있고 또 성과급에 반영하는 경우도 있다. 그러나 미국 기업들의 급여체계에서 중요한 요인인 직무의 기여도에 따른 급여의 차등분은 우리나라 기업의 임금에는 반영되어 있지 않은 것이 일반적이다.

결국 우리나라 기업에서의 연봉제란 개인의 성과를 임금과 연계하여 임금체계의 공정성을 확보하고 궁극적으로는 개인의 동기유발을 통해 생산성을 향상시키기 위한 임금체계라고 정의할 수 있다.

3) 한국 기업의 다양한 연봉제

우리나라 기업들은 IMF 경제위기 이후 연봉제를 도입하였다. 그러나 기업의 여건이나 상황에 따라 여러 가지 유형의 연봉제 구조와 형태를 갖고 있다. 따라서 연봉제의 도입을 검토하는 기업들은 이러한 여러 가지 형태의 연봉제들의 장점과 단점을 고려하여 효과적으로 연봉제를 설계하여야 한다.

우리나라 기업들이 도입하고 있는 연봉제의 유형은 크게 세 가지로 구분할 수 있다. 첫째는 연봉의 일정항목을 성과급(또는 능력급)으로 구분하고 이를 평가에 따라 차등하는 방식이다. 둘째는 기존의 모든 임금항목을 합하여 기본연봉으로 통합하고 이를 평가에 따라 차등하는 방식이다. 그리고 셋째는 연봉을 기본연봉과 성과연봉으로 구분하고 평가에 따라 기본연봉과 성과연봉을 모두 차등하는 방식이다.

(1) 성과급 차등 연봉제

일부 기업은 기존의 호봉제 임금체계에서 월급과 상여금을 통합하여 연봉으로 하고, 연봉을 다시 기본급과 성과급(또는 능력급)으로 구분한다. 통상적으로 연봉의 70% 정도를 기본급으로 하고 30% 정도를 성과급으로 한다. 그리고 기본급은 직급별로 단일임금으로 설정한다. 즉, 기본급은 매년 증가하는 것이 아니고 승진할 경우에 상위 직급의 기본급으로 인상되는 구조이다.

반면 매년 평가결과에 따라 성과급을 차등한다. 성과급은 직급별 기준성과급을 기준으로 평가등급에 따라 차별적으로 인상(또는 최하위 평가등급은 감소)된다. 이런 경우에 성과급은 비누적적인 방식으로 운영된다.

성과급 차등 연봉제는 주로 IMF 경제위기의 도래 이후 기업들이 인건비를 인상하기가 곤란한 상황에서 평가에 따라 임금을 차등하는 방식으로 도입되었다.

따라서 이 방식은 성과급의 차등방식에 따라 기업의 연봉제 도입에 따른 인건비의 부담을 줄일 수 있다. 즉, 성과급을 제로섬 방식(평가결과에 따라 S등급과 A등급은 성과급을 인상하고, C등급과 D등급은 성과급을 감소시켜 인건비 인상을 '0'으로 하는 차등방식)으로 운영할 경우 기업의 인건비 추가 부담은 없어지게 된다. 물론 물가상승 등을 고려한 일률적인 임금인상(base up)은 별개이다.

그림 13.1 성과급 차등 연봉제

| 임금구성 | | | 임금결정방식(예) |

평가등급	S등급	A등급	B등급	C등급	D등급
성과급 인상률	+30%	+20%	0%	−20%	−30%

반면 직원들의 입장에서 보면 이 방식은 임금에 대한 불안감을 제공하게 된다. 왜냐하면 직원들은 평가등급에 따라 임금이 감소할 가능성이 있기 때문이다. 예를 들어 2012년의 평가등급이 A등급이면 2013년 연봉이 다소 인상되겠지만 2012년 평가에서 C등급을 받으면 2013년의 연봉은 감소된다.

(2) 순수 연봉제

2000년대 초반에 일부 기업들은 미국식 연봉제를 벤치마킹한 순수 연봉제를 도입하였다. 순수 연봉제란 기존의 호봉제 내에 있는 여러 가지 다양한 급여항목을 하나의 기본연봉으로 통합하고 평가에 따라 연봉을 차등인상하는 임금제도를 의미한다. 또한 순수 연봉제를 도입한 기업 가운데 일부 기업은 직무분석과 직무평가를 기초로 연봉 자체에 직무급의 개념을 고려하였다.

순수 연봉제에서 연봉인상은 개인별 평가등급에 따라 매년 연봉인상률을 누적적으로 적용한다. 즉, 2012년의 기본연봉이 50,000,000원인 직원의 예를 들어보면 다음과 같다. 이 직원이 2012년 성과평가에서 S등급을 받은 경우 S등급에 해당하는 연봉인상률(예 : 7%)을 2012년 기본연봉에 곱하면 2013년 연봉이 결정되는 것이다 (50,000,000원×1.07=53,500,000원).

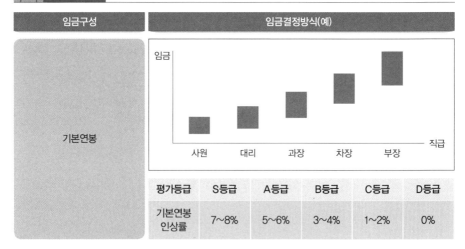

그림 13.2 순수 연봉제

임금구성	임금결정방식(예)

기본연봉

임금 / 직급
사원　대리　과장　차장　부장

평가등급	S등급	A등급	B등급	C등급	D등급
기본연봉 인상률	7~8%	5~6%	3~4%	1~2%	0%

순수 연봉제는 평가에서 하위 등급을 받더라도 연봉의 감소가 없는 경우가 일반적이다. 따라서 이 방식으로 연봉제를 도입하면 인건비 증가를 초래하게 된다.

그림 13.2와 같이 매년 연봉인상이 S등급 7~8%, A등급 5~6%, B등급 3~4%, C등급 1~2%, D등급 0%로 이루어진다고 가정하면 기업은 매년 전년도 총 인건비의 3~4%가 추가적으로 필요하게 된다. 반면 직원 측면에서 보면 임금의 하락은 없으므로 안정적인 임금제도라고 할 수 있다.

(3) '기본연봉+성과연봉' 차등 연봉제

우리나라 상당수의 기업들은 성과급 차등 연봉제나 순수 연봉제가 아니라 '기본연봉+성과연봉'을 차등하는 방식의 연봉제를 도입하고 있다. 이 유형의 연봉제를 혼합형 연봉제라고도 한다. 이 연봉제는 연봉을 기본연봉과 성과연봉(또는 업적연봉)으로 구성한다. 구체적으로 설명하면 다음과 같다. 기존의 월급과 상여금의 일부(예 : 상여금이 600%인 회사에서 상여금 300%)를 기본연봉으로 하고, 기본연봉에 포함하지 않은 나머지 상여금을 성과연봉으로 구성한다.

이를 기초로 하여 매년 평가등급에 따라 개인의 연봉을 차등인상한다. 연봉을 차등할 경우 기본연봉은 순수 연봉제와 같은 누적방식을 적용하고, 성과연봉은 성과

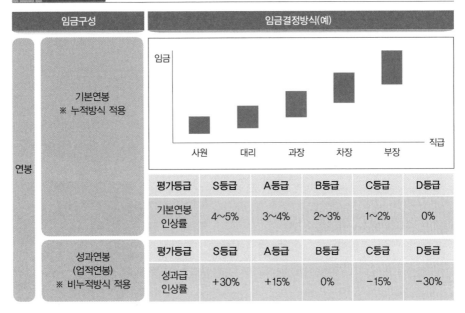

그림 13.3 '기본연봉＋성과연봉' 차등 연봉제(혼합형)

임금구성		임금결정방식(예)

연봉	기본연봉 ※ 누적방식 적용	

평가등급	S등급	A등급	B등급	C등급	D등급
기본연봉 인상률	4~5%	3~4%	2~3%	1~2%	0%

성과연봉 (업적연봉) ※ 비누적방식 적용					
평가등급	**S등급**	**A등급**	**B등급**	**C등급**	**D등급**
성과급 인상률	+30%	+15%	0%	-15%	-30%

급 차등 연봉제의 차등방식(주로 제로섬 방식)을 적용한다. 그래서 이 연봉제를 혼합형 연봉제라고 한다.

혼합형 연봉제는 연봉제의 도입으로 인한 과도한 인건비 부담을 완화시키고 직원들에게도 임금저하에 따른 불안감을 감소시킬 수 있는 특성이 있다. 즉, 기본연봉은 순수 연봉제처럼 누적적인 개념으로 인상하고 하위 평가등급에 대해서 연봉을 삭감하지 않는다. 또 순수 연봉제처럼 연봉인상률을 높게 하지 않으므로 기업에 과도한 인건비 부담을 주지도 않는다. 그러나 혼합형 연봉제는 순수 연봉제에 비하여 연봉항목과 연봉인상방법이 이원화되어 있어 다소 복잡하다는 것이 단점이다.

2. 연봉제의 도입방법 및 절차

1) 현재 임금제도의 현황 및 문제점 분석

(1) 1단계 : 임금항목과 의미분석

임금제도의 개선을 위하여 가장 먼저 해야 할 일은 현재의 임금항목과 임금항목별 속성을 파악하는 것이다. 즉, 현재 임금이 몇 개의 항목으로 구성되어 있으며, 각 항목은 어떤 '의미와 속성'을 가지고 있는가를 구체적으로 파악하여야 한다.

여기서 '임금항목의 의미와 속성'이란 각 항목이 어떤 의미의 항목이며 어떻게 결정되고 또 인상되는가에 대한 내용을 파악하는 것을 말한다. 예를 들어 한 기업의 임금항목이 기본급, 직급수당, 직책수당, 가족수당, 근속수당, 직무수당, 교통비, 식대 등으로 구성되어 있다면 각 항목별 임금의 비중과 결정기준을 정확히 파악하여야 한다.

임금제도의 개선방향이 성과주의 임금으로 전환이라면 개별 항목이 성과주의 임금으로서 적합한 성격인지를 구분하여야 한다. 성과주의 임금이란 임금이 성과에 연동하여 결정되는 것을 의미한다. 이런 관점에서 각 임금항목의 결정이 성과에 따라 결정되는지, 성과향상에 관계없이 매년 근속연수가 올라가면 자동적으로 인상

그림 13.4 A사의 임금항목 및 속성

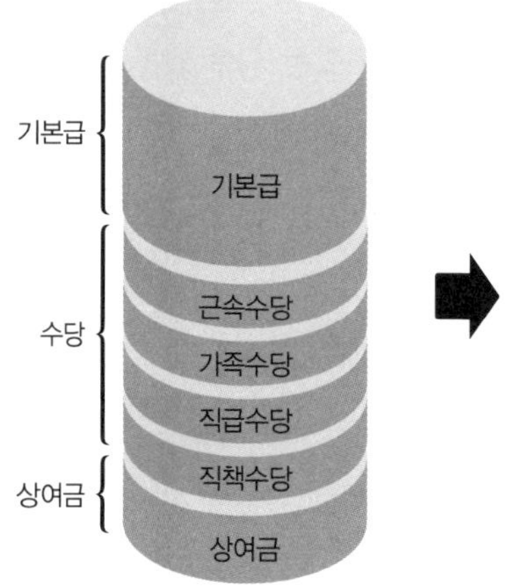

현재 임금제도의 분석 예시

- 현재 직군별(관리직, 기술직, 일반직)로 호봉제 급여보상 시스템을 운영 중에 있음
- 급여구성항목은 직군별로 단일호봉 형태의 기본급과 4개 수당 그리고 기본급 대비 500%로 지급되는 상여금으로 구성됨
- 수당항목은 근속수당, 가족수당, 직급수당, 직책수당으로 구성되어 있으며, 직책수당은 부서장 10만 원, 팀장(영업소장) 7만 원씩 지급됨
  → 근속수당과 가족수당은 성과와 관련이 없이 근속연수와 가족 수에 따라 결정됨

되는지, 아니면 가족 수의 증가나 기타 성과 이외의 요인에 따라 임금이 결정되는 지를 파악해야 한다.

따라서 임금개선의 핵심은 성과와 관련 없는 항목을 폐지·통합하고 성과에 따라 임금이 결정되도록 하여야 한다.

(2) 2단계 : 임금분포도 분석

2단계에서는 현재 직원들의 임금수준과 직급별 임금현황을 도식화하여야 한다. 그림 13.5와 같은 도표를 통하여 현재의 직급별 임금수준과 직급 내의 임금의 분포를 이해하도록 한다. 이때 임금은 전체 항목을 다 포함시키거나 직책수당 등 직급에 연계되지 않은 항목을 제외할 수도 있다.

이 도표를 기준으로 직급 내 연봉상한과 연봉하한의 범위를 계산할 수 있으며, 인접한 상하 직급 간의 임금중복 여부를 파악하는 것도 가능할 것이다.

(3) 3단계 : 직급 간 임금수준의 비교

3단계에서는 직급별 임금수준의 적정성 여부를 평가하여야 한다. 직급별 임금인상이 일정하게 인상되도록 설계되어 있는가? 아니면 직급별 인상률이나 인상폭이 서

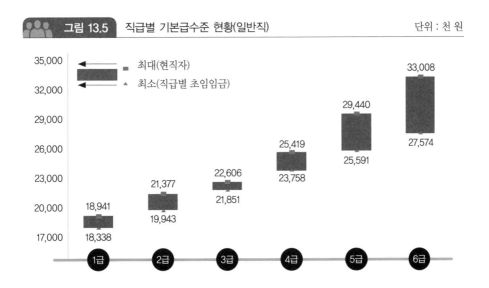

그림 13.5 직급별 기본급수준 현황(일반직)　　　　단위 : 천 원

최대(현직자)
최소(직급별 초임임금)

구분	1급	2급	3급	4급	5급	6급
최대	18,941	21,377	22,606	25,419	29,440	33,008
최소	18,338	19,943	21,851	23,758	25,591	27,574

로 상이한가?

만약 일부 직급으로 승진할 시 임금인상이 다른 직급으로 승진할 때의 임금인상보다 상대적으로 적다면 승진으로 인한 동기부여가 떨어질 것이다. 그러므로 가능한 한 승진에 따른 인상률이나 인상액은 일정하게 설계하는 것이 좋다.

(4) 4단계 : 호봉의 증가에 따른 임금의 자동인상분

호봉제는 매년 일정 호봉이 증가할 때 이에 따라 월 기본급(또는 본봉)이 인상되며 이는 다른 수당과 상여금의 인상으로 연계되도록 설계되어 있다. 임금의 자동인상을 계산할 때에는 임금항목 중 기본급이나 본봉의 인상과 이에 연계되어 있는 각종 수당항목에 대한 증가분도 포함되어야 한다.

매년 호봉상승에 따른 임금의 자동인상분은 기업에 따라 다르지만 통상 1~2% 정도이다. 또 보통 상위 직급보다 하위 직급의 임금 자동인상률이 높게 나타나고 있다.

2) 벤치마킹과 임금제도의 개선방향 검토

벤치마킹은 다음의 두 가지 효과나 목적으로 시행한다. 첫째, 임금구성항목의 통합 및 재설계, 임금 차등폭의 설계, 적용 대상의 결정 등에 대한 기준을 제공할 수 있다. 둘째, 직원들을 효과적으로 설득할 수 있는 자료로 활용할 수 있다.

위의 두 가지 목적을 위하여 경쟁기업이나 선진기업의 연봉제 도입과정을 벤치마킹하는 것이 필요하다.

구체적인 벤치마킹 내용은 다음과 같다.

- 기존의 임금제도 및 임금항목
- 신임금제도 및 임금항목(연봉제 및 연봉 포함항목)
- 연봉 적용대상 직급(전 직원인가? 일부 상위 직급인가?)
- 연봉 차등폭(평가등급 간 연봉인상률)
- 도입 후 직원들의 반응과 행동의 변화 등

3) 임금제도의 재설계 절차

임금제도에 대한 현황분석과 문제점 도출, 그리고 벤치마킹 등을 통하여 연봉제의 설계방향이 결정되면 구체적으로 직급별 임금범위를 설정하고, 직급 또는 직무등급 내에서 임금수준을 구분하고 성과평가와 임금범위 내에서 임금의 위치를 고려하여 연봉인상률을 결정한다.

(1) 직급별 임금범위의 설계

연봉제에서는 직급 또는 직무등급별로 연봉의 하한과 상한을 결정하여 이를 임금 관리기준으로 삼아야 한다. 보통의 경우 직원들의 연봉은 해당 직급 연봉의 하한과 상한 사이에 있게 된다. 통상 특정 직급의 연봉상한은 하한의 20~50% 범위 내에서 결정된다. 연봉 차등이 적은 기업의 상한은 하한의 20~30%에서 결정되며 연봉 차등이 큰 기업은 각 직급의 연봉상한이 하한의 30~50%에서 결정될 수도 있다. 연봉 상한과 하한의 차이를 범위(range)라고 한다.

$$범위(\%) = [(연봉상한 - 연봉하한) / 연봉하한] * 100$$

또 연봉제에서는 상위 직급과 하위 직급의 임금등급이 중복되는 부분이 발생한다. 이를 중복(overlap)이라 한다. 성과에 따른 연봉인상의 차등이 큰 회사의 직급

그림 13.6 직급(또는 직무등급)별 임금수준의 설계

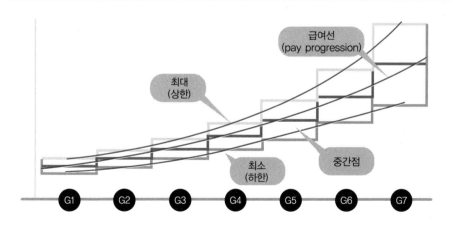

및 직무등급별 임금등급은 중복이 발생하고 또 임금등급의 범위가 커지게 된다.

중복(%)=[(하위 직급의 연봉상한−상위 직급의 연봉하한)/(하위 직급 상한−하위

직급 하한)] * 100

(2) 직급 또는 직무등급 내에서 임금수준의 구분

특정 직급 또는 직무등급 내에서도 임금수준이 높은 직원과 임금수준이 낮은 직원이 있다. 임금이 낮은 위치에 있는 직원은 신입사원이거나 이제 막 승진한 직원이다. 임금이 높은 위치에 있는 직원은 해당 직급에서 어느 정도 근무경험이 있는 직원일 것이다. 회사는 이 두 직원에 대해서 서로 다른 기대를 할 것이다. 즉, 임금이 낮은 위치에 있는 직원은 열심히 노력을 하더라도 아직 경험이 부족하고 능력이 다소 미흡하여 높은 성과를 얻을 수 없을 것이다. 반면 높은 임금을 받고 있는 직원은 해당 직급에서 필요한 교육을 이수하고 또 해당 직급에서 근무경험을 가지고 있으므로 상당한 정도의 성과를 창출하여야 할 것이다.

그림 13.7　등급 내에서 임금수준의 구분

최대

상위 1/3	• 범위의 상위 1/3 범위 • 지속적으로 우수한 역량 및 성과를 발휘하는 직원을 위한 보상범위 • 경영상의 필요에 의해 특별 경력직원을 관리, 채용할 때 제공될 수 있는 보상범위 • 동일 직무등급에서 장기간 체류한 직원의 보상범위
상위 1/3 중간값	• 범위의 중위 1/3 범위 • 해당 직무등급에서 요구하는 업무 지식 및 역량을 갖춘 후 보통 또는 우수한 역량 및 성과를 발휘하는 대다수의 직원들을 보상하기 위한 범위 • 회사의 대외 임금경쟁력을 유지하기 위해 비교기준이 되는 범위
하위 1/3	• 범위의 하위 1/3 범위 • 신입직원 또는 해당 직무등급에 새로 승진하여 직무에서 요구되는 최소한의 자질을 갖춘 직원에게 제공되는 보상범위 • 해당 직무등급에서 요구하는 업무 지식 및 역량을 학습 중인 직원 또는 성과의 개선이 요구되는 직원에게 제공되는 범위

최소

그림 13.8 직급별 임금등급 내에서 임금수준의 구분　　　　단위 : 천 원

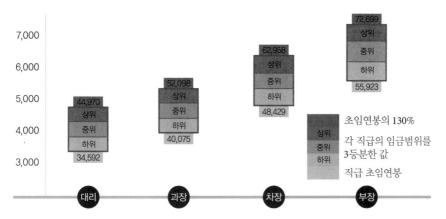

따라서 특정 임금등급 또는 직급에서 임금의 위치에 따라 인상률을 다르게 적용하는 것이 공정한 인상기준이 될 것이다. 임금위치가 상위에 있는 직원은 임금위치가 하위에 있는 직원보다 더 높은 성과향상을 달성해야 한다. 만약 두 직원이 동일한 성과평가를 받았다고 한다면 임금 하위자는 상위자보다 상대적으로 높은 임금인상률을 적용하는 것이 타당하다.

(3) 연봉인상률의 결정

개인의 연봉인상률은 성과평가와 직급 내 임금위치에 따라 결정되어야 한다. 그림 13.9에서 임금위치 상위자는 기본적으로 S등급이나 A등급을, 임금위치 중위자는 A등급이나 B등급을, 그리고 임금위치 하위자는 B등급이나 C등급을 기본등급으로 하고 있으며, 그보다 좋은 등급을 받을 경우에는 상대적으로 높은 인상률을 적용받는다. 그러나 그보다 낮은 등급을 받을 경우에는 상대적으로 낮은 인상률을 적용받는다.

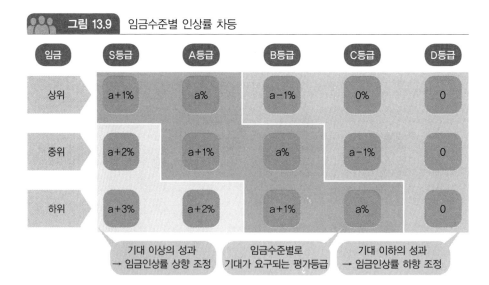

그림 13.9 　임금수준별 인상률 차등

임금피크제

- 임금피크제의 의의 및 도입배경을 학습한다.
- 임금피크제의 세 가지 모델을 학습한다.
- 임금피크제의 유형 및 특성을 학습한다.
- 국내에서 임금피크제를 도입한 기업의 사례를 학습한다.
- 임금피크제의 도입절차 및 설계방향을 학습한다.

CHAPTER14

개 요

임금피크제도란 조직 구성원들의 고용보장을 실현하고자 노사 간 합의를 통해 일정연령을 기준으로 임금을 조정하고 소정기간 동안 고용을 보장하는 제도이다. 이 제도는 근로자, 사용자(기업), 정부 측면에서 효과를 가져온다.

근로자 입장에서는 고용이 안정되고 해고를 회피할 수 있어 근로의욕이 고취되며 신분을 유지할 수 있어 노후생활의 안정 및 삶의 질이 향상된다. 사용자(기업) 측면에서는 생산성이 향상되고 조직의 경쟁력을 강화할 수 있으며, 인건비 절감을 통한 양질의 인력 및 신규인력의 확보가 가능하다. 또한 해고 등 노사갈등을 회피할 수 있으며 능력지향적인 인사 운영의 실현이 가능하다.

정부 측면에서는 고령화 문제해결을 통해 실업문제가 해소되고, 고용이 창출되어 사회보장비용의 부담이 완화된다는 점에서 효과적이다.

1. 임금피크제의 도입배경

국내외의 사회 및 경제환경이 변화함에 따라 기업의 경영효율화 방안 중 하나로서 임금피크제(salary peak system)가 대두되기 시작하였다.

1) 사회고령화의 진전

출산율의 감소와 수명연장에 의한 사회고령화 추세는 기업의 인건비 부담을 가중시켰다. 기업 내에 50세 이상의 비율이 1982년 4.4%, 1992년 10.4%, 2002년에는 13.2%로 지속적으로 증가하였다(노동부 통계자료).

2) 세계화로 인한 경쟁심화

세계화로 인한 기업 간, 국가 간 경쟁이 심화되는 추세로 인한 무한경쟁체제로의 돌입으로 기업은 생존을 위한 경영혁신과 인적자원개발의 압력을 받고 있다.

3) 일자리 없는 성장

일자리가 늘지 않은 저성장 시대의 돌입은 경제성장률을 둔화시키고, 지식집약적인 산업의 확대에 따른 고용흡수력의 저하로 '일자리 없는 성장(jobless growth)'이 지속되고 있다.

4) 경직된 임금체계

경직된 기업의 임금구조는 근로자의 고용불안 요인으로 작용하였다. 즉, 기업의 연공지향적인 임금체계로는 근로자의 고령화에 대한 유연한 대응이 어렵고, 이에 따라 인건비가 가중되고 있다.

5) 고용안정에 대한 욕구 증대

근로자들은 단기적인 임금인상보다 고용안정을 더 선호한다. 이러한 근로자들의 고용안정에 대한 인식이 급여인상보다 더 강한 동기부여 효과를 지니고 있다.

임금피크제는 앞에서 제시된 사회 및 경제환경의 변화와 연공주의 임금제도를 전제로 하고 있다. 즉, 연공에 따라 계속 상승하는 임금체계에서 일정시점의 임금을 정점으로 하여 이후 감액을 적용하는 것이다. 또한 성과주의 인사정책의 추진과정에서 임금피크제는 병립할 수도 있다. 임금피크제가 성과주의 임금체계와 상시적 인력조정이 완벽히 정착될 경우에는 원칙적으로 무용지물이 될 수밖에 없다. 따라서 성과관리시스템의 완벽한 정착이 어렵거나 과도기라는 가정하에서 보완적으로 임금피크제를 제한적으로 병행하는 방안도 검토해야 할 것이다.

2. 임금피크제 모델

임금피크제는 정년보장형 임금피크제와 고용연장형 임금피크제로 나눌 수 있다. 이 중 고용연장형 임금피크제는 정년연장형과 고용연장형으로 세분화된다.

첫째, 정년보장형 모델은 단체협약, 취업규칙으로 정한 정년연령을 보장하는 것을 전제로 정년 전 일정연령부터 임금을 조정하는 것을 말한다.

둘째, 고용연장형 임금피크제 중 정년연장형 모델은 정년을 연장하는 대신 정년연장 기간만큼 정년 전의 임금을 조정한다. 예를 들어 정년을 3년 연장하면 3년 전부터 임금을 조정한다.

셋째, 고용연장형 임금피크제의 두 번째 모델인 고용연장형은 정년에서 일단 퇴직하여 퇴직금을 수령한 다음 재고용하는 형태로서 계약직, 촉탁 등으로 재입사하는 경우를 말한다.

임금피크제의 도입과 관련한 설문조사 결과에 따르면 임금피크제의 효과 측면에서 가장 적절한 임금피크 유형은 정년보장형 모델이 40.0%(340명), 정년연장형 모델이 30.2%(257명), 고용연장형 모델이 29.8%(253명) 순으로 나타났다(2004년 12월에 직장인 850명을 대상으로 실시한 코리아리쿠르트의 설문조사 결과).

3. 임금피크제의 유형 및 특징

임금커브는 일정비율 혹은 정액으로 증가하던 임금곡선이 둔화, 수평, 하향으로

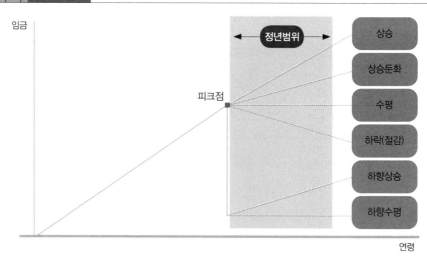

그림 14.1 임금커브 유형

꺾이는 현상을 의미하며 상승, 상승둔화, 수평, 하락(절감), 하향상승, 하향수평 방식이 있다.

1) 상승형

임금수준을 임금피크제의 도입 여부와 관계없이 상승시키는 유형이다. 임금삭감에 따른 근로자들의 불만을 억제할 수 있고, 근로자들의 선호도가 가장 높은 유형이다. 그러나 지속적인 임금상승으로 회사 측의 인건비 부담이 발생할 소지가 있다.

2) 상승둔화형

상승둔화형은 임금인상폭을 둔화시켜 운영하는 유형으로 정기승급분의 상승폭을 축소하고, 임금인상을 낮은 비율로 조정하는 형태이다. 이는 임금삭감의 미실시로 근로자들의 동기유발을 지속할 수 있다는 장점을 지니고 있으나, 임금삭감의 수준이 높지 않아 인건비 절감 효과는 크지 않다.

3) 수평형

임금피크제를 도입하는 특정연령에서 정년연령까지의 임금조건을 그대로 유지하는 유형이다. 임금상승의 억제로 회사 측의 인건비 절감 효과가 다소 발생할 수 있으나, 임금동결로 인해 근로자들의 근무의욕이 약화될 우려가 있다.

4) 하락(절감)형

임금피크제가 도입되는 연령에서 정년에 이를 때까지 서서히 임금을 감소시키는 유형이다. 지속적인 인건비 절감 효과를 기대할 수 있어 국내 기업이 대부분 채택하는 유형이기도 하다. 그러나 임금삭감으로 인한 근로자들의 충격발생 및 동기부여가 약화된다는 단점이 있다.

5) 하향상승형

하향상승형은 정년 전에 특정연령에서 정액 혹은 정률로 일단 감액한 후, 다음 정년까지 임금을 점진적으로 상승시키는 유형으로 인건비 절감의 효과를 기대할 수 있으며 퇴직 후 재고용 효과를 지닌다. 그러나 급격한 임금변화로 인해 해고 또는 조기퇴직으로 오해를 살 수도 있다.

6) 하향수평형

정년 전 특정연령에서 일정비율 또는 일정액이 하락된 후 임금수준이 그대로 유지되는 유형으로 인건비 절감 효과가 가장 크다. 그러나 근로자들의 수용성을 확보하는 데 문제가 제기되기도 하며, 해고 또는 조기퇴직의 대안으로 이용될 수 있다는 단점이 있다.

국내 기업들의 경우 대부분 '하락형'을 도입하여 운영하였으나 일부 기업(대한전선)의 경우는 피크점에 도달 시 일정비율이 삭감된 상태로 재입사하는 '하향수평형'을 채택하였다. 일본 기업들은 대개 '상승둔화형'과 '수평형'을 많이 활용하고 있는데, 이는 고령화가 생산성 하락에 큰 영향을 주지 않는 경우나 인력구조상 중장년층의 비중이 크지 않은 경우에 가장 적합한 형태이기 때문이다.

국내 기업의 임금피크제 도입(2000년 초반)

2003년 이후 공기업과 금융기관을 중심으로 국내 기업의 임금피크제 도입이 증가되는 추세에 있다. 대부분이 '정년보장형'(4개사)과 '정년연장형'(4개사) 모델을 채택하여 운영하고 있다. '고용연장형' 모델의 경우 대우조선해양㈜만이 시행 중이며 수자원공사는 근로자의 자유의사에 따른 선택형 임금피크제를 운영하고 있다.

일반적으로 금융권의 경우 대부분 사원 전체를 적용 대상으로 설정하고 있다. 고임금자(MBC, 대한전선 생산직) 혹은 직급별(수자원공사)로 적용 대상을 제한한 기업도 있다. 임금피크제를 도입한 기업들의 평균정년은 보통 57.5세이며 피크시기는 대부분 정년 3~4년 전이다.

임금을 조정하는 방식인 임금커브는 대개 피크시점부터 삭감하는 '하락형'이 지배적이며, '하향상승형' 및 '상승둔화형'도 시행되고 있다. 하락형을 채택한 기업들 간의 임금삭감 비율은 최대 70%, 최소 10%이며 평균적으로 63.7% 수준을 띠고 있다.

그 외 MBC는 피크시점부터 매년 기본급의 3%씩 삭감하는 방식을 실시하고 있다. 그 밖에 신용보증기금 등 일부 기업들은 임금피크제의 적용시점부터 대상자들에게 직군전환제를 실시하고 있으며, 산업은행 및 우리은행은 적용 대상자들에게 전직 지원제도를 실시하기도 한다.

그림 14.2 신용보증기금(2003년 7월) : 정년보장형

1 도입배경	• 조직의 성장 둔화 및 외환위기 이후 영업점의 축소에 따른 인사적체 현상의 심화 • 상위 직급 고령자들의 고용불안 심화에 따른 동기부여 저하 • 조직 내 명예퇴직에 대한 거부감 확산에 따른 대체안 도입의 필요성 증대
2 임금피크제 추진절차	• 2001, 2002년 : 강제적인 명예퇴직 실시 • 2002년 8월 : 명예퇴직의 대체제도 검토 • 2002년 11월 : 초안 마련(demotion & decrease) 및 직원의견 수렴 • 2003년 1월 : 수정안 마련(업무지원직 신설, 삭감액 절충 등) • 2003년 4월 : 수차례 협의를 통한 노사합의 도출 • 2003년 5월 : 임금피크제 시행 및 업무개발
3 임금피크제 모델과 특징	• 정년보장형 임금피크제도 실시 • 적용 대상자 : 전 사원(일반직군) • 임금피크제의 시행기준은 근로자의 '연령'에 따름(정년 3년 전) • 정년 만 58세, 피크연령 만 55세

4 **임금삭감** **방식**	• 만 55세부터 점진적으로 임금삭감(하락형 채택 실시) • 1차년도(55세) 75%, 2차년도(56세) 55%, 3차년도(57세) 35%, 평균 55% • 임금삭감에 따른 퇴직금의 삭감을 방지하기 위해 퇴직금 중간정산제도 실시

5
직군전환
방식
	• 임금 피크연령인 55세에 일반직 → 업무지원직(별정직원)으로 전환
	  −방법 : 매년 55세가 되는 일반직원을 대상으로 정기인사 전에 개인의 자유의사에
	  따라 명예퇴직 혹은 전직신청을 접수
	  −전환직무 : 채권수심, 소송수행, 컨설팅, 연수원 교수 직무
	  −전환기준 : 개인의 희망, 능력, 경력 등

6 **전직절차** **방식**	• 1단계(신청서 제출) : 매년 1월과 7월에 전직 또는 명예퇴직 신청서 제출 • 2단계(연봉계약 채결) : 대상자의 3개년 총 연봉을 설정 • 3단계(선 인사발령) : 1월과 7월 정기인사 시에 인사발령을 함 → 전직시점은 만 55 세 되는 달(月)의 말일

그림 14.3 대한전선(2003년 11월) : 정년보장형

1 **도입배경**	• 기업경쟁력의 강화를 실현 • 조직 내 중/고령 인력의 고용안정을 통한 동기부여 강화 • 인건비 절감 및 고령화 사회로의 전환에 따른 대응방안 필요
2 **임금피크제** **추진절차**	• 2003년 8월 : 노동조합의 제안으로 '노사협의 개시' • 2003년 9월 30일 : 노사합의 • 2003년 10월 : 노조원을 대상으로 '설명회' 개최 • 2003년 11월 : 임금피크제 도입
3 **임금피크제** **모델과 특징**	• 정년보장형 임금피크제도 실시 • 임금피크제의 시행기준이 '연령'이 아닌 근로자의 '임금'으로 설정 • 적용 대상자 : 피크임금(일급 31,000원/총 인건비 연간 4,000만 원)에 도달한 '생산 직 근로자'로 한정 • 정년 : 만 57세에 달하는 연말(이때까지 현재의 단체협약 및 취업규칙을 유지)

4
직무전환
및
임금조정
방식
	• 피크임금에 도달 시 퇴사 후 개별 계약직의 형태로 재입사
	• 임금조정방식
	  −재입사 후 10% 정도 삭감
	  −만 50세 이상은 정년(만 57세)까지 조정된 임금으로 동결
	  −만 50세 이하는 매년 노사협의에 의해 인상률을 결정

그림 14.4 대우조선해양㈜(2004년 2월) : 고용연장형

1 도입배경	• 인력구조의 고령화 진전에 따른 중장년 근로자의 고용불안 해소 • 임금·생산성과 연령을 연계한 임금제도의 개선 필요 • 성과주의 인사정책으로 우수 인재가 헌신적으로 일할 수 있는 근무풍토 조성 필요
2 임금피크제 추진절차	• 1단계 : 국내외 임금피크제도를 도입한 기업을 벤치마킹 • 2단계 : 6개월 이상 법률 측면, 운용 측면, 노사합의 등 사전준비를 실시 • 3단계 : 회사, 근로자 대표들 간에 수차례 논의를 실시 • 4단계 : 도입목적과 당위성에 대한 노사 간의 공감대 형성으로 임금피크제를 시행

3
임금피크제
모델과 특징
	• '고용연장형' 임금피크제 실시
	  − 피크연령에서 정년까지 협의된 삭감임금을 받고, 정년퇴직 후 3~5년간 재고용되
	    어 임금을 조정하는 방식
	• 임금피크제의 시행기준은 근로자의 '고용연장형'에 근거함
	• 적용 대상자 : '사무직', '기술직' 사원(생산직 제외)
	• 정년 만 57세, 피크연령 만 53세

4
임금삭감
방식
	• 상승둔화형(정년 전)과 하락형(정년 후)을 혼용
	  −상승둔화형 : 53~57세의 직원은 임금상승률과 성과급 지급률을 정규직원보다 낮
	    게 조정함
	  −하락(점감)형 : 정년퇴직 후 일률적으로 임금을 삭감

5
대상자
처우방식
	• 임금피크제의 대상자는 정년 전까지 정규직원과 동일한 근로조건 및 처우기준을
	  적용
	  −임금 및 승격 제외

6 도입 후 효과	• 조직 내 중장년층 인력에 대한 인건비 부담과 고용 부담을 동시에 해소 • 평소 성실하고 유능한 사원들에게 자긍심을 고취하여 정년 이후에 헌신적으로 직무 에 몰입할 수 있는 조직문화를 형성 • 급속한 조직 고령화에 대해 효율적으로 대응이 가능

그림 14.5 한국수자원공사(2004년 7월) : 선택형

1 도입배경	• 고령화 시대를 대비한 정년보장과 인건비의 효율적 배분방안을 마련해야 할 필요 • 조직성장 문화에 따른 인력운영의 활성화 시급 • 직급정체 등 인력순환의 어려움에 따른 직급과 세대 간의 갈등해소 필요
2 임금피크제 추진절차	• 1단계 : 노조 측의 임금피크제의 필요성에 대한 인식 및 도입 제안 • 2단계 : '노사공동제도개선특별위원회'를 구성하여 추진방안의 논의 및 제도 검토에 착수 • 3단계 : 해당자를 대상으로 공감대 형성을 위한 현장설명회 개최 • 4단계 : 찬반의견의 수렴 및 설문조사 실시 후 압도적인 찬성 • 5단계 : 노사 간에 임금피크제도의 시행을 전격 합의

3 임금피크제 모델과 특징	• '선택형' 임금피크제도 실시 　– 정년 전 명예퇴직 혹은 직군전환 중 하나를 선택하는 방식 　– 직군전환을 선택한 근로자는 생산성을 감안하여 임금을 연차별로 감액하여 지급 • 임금피크제의 시행기준은 대상자의 희망에 따른 '진로선택'에 근거함 • 적용 대상자 : 직급별 차등(1~2급 의무, 3급 선택 : 업무수행 능력평가 실시) • 정년 : 1급 만 58세, 2급 만 57세 • 피크연령 : 정년 3년 전(1급 만 55세, 2급 만 54세)
4 임금삭감 방식	• 2직군전환 선택자에 한하여 정년 3년 전부터 임금삭감(하락형 채택) 실시 • 1차년도 90%, 2차년도 80%, 3차년도 60%, 평균 76.7% • 임금삭감에 따른 퇴직금의 삭감을 방지하고자 전환 직전에 퇴직금 중간정산제를 실시(전환 후 매년 퇴직금을 중간정산)
5 직무전환 방식	• 직급별로 정년 3년 전에 직군전환을 선택한 자에 한하여 직무를 전환 　– 전환방법 및 기준 : 개별 근로자의 희망, 평가결과, 능력, 경력 등을 고려하여 차등 부여 　– 전환직무 : 총 19개 분야 150개 직무 　　• 외부위탁관리, 외주용역을 통해 관리하던 직무분야(예 : 외주용역업무, 조사, 설계 업무 등) 　　• 고령자의 경험을 활용할 수 있는 직무분야(예 : 수도진단, 시공관리, 연구원, 교수, 보상지원 등) • 직급별로 정년 1년 전에 해당 근로자를 대상으로 전직서비스(창업지원 등) 실시 　– 지원방법 : 외부 컨설팅 업체에 의뢰 　– 지원기준 : 대상자의 희망
6 도입 후 효과	• 근로자 측면 : 정년보장에 따른 고용, 생활안정 및 사회적 신분 유지가 가능함 • 회사 측면 : 인건비 절감, 인력구조조정 효과 및 인력순환의 촉진을 통한 조직활성화 　– 향후 5년간 신규일자리 창출 350개, 고용유지 123명, 인건비 절감 효과 60억 원 예상

사례 **공기업 임금피크제 정부 권고(안) 이후(2015년 7월 15일)**

정부는 2015년 7월 15일 '공기업 임금피크제 권고안'을 확정하여 9월까지 기관별 임금피크제 추진계획을 수립하도록 지침을 하달하였다.

 그림 14.6 권고안 세부 검토

---

1. 모든 공공기관은 전 직원을 대상으로 임금피크제를 도입

- 정년을 종전 60세 미만에서 60세로 연장하는 기관뿐만 아니라 현 정년이 60세 이상인 기관도 임금피크제를 도입해야 합니다.
- 직급별 정년이 상이하여 일부 직급만 정년을 연장하는 경우에도 전 직원을 대상으로 임금피크제를 도입해야 합니다. (일부 직급에만 임금피크제를 도입한 기관도 전 직원으로 적용대상을 확대)

---

2. 정년은 60세를 초과하여 연장할 수 없음

- 직급별로 정년을 달리 적용하는 기관도 직급별 정년 일치를 이유로 60세 미만 직급의 정년을 60세를 초과하여 연장할 수 없습니다.

---

3. 임금피크제 적용기관은 신규채용 규모를 설정해야 함

- 정년 연장기관 : 정년 연장으로 퇴직연장자 증가인원의 신규채용
- 기존 정년 60세 기관 : 정년 도래 1년 전 증가인원의 신규채용
- 매년 신규채용 목표달성 여부를 확인하여, 목표 초과달성 인원에 해당하는 인건비의 일정 부분은 총인건비 인상률 예외로 허용하고, 미달인원에 해당하는 인건비는 총인건비에서 차감해야 합니다.

표 14.1 주요 공기업 임금피크제 현황

기관명	정년	모델	대상	감액률		비고
LH	59세	정년보장형	전 직원	56세 90% 57세 70% 58세 70% 59세 70% 총감액률 100%	100 90 70 70 70 55 56 57 58 59세	권고안 반영 (신규채용 연계)
한국철도공사	60세/ 58세	정년보장형	전 직원	58세 90% 59세 70% 60세 70% 총감액률 70%	100 90 70 70 57 58 59 60세	58세 정년 시 감액률 : 95%, 95%, 90% 총감액률 20% 권고안 반영 (신규채용 연계)

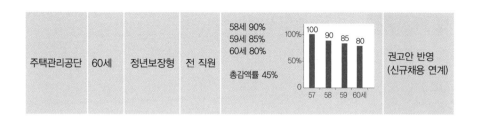

| 주택관리공단 | 60세 | 정년보장형 | 전 직원 | 58세 90%
59세 85%
60세 80%

총감액률 45% | | 권고안 반영
(신규채용 연계) |

2016년부터 정년이 60세로 연장됨에 따라 각 기업의 입장에서 임금피크제 도입의 필요성 부각되었다. 동시에 정부가 앞장서서 공기업 임금피크제를 2015년 9월까지 도입하는 정책에 따라 은행을 비롯한 국내 대기업들이 임금피크제를 도입하였다.

표 14.2 금융기관 정년연장법 통과 이후 임금피크제 도입내용

금융기관명	변경 정년	모델	대상	지급률(%)						비고
				55세	56세	57세	58세	59세	60세	
우리은행	60세	정년연장형	전직원	70	60	40	40	30	정년	총 지급률 240%
하나은행	60세	정년연장형	전직원	70	60	40	40	40	정년	총 지급률 250%
국민은행	60세	정년연장형	전직원	50	50	50	50	50	정년	총 지급률 250%
산업은행	60세	정년연장형	전직원	90	75	50	40	35	정년	총 지급률 290%
기업은행	60세	정년연장형	전직원	90	60	40	40	30	정년	총 지급률 260%
광주은행	60세	정년연장형	전직원	70	60	40	40	30	정년	총 지급률 240%
전북은행	60세	정년연장형	전직원	70	60	40	40	30	정년	총 지급률 240%
경남은행	60세	정년연장형	전직원	70	60	40	40	30	정년	총 지급률 240%
은행연합회	60세	정년연장형	전직원	70	60	40	40	30	정년	총 지급률 240%
우리 FIS	60세	정년연장형	전직원	70	60	40	40	30	정년	총 지급률 240%
수출입은행	60세	정년연장형	전직원		90	70	30	10	정년	총 지급률 200%
주택금융공사	60세	정년연장형	전직원		70	60	30	30	정년	총 지급률 190%
기술보증기금	60세	정년연장형	전직원		75	65	60	50	정년	총 지급률 250%

기업명	기존 정년	변경 정년	모델	대상	감률(%)	비고
SK텔레콤	58세	60세	정년연장형	전 직원	1년 10%, 2년 19%	2년/총 29% 감액
삼성전자	55세	60세	정년연장형	전 직원	1년 10%, 2년 19%, 3년 27.1%, 4년 34.4%, 5년 41%	5년/총 131.5% 감액
삼성증권	55세	60세	정년연장형	전 직원	1년 10%, 2년 19%, 3년 27.1%, 4년 34.4%, 5년 41%	5년/총 131.5% 감액
한국타이어	57세	60세	정년연장형	전 직원	A형 : 55~57세 동결/1년 5%, 2년 10%, 3년 15% B형 : 1년 10%, 2년 20%, 3년 30%	A형 : 3년/30% B형 : 3년/60%
두산중공업	56세	60세	정년연장형	전 직원	1년 15%, 2년 15%, 3년 30%, 4년 30%	4년/총 90% 감액
KT&G	58세	60세	정년연장형	전 직원	1년 20%, 2년 20%	2년/총 40% 감액
린나이코리아	55세	60세	정년연장형	전 직원	1년 10%, 2년 15%, 3년 20%, 4년 25%, 5년 25%	5년/총 95%
금호석유화학	56세	60세	정년연장형	전 직원	1년 85%	1년/85%

표 14.3 국내 주요 대기업 임금피크제 도입현황

4. 임금피크제의 도입절차 및 설계방향

도입회사에 대한 전반적인 이해를 비롯해 임금피크제의 도입을 검토하고, 도입배경과 목적을 명확히 이해함으로써 인사적체의 해소를 기본으로 한 지속적인 경영혁신을 추진하는 방향을 설정하는 것이 중요하다. 우선적으로 임금피크제를 추진하는 목적으로는 고령화로 인한 조직 내부의 변화와 혁신적인 사고의 부족, 인사적체에 대한 대응방안 마련의 필요성, 인건비 절감을 통한 신규 인적자원의 투자재원 확보의 필요성이 있다. 이러한 추진목적을 바탕으로 정년, 직급별 연령분포 등 인사환경을 검토하고, 인사적체에 따른 문제해결을 위한 임금피크제를 설계하여야 하며, 임금관리의 효율적인 방안을 마련하는 것이 필요하다.

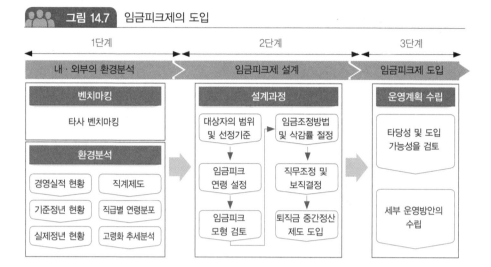

그림 14.7 임금피크제의 도입

1단계	2단계	3단계
내·외부의 환경분석	임금피크제 설계	임금피크제 도입

벤치마킹

타사 벤치마킹

환경분석

경영실적 현황	직계제도
기준정년 현황	직급별 연령분포
실제정년 현황	고령화 추세분석

설계과정

대상자의 범위 및 선정기준 → 임금조정방법 및 삭감률 절정

임금피크 연령 설정 → 직무조정 및 보직결정

임금피크 모형 검토 → 퇴직금 중간정산 제도 도입

운영계획 수립

타당성 및 도입 가능성을 검토

세부 운영방안의 수립

5. 임금피크제의 실행방안

1) 도입 시 사전 준비사항

임금피크제의 효과적인 도입을 위한 사전 검토를 위해 충분한 노사합의, 투명경영의 실천, 목표설정의 명확화, 퇴직금 중간정산제도의 활용이 필요하다.

우선 노사 간의 합의를 도출하기 위해서는 임금감소에 따른 근로조건 및 사기저하를 방지하기 위한 노사 간의 충분한 합의를 통해 구성원들의 공감대를 형성하는 것이 중요하다. 이때 합의할 사항으로는 적용기준(대상자 범위, 피크연령 등), 임금조정방식(임금커브, 삭감률), 직무조정 및 신분전환, 퇴직금 중간정산제의 활용 등이 있다.

또한 임금피크제가 기업경영의 어려움을 극복하기 위한 대안으로 검토됨에 따라 회사 측은 투명경영의 실천을 위해 정기적으로 경영상태를 공개하여 직원들의 인식을 전환하는 데 노력해야 한다. 명확한 목표설정을 위해서는 노사 간에 임금피크제의 도입목적과 비전에 대한 공유가 반드시 선행되어야 하며, 임금조정을 통해 고령 근로자의 고용보장을 실현하고 인사적체의 해소 및 신규인력 채용이 실행되어야 할 것이다.

질의

우리은행은 근로조건에 대하여는 비조합원을 포함한 전 종업원이 노사합의에 의한 단체협약을 적용하고 있고, 조합원과 비조합원의 보수체계도 단일호봉제로 되어있음

최근 우리은행에서는 근로자의 과반수 이상으로 조직된 노동조합과 합의하여 단체협약 및 보수규정을 개정하면서 일정연령 또는 일정직위에 도달하면서 현업에 종사하지 않게 된 정년예정 발령자에 대하여는 직위(직책)수당을 폐지하고, 상여금도 연차적으로 삭감하도록 개정하였음

질의 1

조합원과 비조합원에게 공통적으로 적용되는 취업규칙(보수규정)의 개정 시 일정연령(또는 특정직위)에 도달하는 자에 대하여는 불이익하게 변경하는 경우, 불이익 변경에 따른 동의 또는 의견 청취의 범위는 근로자의 과반수 이상으로 조직된 노동조합의 동의로 충분한지 아니면 불이익 변경의 당사자집단(조합원이 일정직위에 도달 시 비조합원이 됨)의 과반수의 동의와 노조의 의견청취가 필요한지

질의 2

일정연령이 경과한 직원이 인사발령에 의한(지점장 → 정년예정 교수) 직위변동으로 정상업무 수행을 하지 않게 된 경우, 직위수당이나 상여금 등을 차등 적용토록 취업규칙을 개정하고 불이익 변경절차를 이행하였을 경우 근로조건의 저하에 해당하는지

회시

취업규칙의 변경에 관하여는 근로기준법 제97조에 의하여 당해 사업 또는 사업장에 근로자의 과반수로 조직된 노동조합이 있으면 그 노동조합, 과반수 노조가 없는 경우에는 근로자 과반수의 의견을 들어야 하고, 불이익하게 변경하는 경우에는 그 동의를 얻어야 함

이 질의 내용과 같이 근로자의 과반수 이상으로 조직된 노동조합이 있는 경우

- 조합원과 비조합원에게 공통적으로 적용되는 부수규정(취업규칙)을 개정하여 모든 근로자가 일정연령(또는 특정직위)에 도달하면 임금이 삭감되도록 불이익하게 변경하는 경우라면 변경시점에서 일정연령(또는 특정직위)에 도달한 근로자뿐만 아니라 전체 근로자에게 적용되는 것으로 보아야 하며, 따라서 그 취업규칙의 불이익 변경을 위해서는 전체 근로자의 과반수로 조직된 노동조합의 동의를 받아야 할 것으로 사료됨

- 한편 일정연령이 경과한 직원이 인사발령에 의한 직위변동으로 인하여 정상업무 수행을 하지 않는 경우에 직위수당, 상여금 등을 차등 적용토록 취업규칙을 불이익 변경한다 하더라도 근로기준법 제97조의 불이익 변경 절차를 이행한 경우라면 근로기준법 위반으로 볼 수는 없다고 사료됨(근기 68207-890, 2003. 7. 16)

마지막으로 임금조정에 따른 임금저하가 퇴직금의 감소와 직결되므로 사전에 퇴직금 중간정산제를 시행하고 임금피크제의 수용성을 제고시켜야 한다. 이러한 사전 준비사항을 철저히 검토한다면 성공적인 임금피크제의 도입 및 운영이 가능할 것이다.

2) 노동조합의 동의 및 취업규칙의 변경

임금피크제를 도입하기 전에 노동조합의 사전동의하에 취업규칙의 변경이 선행되어야 한다. 특히 임금피크제 대상자가 비노동조합원일 경우에도 동일하게 적용된다.

임금피크제 도입이 기존의 근로조건에 비해 근로자에게 유리한 경우, 임금피크제를 도입하기 위해 취업규칙을 변경하려면 당해 사업(장)에 근로자가 과반수로 조직된 노동조합이 있는 경우에는 그 노동조합, 없는 경우에는 근로자의 과반수의 의견을 들어야 한다.

또한 임금피크제가 기존의 근로조건에 비해 근로자에게 불리한 경우, 일부 근로자에게만 적용되더라도 당해 사업(장)에 근로자의 과반수로 조직된 노동조합이 있는 경우에는 그 노동조합, 없는 경우에는 근로자의 과반수의 동의를 얻어야 한다(근로기준법 제97조 제1항).

취업규칙의 불이익 변경과 관련한 법적 근거
취업규칙을 개정하여 모든 근로자가 일정연령에 도달하면 임금이 삭감되도록 불이익하게 변경하는 경우라면, 변경시점에서 일정연령에 도달한 근로자뿐 아니라 전체 근로자에게 적용되는 것으로 보아야 하므로, 취업규칙의 불이익 변경을 위한 전체 근로자의 과반수로 조직된 노동조합의 동의를 받아야 한다(노동부 근기 68207-890, 2003. 7. 16).

3) 임금피크제의 활성화 방안

임금피크제의 도입 · 확산을 위한 인사 부문, 노조 및 조직 구성원의 각 대상별 세부 실천방안은 다음과 같다.

(1) 인사 부문

지식 및 업무 노하우를 갖춘 고령자의 중요가치를 인식하고 명확한 고령인력의 고용방침(정년보장 등)을 제시해야 한다. 또한 고령자의 고용촉진을 저해하지 않는 성과주의 인사전략 및 보상제도를 운용해야 하며, 임금피크 대상자에게 명확한 경력관리 방향을 제시하고, 지속적인 직무개발 및 동기부여 방안을 마련해야 한다.

(2) 노동조합

노동조합은 생산성 향상에 적극적으로 협조하도록 태도를 개선해야 하며 인사 부문과의 지속적인 커뮤니케이션 구조를 확립하는 것이 중요하다. 이와 더불어 정년보장과 임금조정의 필요성 및 납득성에 대한 홍보활동을 강화해야 하며, 동시에 임금투쟁을 위한 소모적인 노조활동은 제한해야 한다.

그림 14.8 임금피크제의 도입

인사 부문	• 지식 및 업무 노하우를 갖춘 고령자의 중요가치를 인식 • 고령인력에 대한 고용방침을 제시(정년보장 등) • 고령자의 고용촉진을 저해하지 않는 성과주의 인사전략 및 보상제도의 운용 • 임금피크 대상자에게 명확한 경력관리 방향을 제시, 지속적인 직무개발 및 동기부여 방안을 마련
노동조합	• 생산성 향상에 적극적인 협조 및 태도 개선 • 인사 부문과의 지속적인 커뮤니케이션 구조를 확립 • 정년보장과 임금조정의 필요성 및 납득성에 대한 홍보활동 강화 • 임금투쟁을 위한 소모적인 노조활동 제한
조직 구성원	• 구성원의 고용촉진을 가능케 하는 '자기계발'에 전력 • 고용위기 시 임금을 양보할 수 있는 의식전환 • 급변하는 경영환경에 능동적으로 대처할 수 있는 변화관리 역량을 충전

인사적체의 해소
인건비 절감
조직활성화

(3) 조직 구성원

구성원은 고용촉진을 가능케 하는 '자기계발'에 전력을 다해야 하며, 고용위기 시 임금을 양보할 수 있는 의식의 전환이 필요하다. 또한 급변하는 경영환경에 능동적으로 대처할 수 있는 변화관리 역량을 충전해야 한다.

위와 같이 세 가지 부문의 실천을 바탕으로 임금피크제를 도입·운영한다면 인사적체의 해소 및 인건비 절감, 조직의 활성화가 가능할 것이다.

15

인센티브와 선택형 복리후생 제도

CHAPTER15
학습목표

- 인센티브 제도의 의의 및 기원을 이해한다.
- 인센티브 제도의 유형을 이해한다.
- 이윤분배 인센티브의 산정 및 지급기준을 학습한다.
- 영업 인센티브의 유형과 사례를 학습한다.
- 선택형 복리후생 제도의 유형을 학습한다.
- 선택형 복리후생 제도의 도입 사례를 학습한다.

CHAPTER15
개 요

근로자들은 근로를 제공한 대가로 임금을 받는다. 임금은 금전적 보상을 말하며 기본급여와 인센티브로 구성된다. 기본급여는 근로계약 시점이나 매년 초에 확정된다. 반면 인센티브는 개인이나 집단의 성과, 회사의 성과에 따라 지급수준이 결정된다. 특히 영업을 하는 직원은 영업성과의 계산기준이 개인이면 개인성과급, 집단이면 집단성과급의 적용을 받도록 해야 한다. 자동차 영업사원이나 증권회사 지점의 영업사원들은 자동차 판매량이나 위탁매매금액에 따라 성과급 또는 인센티브를 받는다.

  회사의 경영성과가 높거나 목표를 초과한 경우 회사의 이익 중 일부를 직원들에게 지급하는데 이를 이윤분배 인센티브 제도(profit sharing)라 한다.

1. 인센티브 제도

1) 인센티브 제도의 의의 및 기원

인센티브 제도는 임금의 또 다른 형태로 최근 들어 그 중요성이 증가하고 있다. 경영자들은 근로자들의 참여를 이끌어내어 경영목표를 달성하고자 하는 반면 근로자들은 소속된 회사가 그들의 노력으로 창출된 이익의 일정 부분을 분배해줄 것을 기대할 것이다. 결국 인센티브 제도는 경영자와 근로자의 상호 간의 기대를 실현시킬 수 있는 제도이다.

인센티브 제도의 기원은 1930년대 미국 대공황 때이다. 많은 기업들이 경영상 어려움을 겪고 있을 무렵 일부 기업들은 근로자와 협력하여 생산성을 향상시키고 이익을 창출한 경우에 창출된 이익의 일부를 근로자에게 제공했다. 이는 크게 두 가지 형태였는데 하나는 근로자의 생산성 향상과 품질개선을 강조하는 생산이윤분배(gain sharing)이고, 다른 하나는 조직의 이익 가운데 일부를 근로자들에게 배분하는 이윤분배(profit sharing)였다. 전자를 스캔런플랜(Scanlon plan)이라 하고 후자를 러커플랜(Rucker plan)이라 한다.

(1) 스캔런플랜

스캔런플랜은 1930년대 후반에 스캔런에 의해서 종업원들의 경영참가를 위한 일환으로 개발되었다. 스캔런플랜은 개인 및 팀의 원가절감 아이디어를 창출, 운영하는 것을 목적으로 노사 쌍방이 대표자로 구성되는 생산위원회와 심사위원을 중심으로 운영된다.

종업원들의 생산과 품질개선을 위한 제안시스템을 가동하며, 회사의 예산수립 시 종업원들을 참여토록 한다. 종업원들에 대한 보상은 제안시스템을 통해 달성한 생산성 및 품질향상으로 획득한 원가절감을 기준으로 실시한다.

(2) 러커플랜

1932년에 러커에 의해 개발된 것으로 조직이 창출한 부가가치 생산성을 종업원의 인건비를 기준으로 배분하는 제도이다. 다시 말해 조직에는 규정된 인건비와 그에 따른 생산성이 있는데 규정된 인건비에 비해 더 많은 부가가치를 창출할 경우 초과된 부가가치를 조직과 종업원이 나누어 갖는 것이다.

2) 인센티브 제도의 구분

인센티브 제도에는 영업직원들에게 영업성과에 대한 차등 보상으로 지급하는 인센티브(영업 인센티브)와 회사의 경영성과가 초과하거나 초과 이윤이 발생하였을 때 지급하는 이윤분배 인센티브(또는 경영성과 인센티브)가 있다.

영업 인센티브는 인센티브의 계산단위가 개인이냐 집단이냐에 따라 개인 인센티브와 집단 인센티브로 구분하며, 또 인센티브가 영업직원에게 추가하여 지급되는지, 아니면 일부 고정급을 줄이고 성과에 따라 차등 지급하는지에 따라 추가지급(add-on) 방식의 인센티브와 고정급 감소 성과차등(pay at risk) 방식의 인센티브로 나뉜다.

일반적으로 영업직원은 일반 사무직과 달리 외부활동이 많다. 따라서 이들은 사무실에 앉아 일하는 일반직과는 다른 통제 및 관리방식을 적용받는다. 일반직은 상사가 직접 눈으로 보고 관리한다. 반면 영업직원은 상사가 없는 현장에서 일을 하고, 또 상사가 직원들의 영업현장을 쫓아다닐 수도 없다. 따라서 영업직은 성과로 평가하고, 이에 따른 차등 인센티브를 적용받는다.

표 15.1 영업직과 일반직의 조직관리 및 평가/보상의 비교

구분	일반직(사무/관리직)	영업직
통제/조직관리방식	직접통제	성과통제
평가	역량+성과	성과중심
보상	고정급 중심	고정급+성과 인센티브

3) 영업직의 성과 인센티브의 사례

(1) 개인별 성과 인센티브 제도

L 음료회사는 영업직원에 대해 개인별 성과 인센티브 제도를 도입하고 있다. 고정급으로 지급되는 기본연봉은 일반 사무직과 동일한 금액으로 지급하고, 개인별 영업성과를 감안하여 매월 영업 인센티브를 추가하여 지급하고 있다. 예를 들어 매월 개인별 매출액을 기준으로 월 500,000~1,500,000원을 차등하여 추가로 지급하는 것이다. 이 회사의 영업직원은 전국에 있는 편의점 등에 직접 음료를 배달하는 등 업무량이 많고 힘들기 때문에 추가 인센티브를 지급한다.

S 자동차회사는 자동차 판매영업소에 근무하는 영업직원들을 대상으로 영업성과급 제도를 도입하여 운영하고 있다. 이 자동차회사의 영업직원은 일반직 근무직원들보다 상대적으로 낮은 기본연봉(고정급)을 받고 있다. 반면 이들이 자동차를 한 대 판매할 때마다 인센티브로 약 300,000원이 지급된다. 그리고 자동차 월 판매대수가 7대, 9대, 13대가 되면 분기별로 인센티브가 차등 지급된다.

4) 이윤분배 인센티브 제도와 경영성과 인센티브 제도

(1) 이윤분배 인센티브 및 경영성과 인센티브 제도의 의의

이윤분배 인센티브 또는 경영성과 인센티브 제도는 회사 전체의 경영성과나 초과이윤을 전제로 하여 인센티브를 지급하는 제도이다. 일반적으로 회사가 경영목표를 초과하여 이윤을 얻은 경우에 직원들에게 초과이윤의 일정부분(대개 20~30%)을 인센티브로 제공하고 있다. 이러한 인센티브 제도는 직원의 동기부여, 조직의 성과창출, 경영목표의 달성을 위한 직원들의 의식강화, 그리고 구성원 간 협력체계의 강화라는 측면에서 중요한 역할을 하고 있는 보상요소이다.

인센티브 도입 목적
- 팀 간 목표달성을 위한 경쟁의식과 성과달성 의지를 고취
- 조직 전체의 업무활동이 생산성 향상과 성과창출에 기여

- 직원들의 직무수행 노력 및 동기부여를 강화
- 팀 내/팀 간의 구성원 간에 협력체계를 보다 확고히 함

(2) 이윤분배 인센티브 제도와 경영성과 인센티브 제도의 사례 및 기준

기업단위의 인센티브 제도는 인센티브의 계산단위나 지급기준에 따라 EVA 기준의 이윤분배 인센티브 제도, 영업이익 기준의 인센티브 제도, 목표달성형 단순 인센티브 제도로 구분할 수 있다.

첫째, EVA 기준의 이윤분배 인센티브 제도(profit sharing)는 EVA(Economic Value Added)를 기준으로 초과 경영이익 발생 시 그 이익에서 법인세와 자본비용을 고려한 후 EVA 초과이익을 산정한다. 여기에 일정비율(%)을 곱하여 직원들에게 제공할 인센티브 재원을 확보하는 방식이다. 삼성전자의 PS 제도, LG 전자의 경영성과급 제도가 이 기준에 따른 인센티브의 사례이다.

둘째, 영업이익 기준의 인센티브 제도는 회사 영업이익의 일정비율(%)을 인센티브 재원으로 확보하여 지급하는 방식이다. 예를 들어 POSCO는 영업이익의 5.5%를 직원들의 인센티브 재원으로 활용하고 있다.

셋째, 매출액, 영업이익의 목표를 달성했을 때 월 급여액의 100%나 200%를 인센티브로 지급한다. 이를 목표달성형 단순 인센티브라 하고, 주로 매출액 목표나 영

그림 15.1 다양한 인센티브 제도의 예시

적용기준	적용방식	적용사례
목표달성형 단순 인센티브	경영목표 달성(이익률) 시 전 직원을 대상으로 일정비율의 인센티브를 지급하는 방식	• 대우조선해양 등 : 목표이익 달성 시 200%
영업이익 기준	회사 영업이익의 일정비율(%)을 인센티브 재원으로 확보하여 지급하는 방식	• POSCO : 영업이익의 5.5% 적용 • VOLVO CE. Korea
EVA 기준	EVA를 기준으로 초과 경영이익 발생 시 그 이익의 일정비율(%)을 인센티브 재원으로 확보하여 지급하는 방식	• 삼성 : PS 제도 • LG : 경영성과급 제도

업이익 목표를 기준으로 하고 있다.

2. 선택형 복리후생 제도

1) 복리후생 제도의 의의

복리후생이란 기업이 종업원 또는 종업원 가족의 소비생활을 신체적·정신적으로 또는 경제적으로 직접 원조하여 복지를 꾀하는 일체의 체계를 말한다. 종래의 복리후생은 사용자의 온정적인 색채가 짙었으나 오늘날에는 기업의 사회적 책임에 입각하여 법적·권리적 색채가 농후해짐에 따라 기업복지라는 말로 고쳐 부르게 되었다.

복리후생과 임금의 차이는 임금은 개별적이며 기본적인 근로조건인 데 반해, 복리후생은 집단적이며 부가적인 근로조건이라는 점이다.

많은 기업들은 근로자의 복지를 위하여 다양한 제도를 도입하고 있다. 복리후생의 내용 면에서 보면 근로자의 생활원조 혜택으로서 사택, 기숙사 등의 거주설비와 급식, 매점, 세탁 등의 제반 시설, 의료 혜택으로서 의무실, 응급실, 문화오락시설로서 도서관, 레크레이션 시설, 금융 혜택으로서 단체보험, 저축 등이 있으며, 경제관련 혜택으로서 공제제도, 기타 법정 복리시설로서 사회보험, 노동보험, 질병 및 재해수당 등이 있다.

다만 기업복지는 종업원들 각자가 그것을 이용하든지 안 하든지와 관계없이 모든 종업원에게 일률적으로 똑같은 복리후생 제도를 적용한다는 문제점을 가지고 있다. 따라서 1970년대 이후에는 미국 기업들을 중심으로 종업원들이 원하는 다양한 복리후생 제도들이 검토되었다.

2) 선택형 복리후생 제도의 도입

기존의 복리후생 제도는 회사가 지불능력의 범위 내에서 조건이 되는 직원에게 일방적으로 제공하는 방식이었다. 이를 집단적 복지제도 또는 획일적 복지제도, 비참여적인 일방적 복지제도라고 한다. 이에 반해 선택형 복리후생 제도는 근로자가 자신의 생활패턴을 고려하여 스스로 자신의 복리후생을 설계하고, 이를 토대로 제공받을 복리후생의 항목을 스스로 결정하는 제도이다. 이를 개별적 복지제도 또는 유연한 복지제도, 참여적 복지제도라고 한다. 또한 카페테리아식 복지제도라고도 한다.

3) 선택형 복리후생 제도의 장점

선택형 복리후생 제도는 근로자 측면에서의 장점과 회사 측면에서의 장점을 모두 가지고 있다. 근로자 측면에서의 장점과 회사 측면에서의 장점은 다음과 같다.

(1) 근로자 측면에서의 장점

근로자 측면에서 보면 선택형 복리후생 제도는 개인적으로 다양하고 차별적인 니즈를 보다 적절하게 충족시킬 수 있다는 점이 장점이다.

(2) 회사 측면에서의 장점

회사 측면에서 보면 선택형 복리후생 제도는 회사의 복지비용에 대한 사전 예측기능을 향상시키고, 합리적인 복지비용의 관리를 가능하게 한다는 것이 장점이다.

4) 다양한 선택형 복리후생 제도의 유형

선택형 복리후생 제도에는 추가선택형, 패키지형, 소비계정형 등 세 가지 유형이 있다.

추가선택형은 핵심항목은 전 직원에게 공통적으로 제공되며, 선택항목은 직원들의 기호에 따라 다르게 선택하게 하는 방법이다. 패키지형은 기업 측에서 유형별로 패키지를 정해놓고 직원들의 기호에 따라 선호하는 패키지를 선택하게 하는 방법이다. 소비계정형은 직원이 사용할 수 있는 항목을 계정으로 설정하고, 개인에게 부여된 점수에 따라 원하는 계정의 복지를 부여된 점수범위 내에서 사용하게 하는 방법이다. 회사에 따라서는 직원들이 다양한 계정의 복지를 균형적으로 사용하도록 계정별로 한도를 정하기도 한다.

그림 15.2　선택형 복리후생 제도의 유형

추가선택형	패키지형	소비계정형
선택 A　선택 B　핵심　선택 A　선택 B	패키지 A　패키지 B　패키지 A　패키지 B	계정 A　계정 B　계정 C
핵심항목은 전 직원에게 공통적으로 제공되며, 선택항목은 직원들의 기호에 따라 다르게 선택	기업 측에서 유형별로 패키지를 정해놓고 직원들의 기호에 따라 선택	직원이 사용할 수 있는 항목을 계정으로 설정하고, 개인에게 부여된 점수에 따라 원하는 계정의 복지를 부여된 점수 내에서 사용 (계정별로 제한하기도 함)

5) 선택형 복리후생 제도의 도입 사례

많은 기업들이 직원들의 복리후생 제도에 대한 만족도를 향상시키기 위해 선택형 복리후생 제도를 도입하고 있다. 다음은 중소기업의 소비계정형 사례와 대기업의 추가선택형 사례이다.

(1) 중소기업의 선택형 복리후생 제도의 도입 사례 : 소비계정형

한 중소기업은 사용 가능한 복지항목(account)을 만들고, 직원 개인별로 포인트를 부여하여 부여된 포인트 범위 내에서 복리후생 항목들을 사용하게 한다.

부여된 포인트로 사용할 수 있는 복지는 건강, 자기계발, 문화/레저로 구분하고, 각 계정 안에서 다양한 항목들을 도입하여 운영하고 있다.

직원들은 입사연도, 직책, 평가등급 등에 따라 포인트를 부여받는다. 예를 들어

표 15.2　복리계정 및 항목

건강	자기계발	문화/레저
• 건강검진 • 치과 • 안경 • 헬스 • 요가 등	• 온/오프라인 강의 • 도서 구매 등	• 국내외 여행비 • 놀이공원 • 공연문화 등

표 15.3	복지 포인트 지급기준
기본	기본 포인트 750포인트(1포인트당 1,000원)
차등	근속 1년 : 250포인트 직책 : 1,000포인트 평가 : 0~200포인트 제안 : 50~200포인트

입사 7년차인 팀장은 근속 포인트 1,750포인트, 직책 포인트 1,000포인트, 평가 A 등급에 따른 평가 포인트 100포인트를 합하여 2,850포인트를 받는다. 따라서 이 팀장은 금액으로 2,850,000원의 복지비용을 활용할 수 있다(1포인트는 1,000원).

(2) 대기업의 복리후생 제도의 도입 사례 : 추가선택형

한 대기업은 복지항목을 공통적용과 선택항목으로 구분하고 있으며, 공통항목은 직원들이 공통적으로 적용받는 항목이고, 선택항목은 일부 항목만 선택하여 적용받는 제도이다. 선택항목 내에서 다시 기본과 자유선택으로 구분하여 운영한다.

표 15.4	복리후생 항목의 구분
공통적용	개인연금, 교통보조비, 급식보조비
선택항목	기본 : 학자금, 경조금, 건강관리비
	자율선택 : 문화활동, 자기계발, 기념품 구입 등

김식현, 인사관리론, 무역경영사, 2002

노동부, 임금직무체계혁신교육, 2007

노동부, 임금직무체계혁신전문가과정, 한국공인노무사회, 2008

박우성, 이춘우, 임금체계 유연화의 실태와 모형연구, 한국노동연구원, 1999

송계전, 박귀현, 카페테리아식 복지제도의 도입방안에 관한 연구, LG경제연구원, 1997

유규창, 박우성, 연봉제의 도입과 효과에 관한 이론적 고찰, 인사조직연구, 제7권, 2호, 43
　　-82, 1999

전경련중소기업협력센터, 중소기업 성과관리시스템과 인적자원관리, 2008.2

정종태, 국민은행의 직군별 인사관리제도 도입방안, 국은경제연구소, 1997

정종태, 경영업적평가와 성과측정실무, 한국생산성본부, 2012

정종태 외, 인사관리종합, 한국생산성본부, 2012

정종태 외, 인사평가시스템 구축, 한국생산성본부, 2012

정종태 외, 평가 및 급여 인센티브 실무, 한국생산성본부, 2012

정종태, 최광석, 직무분석 및 직무평가 과정, 한국BSC컨설팅주식회사, 2009

한국노동연구원, 21세기형 성과주의 임금제도, 명경사, 2001

한국인사관리협회, 임금피크제 도입·운영, 2005

연공서열이 깨지고 연봉제가 연착륙하다

공공기관의 조직문화가 확 바뀌고 있다. 정부의 공공기관 선진화 작업이 강도 높게 진행되면서부터 나타난 현상이다. 공기업 내부에서 철밥통에 안주하던 기존 관행이 깨지면서 파격적인 드래프트제가 도입되고 능력에 따른 연봉제가 확산되는 등 곳곳에서 새로운 바람이 불고 있다. 그러나 법과 원칙을 앞세운 노사관계의 선진화 작업에 대해 노동계가 노동 기본권의 침해라고 맞서는 등 공공개혁을 둘러싼 파열음도 들린다.

드래프트제의 도입… 적재적소에 인력을 배치

연공서열 대신 실력을 기준으로 인력배치를 시도하는 사례가 많다. 한국토지주택공사는 1급 부서장 직위 중 3분의 1을 2급 팀장으로 기용하고 팀장급 직위의 3분의 1도 하급 직급자 가운데에서 발탁했다. 한국거래소도 지난달 상임이사 및 집행이사 18명 가운데 9명이 보직에서 물러났다. 빈자리는 40대의 젊은 직원들이 채웠다.

프로스포츠에서나 볼 수 있었던 '드래프트제'를 도입하여 내부 경쟁을 유도한 기관들도 있다. 한국관광공사는 지난달에 상급자가 자신과 함께 일할 하급자(팀장급 이상)를 선택하는 드래프트제를 도입했다. 선택받지 못한 간부는 팀원으로 발령 냈다. 또 직원 심층면접을 통해 팀워크를 저해하는 직원을 찾아내는 저성과자 관리프로그램도 개발했다.

연봉제 및 임금피크제의 도입 확산

연공급제를 바탕으로 하던 공공기관의 임금체계에도 변화가 일고 있다. 성과에 따라 보수가 결정되는 연봉제가 도입되기 시작한 것이다. 이는 정부가 올해에 연봉제 표준모델안을 286개 전체 공공기관에 배포할 계획을 세우고 기관장 평가에서 연봉제 도입 여부의 비중을 키우는 등 제도의 도입을 독려해온 결과이다.

한국수자원공사는 지난해 12월 노사 간 임금협약에서 연봉제의 전면 실시에 합의했다. 1999년에 1급 간부를 대상으로 연봉제가 도입된 지 10년 만에 전 직원으로 대상이 확대된 것이다. 지난해 8월에 연봉제 도입에 대한 찬반 투표를 한 결과 반대가 68%에 달했을 정도로 사내 여론이 좋지 않았다. 그러나 최고경영자와 전 부서장이 참여하는 연봉제 대토론회, 연봉제 추진 전담반의 순회 설명회 등을 거치면서 분위기가 달라졌다.

결국 직원 대표로 구성된 대의원대회에서 77%의 찬성으로 제도의 도입이 결정됐다. 한국철도시설공단도 비슷한 경로를 밟아 간부직에 대해 성과주의 연봉제를 도입했다.

임금피크제의 도입을 통해 고비용·저효율 구조를 개선하려는 움직임도 보인다. 한국철도시설공단이 올해 초에 임금피크제를 도입한 것을 비롯해 한국정보화진흥원, 한국자산공사 등도 같은 제도를 운영 중이다.

(서울신문, 2010년 3월 10일)

 토론주제

1. 공공기관에서 연공서열 중심인 연공급제를 폐지하고 연봉제를 도입하는 이유는 무엇인가?
2. 왜 노동계와 노동조합은 연봉제를 반대하는 것일까?
3. 연공급제와 연봉제의 장점과 단점을 정리하라.
4. 임금피크제는 어떤 의미에서 고비용·저효율 구조를 개선할 수 있다고 생각하는가?

임금인상의 허용한도

A 기업은 매년 임금인상을 어느 정도 해야 하나 고민을 한다. 2013년 초에도 같은 고민이다. 도대체 다른 기업들은 어떻게 하나? 임금인상과 관련된 여러 이해관계자들의 요구는 다음과 같다.

- 매년 연초가 되면 직원들은 연봉인상을 기대한다.
- 반면 경영자는 '직원의 기대', '인건비 증가', '경영환경' 등을 고민한다.
- 노동조합, 특히 양대 노총에서는 매년 10% 이상의 임금인상을 요구한다.
- 이에 반해 경총은 경영환경의 불확실성 등을 이유로 5% 정도의 임금인상률 기준을 발표한다.

A 기업의 최근 매출액, 부가가치, 인건비, 노동소득분배율(인건비/부가가치)은 다음과 같다.

(단위 : 백만 원)

	2009년	2010년	2011년	2012년
매출액	34,950	55,247	87,621	90,920
부가가치	9,795	16,843	21,875	27,187
인건비	4,710	6,775	8,708	12,094
노동소득분배율	48%	40%	40%	44%

토론주제

1. 기업들이 매년 임금인상을 결정할 때 어떤 요인을 고려해야 하는가?
2. 임금인상을 결정할 때 고려해야 하는 '기업의 지불능력'이란 구체적으로 무엇을 말하는가? 위에 제시된 A 기업의 재무상황을 고려하여 계산해보라.

PART 6

인력확보관점의
인적자원관리

인력계획의 수립

CHAPTER16

학습목표

- 인력수요계획의 수립방법을 습득한다.
- 정성적 인력계획의 수립방법을 습득한다.
- 계량적 인력계획의 수립방법을 습득한다.
- 업무량 분석 및 정원산정 기법을 학습한다.

CHAPTER16

개 요

인력계획의 수립은 기업의 경영계획을 수립하는 데 중요한 역할을 한다. 정확한 인력계획의 수립은 인력부족으로 인한 기회손실과 인력과잉으로 인한 낭비를 예방할 수 있다. 따라서 기업은 매년 다음 년도의 인력을 예측하고 이를 기초로 인건비를 예상한다. 인력계획은 정성적 방법과 계량적 방법이 있다. 정성적 방법은 경험에 의한 예측, 각 부서별 인력수요조사, 그리고 델파이 기법이 있다. 계량적 방법은 거시적 방법과 미시적 방법으로 구분된다. 거시적 방법은 장기적인 인력수요를 예측하는 방법으로 회귀분석이나 시나리오 분석기법을 주로 활용한다. 미시적 방법은 현 시점에서의 인력계획으로 현재 각 직무별 필요인력을 산정하는 것이다.

1. 인력계획의 의의와 중요성

1) 인력계획의 의의

기업은 전략적 목표를 수립하고 이를 달성하기 위하여 생산, 판매 등 세부 과업들을 수행하여야 한다. 이러한 과업활동에 필요한 자격을 보유한 인력을 규명하고 적정한 인력 수를 확보하는 것이 조직의 전략수행에 매우 중요하다. 이와 같은 활동을 인력계획이라고 한다. 즉, 인력계획(manpower planning)은 현재 및 장래의 각 시점에서 기업이 필요로 하는 특성을 지닌 인원의 수를 예측하고, 사내·외에서 공급 가능한 인력을 고려하여 인력의 수급을 조정하는 활동이다. 이에 비해 정원계획이란 현재의 시점에서 정태적인 인력계획을 말한다.

2) 인력계획 수립의 중요성

인력계획은 조직이 목표를 달성하기 위해 최초로 시작하는 조직의 전략적 인사관리활동이다. 조직전략의 수립 시 외부노동시장의 상황을 고려하여 현재 조직내부에서 노동시장에 가용할 수 있는 인원의 수와 어떤 형태의 업무기술을 소지한 인력이 필요한지를 결정해야 한다. 인력의 수나 필요한 업무기술의 형태는 조직의 전략과 그 맥을 같이하기 때문에 인력계획은 조직의 목표달성에 중추적인 역할을 한다. 아무리 훌륭한 사업계획이나 전략적 목표를 설정한다 해도 이를 추진할 핵심인력을 충당하지 못한다면 이는 한낱 휴지조각에 불과하다.

만약 인력계획이 잘못되어 과잉 혹은 과소 인력이 발생할 경우 조직의 과업 흐름은 차질을 빚게 된다. 인력과잉의 경우 대량해고와 같은 사태를 맞이하거나 과도한 인건비 부담 때문에 저임금정책을 쓰지 않을 수 없게 된다. 물론 어느 정도의 여유인력은 여유자원과 함께 조직혁신의 원천이자 새로운 도약의 토대가 된다. 그러나 의도적으로 보유하고 있는 여유자원이나 여유인력과 그렇지 않은 인력과잉은 구분되어야 한다. 인력의 부족도 마찬가지의 결과를 가져온다. 왜냐하면 적정수준 이하의 인력으로 과도한 양의 업무를 처리하면 일의 질을 확보할 수 없고 고임금정책을 쓴다 하더라도 합리적인 업무배정을 할 수 없으므로 창의적 사고의 여유를 없게 하고, 노동력의 재생산 자체에 영향을 주어 개인에게 과도한 업무압박을 가져오기 때문에 결과적으로는 장기적인 고생산성을 얻는 데 효과적이라 할 수는 없다.

3) 인력계획 수립의 체계

인력계획의 수립은 인력수요계획과 인력공급계획으로 이루어진다. 인력수요계획은 특정기간 동안 필요한 총 인력을 예측하는 것으로서 장·단기적 인력계획이 있다. 인력공급계획은 필요한 인력의 공급 가능성을 예측하는 것이다. 외부노동시장에서 원하는 인력을 충원할 수도 있고 내부에서도 충원될 수 있다.

　외부공급은 노동시장분석이나 고용관리 측면에서 많이 다루어지고 내부공급은 승진이나 이동에 의한 충원을 말하므로 이 장에서는 인력수요계획을 중심으로 기술하고자 한다.

2. 인력수요계획

1) 인력수요계획의 방법

인력의 수요계획은 현재 및 장래에 기업이 필요로 하는 분야에서 요구하는 자격을 보유한 인원이 몇 명인가를 예측하는 것이다. 구체적으로 미래의 특정시점에서 필요한 인력의 수는 몇 명인가? 이들은 어떤 분야에서 어떤 기술을 가져야 하는가? 이러한 인력수요계획은 과거의 경험적 판단에 의하여 이루어질 수도 있고 계량적인 기법에 의하여 이루어질 수도 있다. 전자를 정성적 방법이라 하며 후자를 계량적 방법이라 한다.

(1) 정성적 방법

정성적 인력수요계획 방법은 소규모 조직이나 과거의 경험적 자료가 없을 경우 적합하다. 조직의 환경이 급변할 경우 계량적 방법보다 정성적 방법이 적합하며, 다음과 같은 방법이 있다.

　첫째, 기업의 부서나 작업단위에서 경영활동을 전개하는 데 필요한 인력을 표

표 16.1 부서별 인력수요 조사표

현재 인원		인력변동사항	인력증감	비고
1급	1명	현재 팀장으로 인력변동사항 없음	−	
2급	2명	해외사업 조사업무의 신설로 해외사업 조사경험이 있는 인력의 충원이 필요	+1	해외지사에 근무한 경험이 있는 직원 필요
3급	5명	업무전산화로 중간관리인력 감소	△1	
4급	4명	고객응대인원 증가	+1	고객응대 경험이 있는 직원 필요
5급	1명	인력변동사항 없음	−	
계	13명		+1	

16.1과 같은 조사표로 조사하고 인적자원관리 부서가 이를 종합하고 조정함으로써 전체적인 인력계획을 확정한다.

둘째, 인력계획에 정통한 임원이나 최고경영자가 제반요인을 반영하여 적정인원을 예측한다.

셋째, 델파이 기법이다. 이는 전문가들로 하여금 수차례에 걸쳐서 익명으로 토론을 하게 하고 최종적으로 전문가들이 합의점을 도출한다. 델파이 기법의 구체적인 절차는 다음과 같다. 먼저 전문가 집단을 결정한다. 가장 이상적인 경우는 집단 구성원들이 서로 얼굴을 대면하지 않는 경우이다. 그리고 각 구성원들은 집단에 부여된 문제와 관련하여 익명으로 각자의 의견을 제시한다. 각 구성원은 다른 구성원들이 제시한 견해를 종합하여 받아본다. 종합의견을 보고 다시 한번 익명으로 자기 견해를 내놓는다.

(2) 계량적 방법

계량적 방법은 하나 또는 그 이상의 기준요소를 선정해서 이것을 근거로 하여 소요인력을 예측하는 방법이다. 계량적 방법으로는 인력수요와 관련된 각종 변수들을 동시에 사용하여 소요인력을 예측하는 다중회귀분석이나 선형계획법이 있다. 계량적 방법에는 기업의 총 소요 인원수를 결정하는 거시적 방법과 개별직무나 단위조직의 적정 인원수를 결정하는 미시적 방법이 있다.

거시적 인력수요계획은 기업 전반 혹은 전체 사업부의 시각에서 인력수요를 예측하는 방법으로 미래 특정시기의 매출액과 부가가치를 예상하고 이에 적합한 인력을 계획하는 것이다. 많은 회사들이 5년이나 10년 후의 매출규모를 예상하고 이에 적합한 인력규모를 예측하는 등과 같은 중장기 비전을 수립한다. 이때 활용되는 인력수요계획 방법이 거시적 인력수요계획이다. 주로 다중회귀분석이나 시나리오 분석기법을 활용한다.

다중회귀분석에 의한 인력계획은 다음과 같은 절차로 이루어진다. 먼저 조직의 인력수요 결정에 영향을 미치는 다양한 영향요인을 선정하고, 이러한 영향요인의 변화가 기업의 인력 수에 어떤 영향을 미쳤는가를 분석한다. 주로 매출액, 생산량, 부가가치 등이 영향요인인 독립변수가 된다. 이러한 독립변수와 기업의 인원과의 분석을 기준으로 하여 미래의 인원수를 예측한다.

시나리오 분석기법은 기업이 추진할 전략적 시나리오에 따라 필요인원을 예상하는 방법이다. 예를 들어 한 기업이 매년 사업장을 한 곳씩 확장한다고 가정하면 매년 확장되는 사업장에 필요한 인원이 추가적으로 필요할 것이다.

기업 전체의 인력규모를 예측하는 거시적 방법과 대비되는 방법이 개별직무별로 필요인력을 산정하고 조직 내의 직무별 필요인력을 합하여 인력을 산정하는 미시적 방법이다. 미시적 인력수요계획 방법은 다음에서 상세히 설명할 것이다.

3. 업무량 분석과 정원산정

1) 업무량 분석

미시적 인력수요계획은 직무단위별로 소요 인원수를 결정하는 방법으로 주로 직무분석을 기초로 하여 산출된다. 먼저 ① 직무를 구성하는 과업과 세부활동(또는 프로세스)을 정립하고, ② 세부활동 단위별로 업무빈도와 시간을 산정하여, ③ 이를 합산하면 직무별 업무량(업무시간)이 산출된다.

(1) 직무분석에 의한 과업과 세부활동의 정립

직무수행에 필요한 업무시간(업무량)을 산정하기 위해서는 먼저 직무분석이 수행되어야 한다. 직무분석 결과를 토대로 특정 직무를 구성하는 과업과 세부활동을 구분하고, 세부활동을 단위로 하여 연간 발생하는 빈도와 한 번 수행될 때의 업무시간을 조사하여야 한다.

(2) 세부활동 단위별 업무빈도와 시간산정

과업을 구성하는 세부활동 단위별로 근로자 한 사람이 하는 연간 업무빈도를 조사하여야 한다. 대개 업무빈도는 연이나 월 단위로 산정한다. 예를 들어 채용이라는 과업은 모집인원 결정, 모집활동, 서류전형, 면접 등의 세부활동(또는 프로세스)으로 구성된다고 하면 업무빈도는 모집인원 결정이 연간 몇 차례 시행되는지를 말한다. 그리고 한 번 수행될 때에 소비되는 시간을 산정하여야 한다. 주로 시간은 일(日) 시간을 기준으로 계산된다.

표 16.2 업무량 조사표 예시

과업	세부활동(프로세스)	빈도	시간	소요시간
채용	모집인원 결정	2	20	40
	모집활동	2	16	32
	서류전형	2	24	48
	1차 면접	2	100	200
	2차 면접	2	20	40
	채용자 확정	2	16	32
	–	–	–	392
평가	–	–	–	–
	–	–	–	–
	–	–	–	–
	–	–	–	–

(3) 직무별 업무량(업무시간) 산정

업무량 조사표에 의하여 수행되는 과업별 업무량을 산정하고 이를 직무별로 합산하면 직무별 업무량이 산정된다. 또 단위조직 내의 직무별 업무량을 합산하면 단위조직의 업무량이 된다.

2) 정원산정과 인력조정

정원이란 단위조직이나 개별기업의 현재 필요한 인원을 말한다. 업무량 분석을 통하여 과업, 직무, 단위조직별 또는 기업 전체의 업무량이 산출된다. 이를 연간 근로가능시간으로 나누면 필요한 인원이 산정된다. 예를 들어 5명으로 구성된 팀이 있다고 가정하고 각자를 대상으로 업무량을 조사한 결과 연간 업무시간이 각각 2,230시간, 2,100시간, 2,300시간, 1,920시간, 1,850시간으로 산정되었다. 이 팀의 업무량은 이들 구성원의 업무시간을 합한 10,400시간이다. 이를 5명으로 나누면 2,080시간이 된다. 즉, 이 팀은 평균적으로 연간 2,080시간씩 일을 한다. 여기서 생각해볼 점은 다음과 같다. 이 팀의 업무량인 10,400시간이 5명이 수행하기에 적합한 업무량인가, 아니면 업무량이 너무 많아 인력을 더 투입하여야 하는가이다.

만약 업무량이 많다고 판단되면 인원을 더 투입하여야 한다. 이 팀의 업무량이 많은지는 한 사람이 연간 몇 시간 일하는 것이 적합한가가 기준이 되어야 한다. 예를 들어 근로자의 연간 적정 근무시간을 법정 근로시간에다 연차휴가 등을 고려한 시간으로 한다면 연간 적정 근무시간은 연 1,800~1,900시간이 될 것이다. 이에 따르면 이 팀은 업무량이 너무 많다. 그러므로 인원을 더 충원해야 할 것이다. 그런데 연간 적정 근로시간을 OECD가 조사한 2015년 우리나라 취업자 1인당 평균 근로시간인 2,113시간으로 한다면 이 팀의 업무량은 적정하거나 다소 여유가 있다고 할 수 있다.

소요 인원수=총 업무시간(팀) / 법정 또는 실제 근로시간

(1) 근로 가능시간과 여유시간

적정인원을 산정하기 위하여 근로시간에 대한 몇 가지 개념 정립이 우선되어야 한

다. 첫째는 법정 연간 근로시간에다 법적인 휴가나 회사가 부여한 휴가일수 등을 고려하면 연간 근로 가능시간이 산출된다. 이를 연간 법정시간이라 한다. 둘째는 실제 근로시간이다. 이는 나라마다, 업종마다, 기업의 규모에 따라 다르다. OECD 조사에 따르면 우리나라의 근로시간은 약 2,100시간 정도로 미국 근로자의 약 1,700시간, 유럽 근로자의 약 1,400시간에 비하면 많다. 따라서 법정 근로시간으로 적정인원을 산정한다면 우리나라 대부분의 기업들은 현재보다 약 20% 정도의 인원이 더 필요할 것이다. 반면 실제시간으로 적정인원을 산정한다면 현재 인원이 적합할 수도 있다.

그러나 위의 시간들은 근로시간 중의 휴식을 고려하지 않은 시간이다. 효과적으로 근로를 지속하기 위하여, 또 인간으로서의 질적인 삶을 위하여 어느 정도의 휴식이 필요할 것이다. 즉, 이상의 시간측정과 함께 별도로 여유시간을 산출하고, 이를 감안하여 소요 인원수를 결정하여야 한다. 여유시간이란 용변, 휴직 등 개인적인 여유시간과 고장 수리, 공정 간 연락 및 대기 등 직장적 여유시간으로 구성된다. 이는 성별, 작업환경이나 작업내용에 따라 다르다. ILO는 가장 쾌적하고 안정한 작업장에서 육체적 노동이 없는 업무에 약 11%의 여유시간이 필요하다고 제안한다. 따라서 통상 업무량을 산정할 때 여유시간 또는 여유율을 11%로 고려한다.

$$필요\ 인원수 = (총\ 업무시간\ /\ 연간\ 근로\ 가능시간) \times (1 + 여유율)$$

표 16.3 팀의 적정인원 산정표

팀 구분	현재인원	1안 : 법정시간		2안 : 실제시간		3안 : 여유시간 고려	
		적정인원	충원/감원	적정인원	충원/감원	적정인원	충원/감원
기획팀	5	7	+2	5	–	8	+3
회계팀	4	5	+1	4	–	6	+2
영업팀	20	23	+3	17	−3	25	+5
개발팀	5	7	+2	6	+1	8	+3
생산팀	30	40	+10	31	+1	44	+14
계	64	82	+18	63	−1	91	+27

(2) 전략적 인원조정

단위조직별로 산정된 필요인원은 법정 시간기준, 실제 시간기준, 그리고 여유시간을 고려한 시간기준 등으로 다양한 인원이 산정된다. 기업은 기업의 전략적 상황을 고려하여 인력운영방안을 결정하여야 한다. 근로자의 삶이나 근로생활의 질적 향상을 위하여 시간 외 근무를 없애기로 한다면 표 16.3의 '1안'으로 적정인원을 산정하고 대부분의 팀의 인원을 충원하여야 한다. 반면 실제 근로시간을 기준으로 하면 현재 인원이 적합하거나 일부 부서는 오히려 감원이 필요한 부서도 있다.

그러나 이러한 인원산정에도 여러 가지 한계점이 있다. 사무직의 경우에는 한 번에 한 가지 일만 수행하지 않고 여러 가지 일을 동시에 수행하는 경우가 많다. 또 투입하는 업무시간도 기계나 장비 등 시스템에 의해서 통제되지 않는다. 그래서 업무시간의 산정이 객관적이지 못하다. 감독직, 연구직, 그리고 기타 고정 배치인원은 직부문석에 의한 업무량을 산정하고 정원을 결정하는 데 한계점이 있다.

모집과 선발절차

CHAPTER17
학습목표

- 모집의 정의와 모집활동의 중요성에 대하여 학습한다.
- 사내모집과 사외모집의 장단점을 이해한다.
- 선발절차와 선발과정을 학습한다.
- 우리나라 대기업의 채용과정에 대한 사례를 학습한다.

CHAPTER17
개 요

기업 간의 경쟁이 치열해짐에 따라 인력확보의 중요성은 증대된다. 기업은 유능한 인재를 확보하기 위하여 다양한 모집활동들을 전개하고 있다. 또 시기에 관계없이 상시 인력을 확보하고자 한다. 많은 기업들은 채용 포털사이트 광고는 물론 채용박람회 등을 통한 모집활동을 한다. 그뿐 아니라 내·외부의 직원으로부터 추천 등 다양한 모집원을 활용한다.

또 모집활동을 통하여 응시한 인재들 가운데 훌륭한 인재를 선발하여야 한다. 서류전형, 인·적성검사, 시험이나 면접 등 여러 절차를 거친다.

1. 모집의 의의

1) 모집의 정의 및 목적

조직이 그 목적활동에 적합한 인력을 확보하기 위하여 유능한 사람들을 유치하는 활동 내지 그 과정을 모집이라 한다. 즉, 기업이 어떤 직무를 담당하게 할 사람을 선발하는 데에도 여러 과정을 밟게 된다. 그 첫 단계가 모집(募集)이다. 오늘날과 같은 현대 산업사회에 있어서 기업의 인적자원 확보를 위한 모집은 대단한 중요성을 가진다. 특히 경쟁이 치열한 산업에서 경쟁기업과 경쟁하여 보다 우수한 인재(人材)를 확보하려면 면밀한 계획과 적극적인 모집활동을 전개하지 않으면 안 된다.

모집의 목적은 선발의 효과를 높이기 위하여 적합한 능력이 있는 지원자의 지원, 지원자의 수를 적절히 확보하여 선발을 가능하게 하는 것이다.

2. 사내모집과 사외모집

1) 사내모집

사내모집이란 인사 부문에서 기능목록(skill inventory) 또는 인력배치표(manning table)를 활용하여 해당 직위에 적합한 인물을 찾아내는 방법을 말한다. 사내모집의 구체적인 형태로 공개모집제도(job posting 또는 job bidding system)도 있다.

2) 사외모집

사외모집이란 광고활동, 헤드헌터의 활용, 직업소개소, 현직 종업원의 추천, 가까운 친척의 소개 등을 통해 사외에 있는 인물을 찾는 방법이다.

표 17.1 사내모집과 사외모집의 장단점

	사내모집	사외모집
장점	• 능력이 충분히 검증된 사람을 채용 • 재직자의 개발동기를 부여하고 장기근속의 유인을 제공 • 훈련과 사회화 시간의 단축 • 신속한 충원과 충원비용의 절감 • 성장정체기의 내부충원은 재직자의 직장안전을 제공함	• 새로운 아이디어와 견해가 유입됨 • 급성장기의 인력수요를 충족시킴 • 경력자의 채용 시 훈련비용을 절감 • 기업의 급격한 전환기에는 외부충원이 효과적일 수 있음(특히 최고경영자)
단점	• 조직 내부의 정치와 관료제로 인해서 비효율적이 될 수 있음 • 고용평등법을 충족시키지 못할 위험	• 시간비용 및 충원비용 소요 • 선발점수와 입사 후 성과 간의 불일치 가능성 • 재직자의 사기 저하의 위험

3) 모집방법의 장점과 단점

사내에서 해당 직무에 적합한 인재를 찾는 사내모집은 별도의 능력 검증절차가 필요 없고, 훈련이나 사회화 시간이 거의 필요하지 않다는 점에서 비용을 감소시킬수 있다. 또 기존의 직원들에게 승진에 대한 기대를 제공하는 장점이 있는 반면, 외부의 우수인재를 확보할 수 없거나 조직 내부의 정치적 행동을 유발할 수 있는 단점도 있다.

사외모집은 새로운 아이디어와 견해가 사내로 유입될 수 있으며, 급성장기의 인력수요를 충족시킬 수 있다. 또 경력자 채용으로 채용 시 발생되는 훈련비용을 절감할 수 있다. 반면 외부의 인재를 발굴하는 데 시간비용과 충원비용이 많이 소요되며 재직자의 사기 저하를 가져올 수 있다.

3. 선발

1) 선발의 의의

선발이란 모집활동을 통해서 응모한 많은 취업 희망자 중에서 조직이 필요로 하는자질을 갖춘 사람을 선별하는 과정이다. 선발제도의 중요성은 만약 선발이 잘못되어 유능한 사람을 탈락시키고 유능하지 못한 사람을 선발한 경우에 기업에서 발생할 성과 저하나 경쟁력 하락을 보면 명확하다. 따라서 각 기업은 효과적인 선발을 하기 위하여 선발방법과 절차를 지속적으로 개선하고 있다.

2) 선발절차

보통 선발은 서류전형과 면접전형으로 이루어진다. 이러한 선발절차는 기업의 규모나 기업의 역사 등에 따라서 다르다. 우리나라 대기업들은 서류전형, 인·적성검사, 면접으로 이루어지며, 특정분야에 대해서는 직접 업무역량을 테스트하거나 시험을 거치기도 한다.

4. 모집과 선발 사례

1) S 그룹의 모집과 선발과정

국내 S 그룹의 모집시기 및 방법은 그림 17.1과 같다. 모집은 수시모집과 정기모집으로 이루어지며, 경력사원 채용과 인턴사원 채용은 수시로 진행되는 반면 대졸 신입사원은 4월과 9월에 정기모집으로 진행된다. 모집광고는 회사 홈페이지와 포털사이트를 이용하여 이루어진다.

이 그룹의 모집 및 선발과정은 그림 17.2와 같다. 먼저 인력수급계획에 따라 연

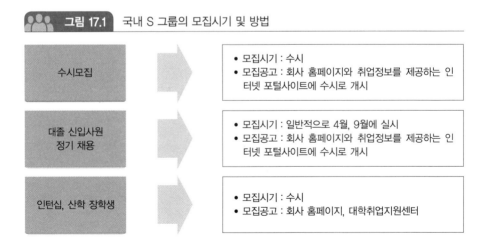

그림 17.1 국내 S 그룹의 모집시기 및 방법

수시모집	⇒	• 모집시기 : 수시 • 모집공고 : 회사 홈페이지와 취업정보를 제공하는 인터넷 포털사이트에 수시로 개시
대졸 신입사원 정기 채용	⇒	• 모집시기 : 일반적으로 4월, 9월에 실시 • 모집공고 : 회사 홈페이지와 취업정보를 제공하는 인터넷 포털사이트에 수시로 개시
인턴십, 산학 장학생	⇒	• 모집시기 : 수시 • 모집공고 : 회사 홈페이지, 대학취업지원센터

표 17.2 S 그룹의 모집/선발과정

채용과정	과정별 주요 내용
채용 예정인원의 결정	• 인력수급계획의 수립 • 분야별(전공별), 직급별 인원 • 모집방법, 일정/예산계획
모집	• 대졸 신입, 경력사원 등 • 채용활동팀, 채용상담실 • 학교추천, 직원추천, 매체공고 • 헤드헌팅 업체, 인터넷
선발	• 직무 전문성 평가 • 인지적 능력, 성격 등 잠재능력 평가 • 커뮤니케이션, 열정, 전공지식, 건강관리 등 기본자질 평가 ① 서류전형 ② 종합적성검사, 영어 ③ 1, 2, 3차 면접 ④ 신체검사, 최종합격자 결정

간 분야별 모집인원과 방법이 결정된다. 그리고 모집 대상별로 모집광고 및 모집활동이 진행된다. 마지막으로 서류전형, 종합적성검사의 과정을 거쳐 면접, 신체검사가 진행된다.

S 그룹은 3차 면접으로 구체적인 선발절차가 진행된다. 1차 면접은 실무 과장급 면접으로 주로 패기, 잠재능력, 사교자세 등을 집단면접의 방식으로 점검한다. 2차 면접은 부/차장급 면접으로 기업관, 전공지식 등을 패널면접의 방식(여러 명의 면

표 17.3 S 그룹의 선발면접 단계 및 면접내용

구분	면접위원	면접자 인원수	면접방식 및 내용
1차 면접	과장급	피면접자 : 6~7명 면접위원 : 3~4명	• 집단면접방식 주어진 토의주제를 중심으로 집단토의 실시 • 주요 평가내용 패기, 잠재능력, 사교자세
1차 면접	부/차장급	피면접자 : 1명 면접위원 : 3~4명	• 개별면접방식(패널면접) • 주요 평가내용 기업관, 전공 및 경영지식, 사교자세 등
3차 면접	임원	피면접자 : 1명 면접위원 : 2~3명	• 개별면접방식(패널면접) • 주요 평가내용 인성 등 전반적 사항

접관이 1명의 피면접자를 대상으로 질문하는 방식)으로 진행한다. 그리고 3차 면접은 임원급 면접으로 인성, 기업가치에 부합하는지 여부 등 종합적인 사항을 판단한다.

2) D 그룹의 선발과정 예시

국내 D 그룹은 1차 서류전형, 2차 인·적성검사, 3차 프레젠테이션 면접, 4차 인성면접으로 사원을 선발한다. 이 그룹의 선발과정의 특징은 프레젠테이션 면접이다. 프레젠테이션 면접은 실무 팀장급 4명이 면접위원으로 들어간다. 그리고 역량검증 면접으로 진행된다. 면접 시작 전에 약 30분 동안 문제를 주고 피면접자가 준비하여 10분 이내에 발표를 하게 한다. 발표 시에는 A4 용지와 화이트보드를 이용할 수 있다. 발표 이후 면접위원들이 미리 준비된 순서대로 질문을 한다. 응답내용을 보고 역량보유 여부를 평가한다. 응답내용에 점검하고자 하는 내용이 포함되지 않은 경우에는 추가질문을 한다.

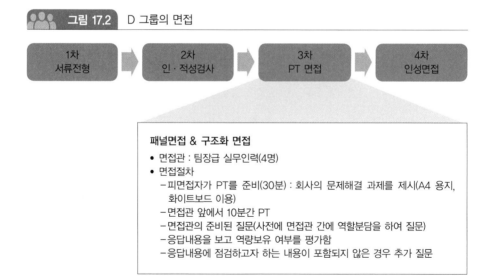

그림 17.2 D 그룹의 면접

면접기술

학습목표

- 면접의 목적과 주의사항을 학습한다.
- 최근 도입되고 있는 역량면접을 학습한다.
- 면접의 준비사항을 학습한다.
- 이력서 점검 및 점검사항을 파악한다.
- 면접관의 주요 기술인 탐색질문(추가질문)의 기능과 중요성을 학습한다.

개 요

면접은 가장 일반적으로 사용되는 선발기법이다. 그러나 많은 기업들은 면접을 대충 진행한다. 어떤 인재를 선발할 것인지, 이를 위하여 어떤 질문을 할 것인지에 대한 기준이 없다.

역량면접이란 일반적인 면접의 문제점을 극복하고 기업이 원하는 인재를 선발하는 기법이다. 우선 기업이 원하는 인재를 정의하고, 이를 확인하기 위한 질문과 탐색질문을 개발한다. 또 역량을 점검하기 위한 면접관 훈련도 필요하다.

1. 면접의 목적과 주의사항

1) 면접의 목적

면접은 가장 널리 사용되는 선발기법이다. 하지만 이를 적절히 활용하지 못하여 부적절한 지원자를 채용하고, 자질 있는 지원자는 놓치는 실수를 불러일으킬 수 있다. 따라서 면접의 목적을 명확히 하고 목적에 부합하는 방법을 개발하여야 할 것이다. 면접의 목적은 다음 다섯 가지로 정리된다.

첫째, 지원자의 직무능력을 평가하는 것이다.

둘째, 지원자의 직무적합성을 평가하는 것이다.

셋째, 지원자에게 현실적인 사전 직무점검의 기회를 제공한다.

넷째, 해당 직무를 선전한다.

다섯째, 이력서와 입사지원서, 그리고 그 외에 제출된 서류의 내용을 보완하기 위해 지원자에 관한 철저한 정보를 수집한다.

2) 면접 시 주의사항

많은 기업들이 면접 결과로 인해 낭패를 보는 경우가 많다. 이는 면접의 목적을 타당성 있게 설정하지 못하고, 사전 준비를 철저히 하지 않았기 때문이다. 특히 면접관은 면접자가 제출한 이력서나 회사의 가치를 기준으로 사전에 지원자로부터 유용한 대답을 이끌어낼 질문목록을 작성하여야 하나 그렇지 못한 상태에서 면접에 임하기 때문이다. 또 면접에서 면접 담당자의 편견이 작용할 가능성이 얼마든지 있다. 그 가능성을 인식하고 채용 결정에 편견이 미치는 영향을 최소화해야 한다.

이와 같은 면접의 문제점을 극복하고 효과적으로 인력을 선발하기 위하여 최근 많은 기업에서는 역량중심의 면접을 실시하고 있다. 역량중심의 면접이란 우선 직무에 필요한 역량이 무엇인지 결정하고 나서 역량중심의 면접기법을 활용하여 그 역량을 가진 지원자에 대한 자세한 정보를 얻는다. 체계적인 면접이란 면접관이 지원자에 대한 정보를 얻어 누가 최적의 지원자이고 최고의 업무수행 능력이 있는지를 결정하는 공식적인 절차를 말한다.

2. 역량중심의 면접

역량중심 선발제도는 입사지원서 심사, 역량중심의 구조화 면접을 비롯하여 프레젠테이션이나 역할연기 등 다양한 평가방법을 혼합한 선발방법 및 구조를 말한다. 최근 우리나라 기업들은 다양한 역량중심 선발기법을 빠르게 개발하여 운영하고 있다. 그중 가장 일반적인 것이 역량면접(competency interview)이다. 물론 지원자의 역량을 정확히 평가하기 위해 역량면접뿐만 아니라 역량을 평가할 수 있는 인·적성검사, 사례 연구, 집단토론 등도 활용되고 있다.

역량면접은 행동묘사 면접 또는 행동주의 면접이라 하며, 과거 행동을 중심으로 평가함으로써 가장 타당도가 높은 면접방법이다. 기존의 면접은 주로 미래의 가상 상황에 대한 의견을 중심으로 질문하고 평가한다. 역량면접에서 질문의 핵심은 다음과 같다.

첫째, 지원자의 생각이나 견해를 묻지 말아야 한다. 생각이나 견해는 사실보다는 당위적인 관점에서 자신이 해야 된다고 하는 판단을 얘기하는 것이다. 실제 실천과는 다르다.

둘째, '미래'를 묻지 말고, '과거의 경험이나 행동'을 물어야 한다. 심리학적으로 '행동의 전이가능성'이란 개념이 있다. 이는 과거의 행동이 유사한 미래의 상황에서도 나타난다는 것이다. 따라서 지원자가 과거에 협력적인 행동을 했다면 미래에도 협력할 것이다. 또 과거의 어려운 여건에서 조직의 문제해결에 앞장섰다면 미래에도 문제해결에 주도적일 것이다.

셋째, 추가질문(probing question, 탐색질문)을 마치 심문하듯 하여야 한다. 이는 수사관이 쓰는 방법이다. 피면접자는 본의 아니게 면접에서 거짓을 얘기할 수도 있다. 추가질문을 통하여 피면접자 응답의 진의 여부, 진실성을 확인해야 한다.

넷째, 질문의 의도가 드러나지 않게 물어야 한다. 뻔한 답변을 요구하는 질문은 하지 말아야 한다.

3. 면접 준비사항

1) 인사부서의 준비사항

면접을 진행하는 인사부서는 다음과 같은 사항을 철저히 준비하여야 한다.

첫째, 면접위원에 대한 교육을 실시한다. 면접의 기본원칙이나 회사의 방침을 면접 전에 교육하여야 한다.

둘째, 면접에 필요한 자료를 준비한다. 면접매뉴얼, 필기구, 메모패드, 면접과제/평가기준, 면접평가표, 필요시 지원자의 서류 등이다.

2) 면접위원의 준비사항

면접위원은 다음 사항을 숙지하고 면접에 임하여야 한다.

첫째, 면접 진행계획을 숙지하여야 한다. 면접위원은 면접 진행절차나 계획, 면접위원이 복수인 경우 상호 역할분담 등을 사전에 숙지하여야 한다.

둘째, 면접 가이드라인을 숙지하여야 한다. 면접에 대한 기본 준수사항, 면접매뉴얼상의 내용 숙지, 면접 실무지침에 대한 내용을 숙지하여야 한다.

셋째, 면접질문 및 평가기준을 숙지하여야 한다. 지원자에게 질문할 면접질문 및 평가기준에 대한 명확한 이해, 사전에 이력서 등 지원자의 서류검토를 통한 질문 및 평가항목에 대한 사전준비 등이다.

3) 이력서의 사전 검토

면접에서 질문하기 위해 이력서에서 관심 있는 점을 메모하고, 면접 시 질문하여 확인하여야 한다. 이력서를 작성할 때에는 대부분 진실하지만, 일부는 자신의 부정적인 면을 숨기거나 업적을 과장한다. 잦은 이직이나 짧은 근무경력을 숨기거나 과장한다. 또 동료와 같이한 업적을 자신이 한 것처럼 과장한다. 이력서를 잘 검토하여 면접 시 질문할 질문문항을 준비한다.

이력서, 특히 자기소개서의 작성내용이나 문장구조를 검토한다. 이력서의 작성구조를 분석하면 응시자가 사실을 어떻게 문장으로 조직화하여 전달하는지 그 역량을 알 수 있다. 이력서를 통해 사실을 어떻게 논리적으로 쉽게 요약하는지에 대한 역량을 파악할 수 있다.

이력서 등 사전에 제출된 자료나 정보에서 모순된 내용이나 불일치를 점검하여야 한다. 이력서에 기재된 사실들의 기간 차이나 불일치가 단순한 실수일 수도 있다. 그러나 부정적인 면에서 보면 응시자가 특정 정보를 숨기려는 의도일 수도 있다. 특히 다음 사항들은 철저하게 점검하여야 한다.

이력서 체크리스트
- 이력서에서 연도기록에 차이나 공백이 있는가?
- 가능하다면 관련기관에서 발급한 자격증을 첨부하게 하여 증명하라.
- 각 회사나 직무에서의 근무기간을 평균하여보라.
- 응시자가 체계적으로 경력이동을 하는지를 판단하라.
- 이력서의 작성방식이 잘 조직화되어 있는지를 검토하라.
- 작성된 이력서에서 논리성이나 준비성, 책임감 등을 파악하라.

4. 면접 진행

1) 면접 진행요원의 역할

면접을 진행하는 직원은 먼저 면접 진행계획을 수립하고 면접 진행계획표를 만든다. 이에 따라 면접이 체계적으로 진행되도록 진행순서를 숙지하여야 한다. 그리고 지원자가 면접시간 전에 도착하여 대기실에서 준비하도록 하여야 한다. 대기할 경우 회사관련 자료를 준비하여 지루하거나 무미건조한 시간이 되지 않도록 하여야 한다. 사보를 준비하여 대기하는 시간 동안 읽게 하는 것도 좋을 것이다. 기타 신문이나 읽을거리를 제공한다.

그리고 지원자가 면접장에 들어가서 해야 할 행동을 지도한다. 면접위원에게 인사하고 간단히 지원부서나 지원업무와 이름을 이야기하도록 안내한다.

2) 면접 시작

면접이 시작되면 면접위원(장)은 간단한 인사말을 하여 지원자가 긴장하지 않도록 한다. 면접이 시작되면 지원자가 긴장하여 응답을 제대로 못하는 경우가 있다. 면접관은 본 면접에 들어가기 전에 가벼운 대화를 나누는 것이 좋다. 예를 들어 면접장까지는 어떻게 왔는지, 오는 데 불편한 점은 없었는지, 오는 동안 어떤 생각을 했는지 등 고민 없이 답을 할 수 있는 가벼운 질문을 한다.

또 자신의 강점이나 자랑스러워하는 점은 무엇인지를 질문하는 것도 좋은 대안이다. 사람은 자신의 강점을 말하거나 자기자랑을 하고 있을 때에는 긴장이 쉽게 해소되기 때문이다. 자신의 강점을 묻는 것은 긴장감을 풀어주는 좋은 도구이자 중요한 평가정보를 입수하는 수단이다.

3) 질의응답

역량보유 여부를 평가하기 위하여 질문을 하고, 응답이 부족한 경우 추가질문을 하여야 한다. 그리고 질문은 가능하면 구체적으로 질문하여야 한다. 예를 들어 지원자가 "제가 그 프로젝트를 담당했습니다."라고 말하면, "정확히 담당한 일은 무엇이었습니까?"라고 질문한다. 일반적으로 과거의 행동에 대한 구체적인 예를 이끌어낼 수 있는 질문을 연이어 한다.

또 지원자의 몸짓도 관찰한다. 표정은 그 사람의 감정에 대해 많은 것을 알려준다. 열의가 있는지, 지루해하는지, 의견에 반대하는지, 관심이 없는지, 주의력이 있는지 등을 말해준다. 앉아있는 자세, 시선의 방향, 목소리의 고저와 크기도 말하는 내용에 대한 자신감과 신념을 표현하는 것이다.

4) 추가질문(탐색질문)

모든 질문 뒤에는, 특히 진실성이 의심스러운 답변이 나오면 바로 추가질문을 해야 한다. 그 당시의 상황을 꼬치꼬치 캐묻고 그것을 왜 난관이라고 여겼는지, 그것을 극복하기 위해서 어떤 대안들을 검토했는지, 그중에서 어떤 대안을 왜 선택했는지, 그 결과는 어떠했는지 등을 육하원칙(언제, 어디서, 누가, 무엇을, 어떻게, 왜)에 따라 논리적으로 검증해나가는 것이다. 이것이 역량면접에서 가장 중요한 면접관의 기술이다. 이렇게 꼬치꼬치 물으면 지원자의 사고나 가치관, 그리고 구체적인 상황에서 지원자의 행동을 파악할 수 있다. 또한 지원자가 끈기가 있는지, 책임감은 있는지, 문제해결력은 있는지, 협력적인지 등을 파악할 수 있다.

가끔 시간 부족으로 추가질문을 하지 않고 넘어가는 경우가 있는데, 그럴 때에는 차라리 그 질문 전체를 생략하고 다른 질문을 하는 것이 좋다. 다시 말하면 추가질문은 반드시 필요하다.

5. 평가요령

평가의 핵심은 지원자의 말과 행동을 면밀히 관찰하고, 면접 중에 기록한 정보를 토대로 역량에 대한 객관적인 평가를 내리는 데 있다. 각 역량의 평가포인트에 대하여 평가기준에 따라 각 역량의 수준을 평정하여야 한다. 평가 시에는 응답내용을 통해 얻어진 모든 정보를 종합적으로 판단하여야 한다. 성급하게 미리 판단하기보다는 마지막까지 관찰한 정보를 토대로 최종평가에 임하여야 한다.

면접위원은 독립성을 가지고 각자 평가함을 원칙으로 하며, 면접위원들 간에 합의를 하거나 개별평가에 부당한 압력을 행사하기 위한 토의는 금지하는 것이 효과적이다. 단, 유일하게 자신만이 파악했거나 혹은 잘 듣지 못했던 부분에 대해 정보를 교환할 수 있다.

박두진, 송유경, 역량면접 구축 및 실행을 위한 실무 가이드, 임금연구, 한국노동연구원, 2006

정종태, 중소기업의 인력확보 방안, HR EXECUTIVE, Vol. 21, Job Korea, fall, 2010

정종태, 임원제도 및 임원 인사관리, 한국인사관리협회, 2007

하영목, 허희영, 면접의 과학, 맑은소리, 2007

Lucia, A. D. & Lepsinger, R., *The art and science of competency models : Piopointing critical success factors in organizations.* CA : Jossey-Bass, 1999. 정재창 외 (역), 알기쉬운 역량모델링, PSI 컨설팅, 2001

Spencer, L. M. & Spencer, S. M., *Competence at work : Models for superior performance.* NY : Wiley & Sons, Inc., 1993. 민병모 외 (역), 핵심역량모델의 개발과 활용, PSI 컨설팅, 1998

중소기업의 인력확보

최근 청년실업률이 8%에 달하는 상황에서도 중소기업은 여전히 심한 인력난을 겪고 있다. 물론 이러한 현상은 우리나라만의 현상은 아니다. 대부분의 OECD 국가들은 청년층의 실업률이 10%를 웃도는데 그래도 우리는 8%대로 오히려 외국보다 나은 사정이다. 그러나 청년실업률이 외환위기 이후 점차 상승 추세에 있다는 점은 골칫거리이다. 이는 청년실업문제가 경기적인 측면보다는 구조적인 요인에서 기인함을 극명하게 보여준다. 우선 청년실업문제가 발생하는 원인은 다음 세 가지로 진단할 수 있다.

첫째는 '선진국 병'이다. 가구당 평균 소득수준이 올라가면서 가족 중에 한두 명은 일을 하지 않아도 생활을 유지하는 데 큰 문제가 없다. 따라서 대기업에 가기 위해서 학교 졸업 후 학원을 다니거나 자격증을 딴다. 취업 재수생, 삼수생이 많다.

둘째는 취업을 희망하는 젊은 층이 사회의 흐름이나 기업체의 인력구성 특성을 이해하지 못하고 있다. 청년층이 취업하기를 원하는 대기업은 신입사원을 원하는 것이 아니라 시장에서 검증된 경력자 중심의 능력 있는 인재를 원하고 있다. 2008년 미국 금융사태 이후 세계경기의 침체나 경제적 어려움이 지나면 대기업들이 고용기회를 확대할 것이라고 생각하겠지만 사실은 그렇지 않다. 선진국이 될수록 시장을 개방할 수밖에 없고 대기업들은 글로벌 시장에서 경쟁하여야 한다. 따라서 대기업은 신입사원을 채용하여 육성하기보다는 각 분야별로 전문성과 경력을 보유한 경력사원을 채용할 수밖에 없다. 우리나라도 경제성장과 OECD 가입 등으로 선진국 대열에 진입해가면서 우리나라의 대기업이 글로벌 시장에서 경쟁하고 있고 이러한 경쟁상황 속에서 대기업의 채용구조는 바뀌고 있다. 과거의 대졸 신입사원 채용에서 각 전문분야별 경력사원 채용으로 전환되고 있다. 다시 말하면 대학졸업 후 바로 대기업으로 취업할 수 있는 기회가 점차 감소되어 가고 있다. 그런데 안타깝게도 젊은 층이나 이들의 부모는 이를 모르고 있다.

셋째는 중소기업 정책을 수립하는 정부의 대책이나 중소기업 경영자의 채용전략 부재도 영향이 있다. 정부는 중소기업과 취업 희망자를 연결시킬 수 있는 다양한 채널을 구축하여 젊은 층이 중소기업의 특성을 이해하고 중소기업에 대한 정보를 쉽게 얻을 수 있게 하여야 한다. 중소기업의 경영자 또한 근로자의 복지나 교육 기회 등을 충분히 제공할 수 있는 환경을 마련하여야 하고, 인재중심의 경영방침을 실천하여야 한다.

중소기업과 취업 희망자인 청년층 간의 상호 정보의 부족, 중소기업 특성에 대한 취업 희망자의 이해 부족 등을 제거하기 위하여 인턴사원제도를 적극적으로 도입하는 것이 효과적이다. 인턴사원제도는 중소기업 측에 우수한 인력 풀을 확보할 수 있도록 하며 인턴기간 중에 적합한 인재인지를 사전에 검증할 기회를 제공한다. 또한 예비 근로자들에게는 중소기업의 특성은 물론 자신이 담당할 직무를 경험해볼 수 있게 하는 장점이 있다.

정부에서도 현행 정규직 일변도의 채용관행은 기업이나 취업 희망자 서로에게 위험을 가중시키는 제도이므로 '정규직 전환에 초점을 둔 인턴제도'의 도입을 지원하고 각 경제단체나 기업협의회 등에 위탁하여 운용하고 있다. 정부 관계자는 "인턴제도가 정규직 채용 일변도의 입직경로를 다양화하며, 실업 및 구직기간의 단축, 그리고 직장적응도 향상 등의 장점이 큰 만큼 합리적인 채용관행의 선도모델로 발전시켜 나갈 계획이다."라고 밝혔다. 다음은 여러 가지 불리한 여건 속에서도 중소기업이 우수한 인재를 확보하기 위한 방안과 정부가 지원하는 인턴사원제도를 어떻게 효율적으로 활용할 것인가에 대하여 설명한다.

중소기업이 인턴제도를 효과적으로 활용하기 위해서는 첫 번째로 다양한 모집원(recruiting source)을 개발하고 활용하여야 한다. 현재 가장 효과적인 모집방법은 채용전문 온라인 포털사이트이다. 비용 측면이나 취업 희망자의 접근성 측면에서 우수하고 신뢰할 수 있는 방법이다. 대부분의 중소기업이 활용하고 있으며 일반화되어 있다. 그러나 채용전문기관의 모집광고 하나만으로는 기업에 관한 충분한 정보를 취업 희망자에게 제공할 수 없을 것이다. 젊은 층이 중소기업 지원을 꺼리고 대기업에만 지원하고자 하는 이유 중 하나는 중소기업에 대한 신뢰가 부족하기 때문이다. 즉, 정보가 부족하기 때문이다. 따라서 중소기업 경영자는 다양한 방법으로 기업의 비전이나 방향성은 물론 현재의 경영상황을 제공하여야 한다. 이를 위하여 우선적으로 모집광고 내용을 회사 홈페이지에 동시에 게재하여 채용전문 사이트를 본 취업 희망자를 홈페이지로 유도하여야 한다. 또 취업희망자가 사내 채용담당자에게 전화연락을 하도록 유도하여야 한다. 단순 광고보다 인적 연계가 신뢰성을 증대시킨다. 그리고 학교의 해당학과에 직접 채용을 의뢰하는 문서를 발송하여 모집분야나 요건을 학교 내 취업게시판에 게재하게 하는 것이 좋다. 한 중소기업은 급여나 근로조건이 대기업에 비하여 부족하지 않지만 중소기업이기 때문에 여러 번 채용광고를 냈음에도 불구하고 지원자를 모집할 수 없었다. 그래서 이 기업은 채용광고와 동시에 10여 개의 주요 대학에 취업의뢰 문서를 보내었더니 우수한 대학에서 많은 인력이 지원을 하였다. 즉, 중소기업은 급여나 고용안정 면에서 열악할 것이라는 선입관 때문에 망설이는 지원자를 학교에 모집광고를 게시하는 방법으로 확보하였다. 또 각 지방자치단체, 중소기업중앙회, 채용전문회사 등이 주최하는 중소기업 취업설명회 등에 적극적으로 참여하여 취업설명회장에서 직접 지원자들을 만나고 설명하는 것이 효과적이다.

두 번째로 정부지원 청년인턴제도를 최대한 활용하여야 한다. 정부는 중소기업을 대상으로 '중소기업 청년취업인턴사업'을 추진하고 있다. 2009년에 이어 2010년에도 추진되고 있다. 사업예산이 약 2천억 규모로 인턴지원 대상 인원 약 3만 명을 지원하는 것을 목표로 하고 있다. 인턴채용 및 지원방식은 각 지방의 상공회의소, 벤처기업협의회 등 경제단체 94개소, 대학 26개소, 민간취업알선기관 37개소를 인턴사원 채용운영기관으로 선정하여 운영기관에 대해 지원금 등을 일괄 교부하고 운영기관이 인턴사원을 채용한 기업체에 지급한다. 지원규모는 인턴 채용 후 월 임금의 50%(최고 800,000원)를 6개월 범위 내에서 지원하며, 인턴기간 종료 후 정규직으로 전환하여 채용 시 6개월간 추가 지원한다.

세 번째로 중소기업은 자사의 채용요건 및 채용절차·기준을 수립하여야 한다. 많은 중소기업들은 전문지식, 능력, 인화, 도전의식, 성실성 등을 두루 갖춘 '슈퍼맨' 멀티플레이어를 원하고 있다. 그러나 이러한 일반적인 요건으로는 좋은 인재를 확보하기 어렵다. 중소기업 경영자는 회사의 비전과 문화 등을 고려해 꼭 필요한 인재요건을 찾아내고, 이를 기초로 면접 등 다양한 방법으로 검증하여야 한다. 한 중소 제조기업은 무엇보다도 부서 간의 협력이 중요하다고 판단하여 여러 후보자 중에서 가장 협력적인 마인드가 있는 사람을 선발하기로 결정하였다. 그래서 면접과정에서 지원자의 과거 협력경험을 질문하고 다른 사람들에게 도움을 제공한 경험이 많은 사람을 선발하였다. 다른 예로 한 중견 의류업체는 지원자의 자질 중에서 '창의성'이 가장 중요하며 성과에도 영향을 많이 미친다고 판단하였다. 단순히 암기나 이해 위주인 학교 성적보다는 아이디어가 중요한 업종의 특성을 살리고 자사 제품에 대한 마니아층을 지속적으로 확보하기 위해서였다. 지금도 이 회사의 신규채용 경쟁률은 대기업 못지않게 높다.

또한 전문성과 회사가 원하는 역량을 확인하기 위하여 다양한 검사를 활용하거나 외부전문가를 채용과정에 참석시켜 지원자의 역량을 정확히 진단하여야 한다. 대기업들은 서류심사 후에 자체 개발된 인성검사와 직무적성검사를 실시한다. 이 과정을 통하여 지원자의 성격적 특성과 직무적성을 확인한다. 중소기업인 경우에는 심리검사 전문기관에서 개발된 검사지를 미리 받아 지원자가 방문하면 작성하게 하고 이를 팩스나 인터넷으로 검사기관에 보내면 즉시 검사결과를 받을 수 있다. 1인당 검사비용은 3만 원 정도이다. 그리고 면접 시에 외부전문가를 초빙하여 면접을 진행하는 것도 효과적이다. 필자도 여러 중소기업의 면접에 참여하고 있다. 전문가는 탐색질문(probing question) 등 다양한 질문기법으로 지원자의 역량을 정확하게 진단할 수 있다. 어떤 지원자가 협력적인 마인드를 보유하고 있는지, 또 창의적인 사고를 가지고 있는지, 적극적으로 문제해결을 할 사람인지를 평가한다.

네 번째로 보상구조 및 인재에 대한 중소기업 경영자의 기본철학을 바꾸어야 한다. 일반적으로 중소기업의 임금수준과 근무여건이 대기업보다 떨어지기 때문에 구직자들의 선호도가 떨어지는 것이 현실이다. 물론 중소기업 임금의 절대적 수준은 대기업에 미치지 못하는 경우가 많다. 그러나 우수한 직원의 경우에는 대기업과 비교할 수 없을 정도로 빠른 승진이 가능하고 폭넓은 업무재량권을 부여할 수 있는 등 중소기업만의 비금전적인 보상혜택이 있다. 따라서 중소기업은 연봉제의 도입을 통한 우수인재에 대한 보상 차등은 물론 승진 등 비금전적인 보상을 차등하여 우수한 인재를 동기부여하여야 한다. 또한 중소기업 경영자는 인턴사원 채용을 단순히 빈자리를 채운다는 생각으로 접근하여서는 안 된다. 한 사람이라도 회사에 필요한 인재를 확보하고 이들에게 자신의 역량을 발휘할 기회를 제공하겠다는 인재 중심의 경영을 실현하도록 하여야 한다.

다섯 번째로 인턴사원의 이탈 방지 및 조기 적응을 위한 멘토링 제도나 교육훈련을 지속적으로 지원하도록 하여야 한다. 대개 신입사원은 취업 전에 가지고 있었던 기대와 취업 후 기업에서의 자신의 역할의 차이(entry shock, 진입충격) 때문에 1년 이내에 사직을 하는 경우가 30% 이상이다. 따라서 중소기업 경영자는 인턴사원이 조직에 정착하도록 선배사원을 멘토로 지정하여 조직의 문화를 이해하도록 하고 업무를 가르치도록 하여야 한다. 멘토링 제도는 원래 대기업에서 도입된 제도이지만 최근에는 공기업, 중소기업에도 도입되어 활용하고 있다.

일부 회사에서는 인턴사원을 정규직원으로 생각하지 않고 보조사원으로 생각하는 경우가 많아서 이들에게 중요한 직무를 부여하지 않거나 지원업무를 맡기고 있다. 그 때문에 인턴사원이 제대로 능력을 발휘할 수가 없다. 중소기업 경영자는 기본적으로는 인턴사원을 인턴과정을 거쳐서 정규직원으로 채용한다는 자세로 적합한 직무를 부여하고 인턴사원의 능력을 검증하여야 한다. 또한 멘토링 제도 등을 도입하여 인턴사원이 조직에 잘 적응할 수 있도록 하여야 한다. 그뿐 아니라 중소기업 직원들은 다양한 정부지원 교육프로그램에 참가할 수 있다. 중소기업 경영자의 의지나 마음만 있으면 직원들이 무료로 다양한 교육을 받을 수 있다.

마지막으로 이제 중소기업에도 인사전문인력이 있어야 한다. 치열한 경쟁에서 이기기 위해서는 해당 분야의 전문가가 있어야 한다. 이제 중소기업의 성패도 인재확보에 달려있다. 인재확보 및 유지를 전문적으로 수행할 인사전문인력을 확보하여야 한다. 효과적인 모집원의 발굴, 채용요건과 절차의 정립, 합리적인 보상제도의 설계, 정부지원 인턴사원제도나 정부지원 교육프로그램의 파악 및 신청, 교육훈련제도 설계 등의 업무를 전담하여 담당할 수 있는 인력이 있어야 한다. 이러한 노력들이 중소기업 인턴사원의 정착 및 육성을 위한 전략들이며, 이는 바로 기업경쟁력의 원동력이다(HR EXECUTIVE, Vol. 21, fall, 2010).

 토론주제

1. 현재 청년실업률의 원인은 무엇인가?
2. 중소기업이 좋은 인력을 확보하기 위한 방안은 무엇인가?
3. 인력의 이탈을 방지하기 위하여 기업이 해야 할 노력에는 어떤 것들이 있는가?

PART 7

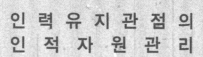

인력유지관점의
인적자원관리

19

인력이탈의 방지

CHAPTER19

학습목표

- 인력이탈 비용 및 인력유지의 필요성에 대해서 학습한다.
- 근무기간 및 단계별 이탈 원인을 정확히 파악한다.
- 근무기간 및 단계별 이탈 방지를 위한 프로그램을 학습한다.
- 이탈 방지를 위한 선진기업들의 노력과 프로그램을 학습한다.

CHAPTER19

개 요

회사에 꼭 필요한 인재가 갑자기 이직하게 되면 회사는 당장 일손이 모자라게 되고 공백을 메우는 일도 만만치 않다. 인재의 이직은 회사와 리더에게 큰 부담이 아닐 수 없다. 많은 선진회사들은 이직의 원인을 파악하고 이를 방지하기 위하여 상당한 노력을 한다. 첫 번째 이직은 신입사원 시기인 입사 1년 이내에 많이 발생한다. 기업들은 이를 방지하기 위해서 선배사원을 멘토로 지정하여 신입사원의 여러 가지 고충을 상담하는 멘토링 프로그램을 도입한다. 이직의 두 번째 단계나 시기는 신입사원 시기를 지난 사원들이 입사 후 2~3년차에 이직을 한다. 이는 조직 내에서 자신의 성장기회를 찾을 수 없기 때문이다. 이러한 이직을 방지하기 위하여 많은 회사들이 경력개발계획(Career Development Program, CDP)을 도입하여 직원들의 경력개발을 지원한다. 세 번째는 대략 입사 4년 이후에 발생한다. 이때에는 조직의 가치와 개인의 가치가 일치하지 않기 때문이다. 기업은 이직을 방지하고 지속적으로 직원을 유지시키기 위하여 종업원 가치제안(Employee Value Proposition, EVP)을 향상시키거나 공정하게 조직을 운영하여야 한다.

1. 인력유지의 필요성

1) 이직으로 인한 기업의 손실

회사에 꼭 필요한 인재가 갑자기 이직하게 되면 회사는 당장 일손이 모자라게 되고 공백을 메우는 일도 만만치 않다. 인재의 이직은 회사와 리더에게 큰 부담이 아닐 수 없다. 회사에 꼭 필요한 인재가 떠나게 되면 조직의 입장에서는 유·무형의 손실이 만만치 않다. 미국 노동부의 자료에 따르면 일반 직무를 담당하는 인력이 퇴직할 경우 1인당 1만 달러 이상의 추가비용이 발생하게 되고, 고급 직무인 경우에는 2만 달러에 이른다고 한다.

이러한 추가비용은 인력을 모집하고 선발하는 데 소요되는 직접비용과 함께 생산성 하락 등과 같은 기회비용이 고려된 수치이다. 이외에도 단골고객의 이탈, 동료들의 동요나 사기 저하, 개인이 축적한 노하우와 조직경쟁력의 감소 등 돈으로 환산하기 힘든 손실도 발생할 수 있다.

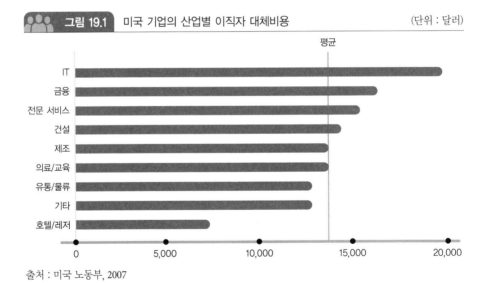

그림 19.1 미국 기업의 산업별 이직자 대체비용 (단위 : 달러)

출처 : 미국 노동부, 2007

2) 신입사원의 이탈

2010년에 조사된 한 취업 포털사이트의 조사에 의하면 신입사원의 29%가 입사 1년 내에 퇴사하는 것으로 나타났다. 또 2000년 중반에 국내의 모 그룹을 대상으로 조사한 자료에서도 대졸 신입사원의 30% 이상이 입사 1년 내에 퇴사하며, 우수대학을 졸업한 신입사원은 50% 정도가 1년 내에 퇴사하는 것으로 나타났다.

신입사원의 이탈이 많은 이유 중 하나는 기업들의 모집방법 때문이기도 하다. 대부분의 기업이 대학 캠퍼스에서 기업설명회를 하고 신입사원을 모집하거나 정기적으로 신문 등의 광고를 통해 모집하기 때문에 응모자는 기업의 현실에 대해서 잘 알지 못한 채 채용된다. 따라서 채용 전에 가지고 있는 기대와 채용 후 기업에서의 자신의 역할과의 차이가 퇴사의 중요한 원인이 되고 있다. 이를 진입충격(entry shock)이라 일컫는다.

3) 우수인력의 유출

국내 기업의 경우 신규인재의 유치는 어려운 반면에 우수인재의 외부 유출이 많고, 사원들의 이직의향은 상당히 심각한 수준으로 보이고 있다. 따라서 각 기업은 인력의 유출을 방지할 수 있는 인재관리시스템을 구축하는 등의 대책을 마련해야 할 시점이다.

국내의 한 기업을 대상으로 한 설문조사 결과 '현업에 필요한 우수인재의 유치가 용이하다.'고 응답한 비율은 9%에 불과하였다. '기회가 되면 나도 다른 회사로 가겠다.'고 응답한 비율은 44%, '퇴직자 중에 우수한 인재가 많이 있었다.'고 응답한 비율은 69%로 나타났다.

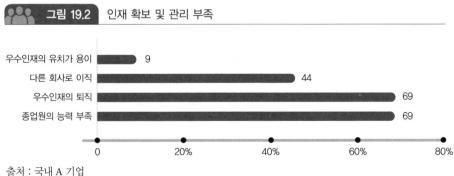

그림 19.2 인재 확보 및 관리 부족

출처 : 국내 A 기업

2. 단계별 인력이탈 방지 프로그램

1) 단계별 이직률 및 유지 프로그램

이직의 원인을 시기나 단계별로 살펴보고 이에 적합한 프로그램들을 구상하는 것이 중요하다. 첫 번째 이직은 신입사원 시기인 입사 1년 이내이다. 이 시기의 이직률은 약 30~50%에 달하며 주로 조직에 적응하지 못해서이다. 신입사원들은 회사에 입사하여 중요한 일을 할 것을 기대하고 있지만, 주로 타이핑이나 자료집계 등 허드렛일을 담당하게 된다. 이에 대한 갈등으로 퇴사를 결정하게 된다. 기업들은 이를 방지하기 위해 선배사원을 멘토로 지정하여 신입사원의 여러 가지 고충을 상담하는 멘토링 프로그램을 도입한다.

멘토링은 주로 신입사원, 신규 채용자의 조직적응의 측면에서 도입되나 일부 조직에서는 기존직원의 역량 강화나 조직활성화의 측면에서 적용하는 것이 확대되는 추세이다. 멘토링은 기업 외부에 있었던 개인이 내부 구성원으로 되어가면서 규범, 가치관, 요구되는 행위, 업무수행에 필요한 기술, 지식 등을 습득하여 조직에 필요한 사람으로 되어가는 조직의 사회화 과정에 있어 중요한 역할을 한다.

이직의 두 번째 단계나 시기는 신입사원 시기를 지난 후 입사 2년에서 3년차이다. 이러한 이직의 원인은 조직 내에서 자신의 성장기회를 찾을 수 없기 때문이다. 이러한 이직을 방지하기 위하여 회사는 경력개발계획(Career Development Program, CDP)을 도입하고 직원들의 경력개발을 지원한다.

CDP란 직원 개개인이 스스로 진로를 설정하여 각 개인의 강점과 개발분야를 확인하여 개발계획을 스스로 세우는 제도이다.

표 19.1 이직단계별 이직원인과 효과적 프로그램

단계구분	입사초기(1년 이내)	2~3년	4년 이후
단계별 이슈	사회화 및 적응	자신의 성장과 개발	사회적 의미, 문화적 일체감
이직률	30~50%	20~30%	10%
기대사항	진입충격의 해소, 조직이해	경력목표, 자기계발	조직몰입, 가치부합
효과적 프로그램	멘토링	CDP	EVP, 공정한 승진제도

세 번째 이직은 대략 입사 4년 이후에 발생한다. 이때의 사원들은 조직의 가치와 개인의 가치가 일치하지 않기 때문에 이직을 한다. 기업은 이직을 방지하고 지속적으로 직원을 유지시키기 위하여 종업원 가치제안(Employee Value Proposition, EVP)을 향상시키거나 공정한 조직운영을 하여야 한다.

2) 인력유지 모델

기업은 이직을 방지하고 인력을 유지하기 위하여 경영자는 물론 모든 인력을 동원해야 한다. 인력관리 부서는 채용시스템 개편 및 이탈 방지를 위한 각종 인사제도를 도입하여야 할 것이고, 현업 부서의 부서장은 직원들과 신뢰관계를 형성하는 데 주력하여야 할 것이다.

표 19.2에서는 인력유지의 주체별로 인력유지의 책임과 역할을 기술하고 있다. 경영자는 이직에 따른 비용이 경영이슈가 될 수 있도록 강조하여야 한다. 인력관리 부서는 채용관리를 철저히 하여 이직률을 낮추어야 하며, 직원의 첫 3개월간의 근무상황에 대해 상세히 기술하는 등 지속적인 관리가 필요하다. 또 EVP의 지속적 관리, CDP, 공정한 직급체계 및 승진제도의 도입 등 기존의 규정과 관습을 바꿔서 '유지관리'를 유도할 수 있는 제도를 도입하여야 한다. 그리고 현업 부서의 부서장에게는 조직 구성원의 유지관리에 책임을 부여하여야 하며, 팀 구성원들과 신뢰관계를 형성할 수 있도록 하여야 한다.

표 19.2 인력유지 주체별 인력유지의 책임

인력유지 주체	인력유지 책임
현업 부서 책임자	1. 부서 책임자에게 조직 구성원의 유지관리에 책임을 부여함 2. 부서 책임자가 팀 구성원들과 신뢰관계를 형성할 수 있도록 함
인력관리부서	3. 채용관리를 철저히 하여 이직을 낮추어야 함 4. 직원의 첫 3개월간의 근무상황에 대해 상세히 기술함 5. 규정과 관습을 바꿔서 '유지관리'를 유도할 수 있는 제도를 도입함(EVP의 지속적 관리, CDP, 공정한 직급체계 및 승진제도의 도입)
경영자	6. 조직이직에 따른 비용이 경영이슈가 될 수 있도록 함 7. 경영자가 '유지관리'를 주도하도록 함

3. 이직 방지를 위한 선진기업들의 노력

1) 회사의 대책

선진기업들도 사내의 조직과 직원의 분위기에 대해 개별적으로 조사한 정보를 종합적으로 분석하여 이직의 징후를 예측하고 이직을 방지하기 위하여 노력한다. 최근 들어 대부분의 회사가 정기적으로 직원의견조사(employee survey), 360도 리더십 피드백 조사, 이직자 면담 등을 통해 조직의 분위기를 조사하고 있다.

　선진기업들은 서로 다른 목적으로 시행하는 여러 조사들을 통합·분석하여 이직률을 조기에 경보하는 '이직예측시스템(turnover prediction system)'을 운영하고 있다. 이 시스템의 운영원리는 여러 조사문항 중에서 이직자와 근속하는 직원의 응답 간에 차이가 많은 문항을 골라내어 이 문항들에 대해 이직자와 유사한 패턴으로 응답한 부서나 직원들을 집중 관리하는 것이다.

2) 리더의 대응과 노력

리더는 구성원들을 일상적으로 관리하는 위치에 있기 때문에 이직의 위험을 사전에 발견하고 대응하는 데 책임을 질 수밖에 없다. 리더는 항상 부하직원의 상황을 객관적으로 판단하여 이직의 징후가 높아질 경우에는 사전에 면담을 하거나, 이직의 원인을 찾아서 해결하는 데 함께 노력해나가야 할 것이다.

20

멘토링

- 멘토의 유래나 기업에서의 도입 추세에 대해서 학습한다.
- 멘토링의 도입절차나 운영과정에 대해서 학습한다.
- 멘토선발과 멘토-멘티 매칭 프로그램에 대해서 학습한다.
- 국내외 기업들의 멘토링 프로그램에 대한 사례를 학습한다.

최근 들어 멘토링 제도의 도입은 대기업 중심에서 공기업, 공공기관 및 대학, NGO, 그리고 중소기업 등으로 점차 확산되고 있다. 멘토링의 대상 또한 신입사원, 신규 채용자의 조기적응이라는 측면에서 주로 도입되었으나 일부 조직에서는 기존 직원의 역량 강화, 조직의 활성화 및 핵심인재나 임원 육성에도 적용이 확장되는 추세이다.

기업들이 멘토링 제도를 도입하는 이유는 신규 구성원에게 단순히 업무를 가르치는 수준을 벗어나 회사에 적응하도록 하여 회사와 함께 성장하도록 하기 위해서이다. 이러한 의미에서 멘토링은 '전통적 집단 교육훈련'과 대조되는 일대일 인재육성방식으로 멘티 한 사람의 장기적인 경력목표와 조직의 인재운영계획 간의 연계를 바탕으로 한 21세기 자기주도적 학습방식이다. 또 'OJT'는 신입직원을 대상으로 단기적인 측면의 업무지식을 전수하는 방식인 데 반해 멘토링은 중장기적인 훈련프로그램이다.

1. 멘토링의 의의와 최근 추세

1) 멘토의 유래

멘토(mentor)란 현명하고 신뢰할 수 있는 상담자, 지도자, 스승, 선생의 의미로 쓰이는 말이다. 이는 『오디세이(Odyssey)』에서 유래되었다. 오디세이가 트로이 전쟁에 출정하면서 집안일과 아들 텔레마코스의 교육을 그의 친구인 멘토에게 맡긴다. 오디세이가 전쟁에서 돌아오기까지 무려 10여 년 동안 멘토는 왕자의 친구, 선생, 상담자, 때로는 아버지가 되어 그를 잘 돌보아주었다. 이후 멘토라는 그의 이름은 지혜와 신뢰로 한 사람의 인생을 이끌어주는 지도자의 동의어로 사용되어 왔다. 멘토의 상대자를 멘티(mentee) 또는 멘토리(mentoree), 프로테제(protégé)라 한다.

2) 멘토링의 의의와 필요성

멘토링이란 '현장훈련을 통한 인재육성 활동', 즉 조직이나 업무에 대한 경험과 전문지식이 풍부한 사람이 구성원을 일대일로 전담하여 지도, 코치, 조언을 함으로써 실력과 잠재력을 개발하고 성장시키는 활동을 말한다. 이러한 활동은 신입사원은 물론 경력채용 대상자에게도 적용되고 있다. 특히 최근 들어 각 기업이 공격적인 인재획득의 수단으로서 경력채용을 중요시하고 있다. 또 이러한 추세는 향후 증대될 전망이다. 경력채용 대상자들이 구성원으로서 동기를 부여받고 적응할 수 있는 제도적인 뒷받침이 필요하기 때문이다.

　따라서 기업 외부에 있었던 개인이 조직의 내부규범, 요구되는 행위나 가치체계, 업무수행에 필요한 기술, 지식 등을 습득하여 조직에 필요한 사람이 되어가는 조직의 사회화 과정에 있어 멘토링은 중요한 역할을 한다.

3) 국내 기업의 멘토링 운영 추세

최근 들어 멘토링 제도의 도입은 대기업 중심에서 공기업, 공공기관 및 대학, NGO, 그리고 중소기업 등으로 점차 확산되고 있다. 멘토링 대상 또한 신입사원, 신규 채용자의 조기적응이라는 측면에서 주로 도입되었으나 일부 조직에서는 기존

직원의 역량 강화, 조직의 활성화 및 핵심인재나 임원 육성에도 적용이 확장되는 추세이다. 예를 들어 국내의 한 전자회사는 신입사원 2,000명을 대상으로 멘토링을 적용하고 있으며 또 다른 전자회사는 1개 단위조직에서 1,800명의 전 직원을 대상으로 멘토링 제도를 적용하고 있다.

이러한 기업들이 멘토링 제도를 도입하는 이유는 신규 구성원에게 단순히 업무를 가르치는 수준을 벗어나 회사에 적응하여 회사와 함께 성장하도록 하기 위해서이다. 이러한 의미에서 멘토링은 '전통적 집단 교육훈련'과 대조되는 일대일 인재육성방식으로 멘티 한 사람의 장기적인 경력목표와 조직의 인재운영계획 간의 연계를 바탕으로 한 21세기 자기주도적 학습방식이다. 또 'OJT'는 신입직원을 대상으로 단기적인 측면의 업무지식을 전수하는 방식인 데 반해 멘토링은 중장기적인 훈련프로그램이다.

2. 멘토링의 도입목적 및 활용분야

1) 멘토링의 도입목적

멘토링은 단순히 업무지식의 향상이나 기술의 습득을 뛰어넘어 조직 구성원이 조직에 잘 적응하도록 업무방법이나 지식은 물론 새로운 조직의 환경이나 문화 등을 이해하도록 하는 제도이다. 따라서 많은 기업들은 멘토링을 통하여 조직진입자들의 조직적응력을 제고하고 조직의 문화를 이해하도록 한다. 이를 통해 조직진입 시에 겪게 되는 진입충격(entry shock)을 극복하게 하고 조기 이탈을 방지한다. 또한 조직 구성원이 해당 직무에서 성과를 창출하게 한다.

그림 20.1 멘토링 제도의 도입목적

조직에 대한 적응력 제고
회사가치와 경영철학 전파 → 조기 안정화 → 고성과 창출 및 우수인재의 유출 방지

2) 멘토링 활용분야

멘토링 제도는 조직의 개인개발, 경력개발, 조직개발의 모든 분야에서 폭넓게 활용이 용이하다. 구체적으로 신입사원이나 경력입사자의 조직적응을 위한 단기간의 멘토링(버디시스템)에서부터 업무관련 지식 혹은 기술을 집중적으로 지도·습득하게 하는 신입사원 조기 전력화 멘토링에 이르기까지 범위가 확대되고 있다. 그뿐아니라 점차 핵심인재의 육성 및 유지를 위한 프로그램, 임원 육성, 여성인재 및 영업 부문의 인재 유지 등의 분야로 확산된다.

3. 멘토링 운영과정

1) 멘토링 운영과정

멘토링은 새로운 조직 구성원이 조직에 적응할 수 있도록 하는 의미 있는 제도이다. 하지만 기업에 따라 멘토링 제도를 도입하는 목적은 다를 것이다. 일부의 기업

표 20.1 멘토링 운영과정

단계	이슈
사전 진단(니즈, 준비도 진단)	• 조직이 멘토링 제도를 도입할 필요성이 있는지 사전 점검 – 최고경영진의 지속적인 관심과 지원 가능 여부를 확인 – 조직 구성원들의 의견수렴 과정을 통한 공감대 형성 및 자발적인 참여를 도출
추진팀 구성 및 계획 수립	• 체계적인 멘토링 추진을 위한 추진팀 구성을 통해 멘토링과정을 조정 – 멘토링과정의 기획/설계, 사내 홍보계획 작성/실행, 멘티 대상자의 정기진단, 멘토와 멘티의 그룹미팅 주관, 오리엔테이션 계획/실행, 기록유지 등
멘토, 멘티의 매칭	• 멘토와 멘티 풀을 구축, 매칭은 멘토링 제도에서 가장 중요한 핵심과정
오리엔테이션 및 촉진교육	• 멘토링 제도를 운영하면서 멘토와 멘티에게 필요하고 충분한 교육과 활동도구를 제공하는 것을 간과해서는 안 됨
능력개발 계획서의 설계 및 협약서	• 기존 인사제도상의 경력개발계획, 개인역량 개발계획 등과 잘 연계된 멘토링 실행계획을 작성·실천·피드백하여 멘토링이 단순한 선후배 간의 친목도모나 OJT 이상의 것이 될 수 있도록 하는 필수요소
평가	• 평가는 멘토와 멘티의 활동평가와 멘토링 과정평가로 구분됨 • 멘토와 멘티의 평가는 멘토링 협약사항과 멘토링 실행계획의 질적·양적 실천 정도를 측정하고 그 밖의 멘토와 멘티의 성장발전을 정성적으로 평가함

은 조직에서의 부적응으로 인한 조기 이탈을 방지하는 것이 목적일 것이고, 반면 다른 기업은 해당 직무의 지식을 효과적으로 습득하고 빠른 시일 내에 성과를 창출하는 것을 목적으로 할 것이다.

멘토링 제도의 운영과정은 다음과 같다. 먼저 조직이 멘토링 제도를 도입하는 목적을 구체적으로 도출하여야 하며, 이를 통하여 경영자의 지속적인 관심을 도출하고 조직 구성원의 공감대와 참여도 유발하여야 한다. 또한 멘토링 추진을 위한 구성팀도 구성하여야 한다. 구성팀은 멘토링 과정의 설계, 사내 홍보계획, 멘티 대상자 정기진단, 그룹미팅 주관 등을 담당한다. 그리고 멘토와 멘티의 매칭, 오리엔테이션 및 촉진교육, 능력개발 계획서의 설계 및 협약서, 그리고 평가의 단계로 이루어진다.

2) 멘토의 선발

멘토링 제도에서 멘토의 역할은 무엇보다도 중요하다. 멘토가 따뜻하게 새로운 조직 구성원을 이해하고, 그들의 어렵고 힘든 점을 이해한다면 새로운 조직 구성원은 보다 원활하게 조직에 적응할 수 있을 것이다. 반면 멘토가 조직의 부정적인 면이나 비판적인 사항을 전달한다면 멘티는 새로운 조직에 적응할 수 없을 것이다. 따라서 멘토링의 성공은 어떤 멘토를 선정하고, 멘토가 어떤 역할을 하는가에 달려있다.

국내 한 기업의 멘토 선정기준은 다음과 같다. 이 회사는 '멘토는 근속연수가 3년 이상이고, 최근 2년간 인사평가가 B 이상인 직원으로서 감성역량이 풍부한 직원이어야 한다.'고 기준을 수립하고 있다. 또 회사에서 공식적으로 멘토의 성향과 적합성을 기준으로 멘토를 승인하고 통보하여야 한다.

3) 멘토링 매칭 프로그램 : 경력사원 조직적응제도의 예시

다음은 한 대기업의 경력사원을 대상으로 한 조직적응을 위한 멘토링 매칭 프로그램이다. 우선 경력사원이 입사하면 입사한 사원의 프로필을 작성하도록 한다. 다음은 멘토 프로그램을 주관하는 인재개발 부서가 멘토 풀에서 3명의 멘토를 멘티에게

표 20.2 경력사원 멘토링 매칭 프로그램의 진행절차

단계	내용
1단계 : 입사	멘토와의 연결을 위한 자신의 프로필 작성
2단계 : 인재개발 부서의 멘토 추천	멘토 풀에서 3명을 선정하여 멘티에게 추천
3단계 : 탐색과정	멘티가 자신에게 적합한 멘토를 선정한 후 인재개발 부서에 통보
4단계 : 멘토 확인	멘티가 지목한 멘토에게 멘티의 신상을 통보
5단계 : 활동계획 수립	멘토가 멘티의 요청을 수락하면, 멘토는 활동계획서를 제출
6단계 : 서명, 확정	멘토와 멘티 모두 6개월간 멘토링 관계를 유지할 것을 약정

추천한다. 멘티는 자신에게 적합한 멘토를 선정하여 인재개발 부서에 통보한다. 인재개발 부서는 멘티가 선정한 멘토에게 멘티의 신상정보를 제공한다. 멘토가 멘티의 요청을 수락하면, 멘토는 활동계획서를 작성하여 인재개발 부서에 제출해야 한다. 이후 활동계획에 따라 6개월간의 멘토링 활동이 시작된다.

이 회사의 멘토링 매칭 프로그램의 특징은 다음과 같다. 우선 멘티를 매칭절차에 참여하게 함으로써 보다 효과적인 멘토링 성과창출을 가능하게 하고 있다. 그동안 많은 멘토링 사례에서 회사가 일방적으로 연결하는 경우 실패의 위험이 많았다. 이러한 실패를 극복하기 위해서 이 회사에서는 인재개발 부서에서 과거의 노력, 주요 업무, 관심사, 취미 등을 사전 조사한 후 멘티와 멘토를 연결시킨다.

또한 멘토는 동일 사업부 내 인접부서원 간의 연결을 최우선 원칙으로 한다. 이를 통해 ① 직무의 내용이나 절차에 대한 이해도를 높여 안정화를 도모하고, ② 근거리에서 조언이나 피드백이 용이하도록 하며, ③ 부서 간 이해의 폭을 넓힐 수 있음은 물론 ④ 부서 간의 팀워크를 강화할 수 있다. 또 ⑤ 전사적인 측면에서 커뮤니케이션 수준의 향상을 도모할 수도 있다.

4. 멘토링 제도의 기능 및 효과

1) 멘토링의 세 가지 기능

멘토링의 기능은 경력개발기능, 개인적 도움기능, 학습기능의 세 가지이다. 경력개

표 20.3 멘토링의 기능

기능	세부 내용
경력개발기능	• 도전적인 과제수행 • 상사의 후원·지원 및 추천 • 성과 및 업무수행 정도에 대한 피드백 • 회사 및 개인적인 경력목표의 달성
개인적 도움기능	• 카운셀링 및 상담 • 정신적 지원과 격려 • 상사의 역할 모델 제공 • 칭찬, 우정, 자신감 제고
학습기능	• 현재 직무에 대한 학습 • 조직문화나 규율에 대한 학습 • 특정 전문지식이나 기술에 대한 학습

발기능이란 새로운 조직 구성원에게 도전적인 과제를 수행하게 하고, 상사의 후원 및 지원을 통하여 조직 내에서 자신의 경력을 개발하게 한다. 개인적 도움기능은 카운셀링과 상담을 통해 조직생활의 적응을 돕는다. 마지막으로 학습기능은 직무에 대한 학습과 조직의 문화나 규율에 대한 학습을 돕는다.

2) 멘토링의 효과

멘토링의 효과는 조직에 주는 효과, 멘토에게 주는 효과, 멘티에게 주는 효과를 말

표 20.4 멘토링 효과

효과	세부 내용
조직에 주는 효과	• 구성원의 이직률 감소 • 인재육성에 기여 • 업무성과의 향상 • 교육·훈련비용의 절감 • 우수인재의 유치
멘토에게 주는 효과	• 리더로서의 역량 강화 • 인간적 유대관계 형성
멘티에게 주는 효과	• 빠른 사회화 • 자신감 향상 • 학습능력 촉진 • 인적 네트워크 강화 • 커뮤니케이션 활성화

한다. 조직에 주는 효과는 구성원의 이직률 감소, 인재육성에 기여, 업무성과의 향상, 교육 및 훈련비용의 절감, 우수인재의 유치를 말한다. 멘토에게 주는 효과는 리더로서의 역량 강화, 인간적 유대관계 형성 등이다. 멘티에게 주는 효과는 빠른 사회화, 자신감 향상, 학습능력 촉진, 인적 네트워크 강화, 커뮤니케이션 활성화 등이다.

3) 교육훈련과의 차이점

멘토링은 목적이나 기간은 물론 상호관계 등 여러 가지 면에서 교육훈련과 차이가 있다. 멘토링은 기본적으로 태도나 마인드의 변화를 목적으로 하는 활동인 데 반해, 교육훈련은 업무성과의 제고를 위한 전문지식의 습득을 목적으로 한다. 따라서 멘토링은 같은 조직 내에 있는 상사가 일대일로 상호작용하는 과정인 데 반해, 교육훈련은 외부전문가가 일 대 다수로 진행하는 경우가 많다. 장소나 기간도 서로 다르다. 멘토링은 수개월 이상의 장기적인 기간 동안 이루어지나 교육훈련은 몇 일 또는 몇 시간 동안 강의실에서 이루어진다.

표 20.5 멘토링과 교육훈련의 차이

	멘토링	교육 · 훈련
목적	태도 · 마인드의 변화, 성장잠재력 개발	업무성과 제고, 전문지식 습득
초점	구성원들의 잠재역량 개발 및 일을 통한 학습능력 제고	업무수행에 필요한 전문기술 습득
주체	같은 부서의 상사 또는 자주 접하는 사람	내 · 외부전문가
관계	지식 전달 외에 감정적 관계 포함, 일대일 관계	전문가와 비전문가 관계, 일 대 다수관계
장소	업무현장, 회사내부	강의실, 교육기관
기간	장기적(수개월~1년 이상)	단기적(몇 일~몇 주)
활동 범위	개인의 성장 가능성과 실력 향상에 초점	직무를 중심으로 회사와 개인의 성과를 연계하는 것이 주된 목적
변화 대상	구성원의 마인드, 태도, 정체성 등 행동변화의 기초가 되는 요인까지 변화시키는 것이 목적	성과 향상을 위한 구성원의 행동변화에 초점

4) 코칭/OJT와 멘토링과의 차이점

멘토링이 코칭과 다른 점은 활동범위나 변화 대상에서 찾을 수 있다. 멘토링은 구성원의 마인드나 태도변화에 초점을 두는 반면 코칭은 업무성과 향상을 위한 구성원의 행동변화에 초점을 두고 있다. 그래서 활동범위 또한 다르다. 멘토링은 개인의 성장 가능성을 위하여 마인드나 태도 그리고 실력 향상 등 개인의 감정적인 측면에서 지식을 전달하는 것까지 포함하고 있으나, 코칭은 직무를 중심으로 한 개인 성과와 관련된 것에 국한된다.

표 20.6 멘토링과 코칭/OJT의 차이

멘토링	코칭/OJT
사람과의 관계중심	업무중심
인간관계, 애정, 신뢰 등 감정 · 정서적인 측면까지 반영	회사의 생산성 향상이 목적
개인적인 삶도 중시	회사생활이나 업무에 국한
수평적 관계, 쌍방향	수직적 계층관계, 일방향

5. 멘토링 제도의 도입 사례

1) 미국 기업의 도입 사례

IBM의 통합 공급망(Integrated Supply Chain, ISC)은 전 세계 61개국의 약 1만 9천 명의 종업원을 가지고 있으며, IBM 총 수익의 50% 이상을 책임지고 있기 때문에 리더를 양성하고 적절하게 배치하는 것이 매우 중요하다. IBM 멘토링 프로그램의 한 부분으로서 2004년에 도입된 그림자 프로그램(shadow program)은 하루 동안 조직의 중역을 따라다니기 원하는 IBM의 종업원이면 누구나 등록할 수 있도록 한 제도이다. 상당수의 종업원들이 중역들의 하루가 실제로 어떠한지 보고 배우기 위해 프로그램에 참여한다.

Intel은 2001년부터 시작하여 2003년에 10만 명 이상의 종업원이 참여하는 온라인 멘토링 프로그램의 선두적인 기업이다. 종업원들은 전통적인 매칭시스템보다 선택의 폭이 넓고 신속하게 이루어지는 온라인 멘토링 프로그램을 선호한다. 온라인 멘토링 프로그램의 특징은 멘토가 되어주기 원하는 메일을 받은 사람은 그에 대해 자신의 의사를 밝힘으로써 관계가 형성되는 방식으로 원하는 멘토가 다른 나라에 있는 경우도 있다. 멘토와 프로테제의 관계가 형성되면 서로 간에 얼마의 시간과 노력을 투자할 것인지 합의하고 두 사람의 협상에 기반하여 관계가 종료된다 (HR 부서에서는 한 달에 1시간 정도의 투자와 6개월간 관계가 지속되는 것을 권장하고 있다.). 온라인 멘토링 프로그램은 사용을 위한 훈련이나 상사의 승인 없이 몇 가지 기본수칙만을 요구하고 있다. 멘토의 조건은 프로테제와 비동일부서의 근무자, 최소 1~3단계의 상위 직급자, 프로테제가 개발하고자 하는 3개 분야에서 최소 1개 분야에 대한 전문지식을 보유한 자로 정하고 있다.

2) 한국 기업의 도입 사례

삼성증권은 신입사원의 조기적응을 돕고 경쟁력 있는 인재육성을 위한 '선진형 후배육성제도'를 도입하고 있다. 삼성증권의 후배육성제도는 메릴린치, 노무라 등에서 벤치마킹한 것으로 신입사원 1명을 2명의 선배사원(필드마스터, 후견인)이 이끄는 시스템이다. 현장 밀착형 멘토인 필드마스터(field master) 54명은 1년간 신입사원의 현장교육(OJT)을 주관하고 조직생활에서 겪게 되는 심적 고충을 상담해주는 선배로서의 역할과 사내 인트라넷에 개설된 전용 사이트를 통해 신입사원이 작성한 보고서나 업무 결과에 대해 수시로 평가하는 역할을 수행한다. 후견인 (guardianship)의 경우 조직 내 리더십과 충성도가 높은 부서장급의 인력 14명으로 구성되어 있다. 후견인들은 회사의 비전, 경력관리 등 다양한 주제로 매월 신입사원과 토론을 갖고 조직 내 성장을 돕는 '아버지'의 역할을 수행한다.

21

교육 및 육성

CHAPTER21

학습목표

- 교육에 대한 기본적 목적과 필요성, 그리고 기업교육의 내용을 파악한다.
- 우리나라 기업들의 교육 문제점과 최근 교육 트렌드를 이해한다.
- 가장 효과적인 교육방법은 어떤 것인가를 인식한다.
- 액션러닝의 필요성과 구체적 설계방안을 습득한다.

CHAPTER21

개 요

기업의 교육에 대한 투자는 상당한 차이가 있다. 교육이 거의 없는 기업에서 1인당 연 130시간 이상의 교육을 실시하는 기업까지 다양하다. 왜 교육이 필요한지, 교육은 기업성과에 어떤 영향을 끼치는지에 대한 이해가 필요하다.

교육방법에 대한 변화도 필요하다. 우리나라 기업들은 아직도 강의식 교육이 많아 교육의 효과성이 없다. 새로운 교육방법의 개발이 필요하며, 교육에 대한 투자도 증가되어야 할 것이다.

또한 교육의 필요성 분석은 물론이고 교육진행도 과학적이고 체계적이어야 한다. 이를 위하여 교육체계 수립, 교육과정 설계, 교수전략 수립에 대한 이해가 필요하다. 뿐만 아니라 업무현장의 개선과 거리가 있는 기존 교육의 한계점을 극복하기 위하여 액션러닝 등 다양한 실천 중심의 교육모델이 기업에 적용되어야 할 것이다.

1. 교육의 정의 및 필요성

1) 교육의 정의

교육 또는 교육훈련이란 조직이 목표를 달성하기 위하여 조직을 구성하는 다양한 직원들의 업무관련 지식이나 기술, 업무수행과 관련된 자세나 태도 등을 습득하게 하는 동시에 바람직한 가치관이나 태도를 가지도록 변화를 촉진하게 하는 활동을 말한다. 여기서 말하는 교육은 단순히 지식이나 기술만을 가르치는 것이 아니라 직원들의 자아실현과 인격완성을 위한 내용까지 포함한다. 다시 말해서 교육이란 조직구성원이 담당하는 업무의 목표를 보다 효과적으로 달성할 수 있도록 직무수행에 필요한 지식과 기술을 제공함과 아울러 업무수행과 관련하여 다양한 관계자와의 상호작용에 필요한 태도를 가지게 하려는 체계적인 과정이라 말할 수 있다.

2) 교육의 필요성

일반적으로 교육은 조직구성원의 능력 향상은 물론 조직을 둘러싼 제반 변화에 대응하기 위하여 필요하다. 교육의 필요성을 다음과 같이 설명할 수 있다.

첫째, 교육은 직원들의 지식 진부화를 방지하기 위해 필요하다. 지식은 지속적으로 발전을 거듭하고 있어 과거의 지식은 사용할 수 없게 되거나 활용도가 낮아지게 된다. 조직은 조직구성원의 능력을 유지, 발전하기 위하여 교육이 필요하다.

둘째, 조직 내에서 담당하는 직무가 변경되었을 때 새로운 직무에 대한 내용을 파악하고 직무수행방법을 습득하기 위해서 교육이 필요하다.

셋째, 관리자들의 리더십 향상을 위하여 교육이 필요하다. 조직의 규모 증가하면 필연적으로 계층이 생기게 된다. 관리자 계층의 중요한 역할 가운데 하나가 직원들을 동기부여하고 리딩하는 것이다.

넷째, 조직구성원들이 바람직한 가치관을 갖게 하는 데 교육이 필요하다. 조직은 다양한 사람들로 구성되어 있다. 또 조직은 외부 이해관계자들과의 협력적인 관계를 유지하여야 한다. 따라서 조직구성원은 동료나 상사는 물론 외부 이해관계자와의 효과적인 관계를 형성하는 데 필요한 가치관이나 직장인으로서의 윤리를 확립시키기 위해서는 교육이 필요하다.

다섯째, 조직에 새로 입사한 신입사원들이 조직에 잘 적응하도록 하는 데 교육이 필요하다. 새로 입사한 직원들이 직무를 담당하기 전에 직무의 내용과 기능, 근무규칙 등에 대해 교육할 필요가 있다. 특히 신규 채용자에 대한 오리엔테이션(orientation)을 위해서는 교육의 중요성이 더욱 강조되고 있다.

기타 조직의 특성과 필요에 따라 다양한 교육이 필요하다.

2. 교육의 종류

1) 교육대상자에 따른 구분

조직 내에서 직원들을 대상으로 한 교육은 여러 종류가 있다. 먼저, 실시대상자를 기준으로 하여 분류하면 신규 채용자 교육, 재직자 교육, 감독자 교육, 관리자 교육으로 구분된다.

신규 채용자 교육은 직장에 처음 출근하는 직원에게 직무를 담당할 수 있도록 실시하는 교육으로 적응교육 또는 기초교육, 신입직원교육이라고도 한다. 신규 채용자 교육을 실시하는 목적은 신규 채용자로 하여금 소속 직장에 대한 전반적 특성과 업무 상황을 파악할 수 있게 하고, 그 사람이 담당할 직무를 알려주는 데 있으며 또한 새로운 환경 변화와 낯선 직장 분위기 때문에 서먹서먹하게 여기거나 위축되지 않도록 돌보아 주려는 데 있다. 신규 채용자 교육은 다음과 같이 두 단계로 나누어 실시되는 것이 보통이다. 제1단계는 직무의 내용이나 요건, 조직체의 현황 등을 알려주는 단계이다. 이 단계에서 조직체의 연혁과 미션, 비전, 조직의 환경, 업무의 범위, 장래의 전망, 본인의 각오 등을 인식시킨다. 제2단계는 신규 채용자에게 요망되는 사항을 주입시키는 단계이다. 이 단계에서는 신규 채용자에게 회사의 내부 상황을 인식시키고, 회사의 조직운영원칙이나 인사제도, 내부규정 등 필요한 사항을 알려준다.

재직자 교육은 재직자에게 새로운 지식이나 기술을 가르치는 한편 바람직한 가치관과 근무태도를 가지도록 정기적 또는 수시로 실시하는 교육이다. 이는 보수교육이라고도 한다. 재직자 교육의 목적은 조직에 현재 재직하고 있는 직원들을 대상으로 그들의 능력을 개발시키고 시대적 변화에 잘 적응할 수 있도록 새로운 지식이나 기술 또는 개정된 법령 등을 가르쳐 업무의 능률을 증진시키는 데 그 목적이 있다. 재직자 교육은 직무교육과 역량교육의 두 가지로 크게 구분해 볼 수 있다. 직무교육은 직원이 현재 담당하고 있는 직무 자체에 관한 직무수행 능력의 향상을 위한 교육으로서 '전공교육'이라고도 부른다. 여기에는 직원이 오래 근무하는 동안 쇠퇴한 능력을 회복하도록 재교육하거나, 직무와 환경의 변화에 따라 필요하게 된 새로운 지식과 기술을 습득하는 것이 포함된다. 한편 역량교육이란 재직자가 현재 지니고 있는 행동을 보다 바람직한 것으로 바꾸려는 교육이다. 구체적으로 재직자로 하여금 주로 적극성, 고객마인드, 주도성, 책임감 등을 가지도록 하는 데 중점을 둔다.

감독자에 대한 교육은 부하 직원의 직무수행을 지휘하고 감독하며, 이에 대한 책임을 질 직위에 있는 중급 이하의 감독자에게 그 감독 능력을 향상시켜 주기 위하여 실시하는 교육이다. 여기서 감독자란 1인 이상의 부하 직원을 거느리고 그들의 직무수행을 지휘하고 감독하는 한편 이에 대한 책임을 지는 직위에 있는 직원을 말한다. 이를테면 직장이나 반장, 또는 대리급의 감독자에 해당된다. 이와 같은 감독자로서 직위에 있는 직원은 현장에서 직원들과 대면 접촉을 통해 원만한 인간관계를 유지하도록 하여야 하기 때문에 그들에 대한 교육은 매우 중요시되고 있다. 따라서 감독자 교육은 감독자에게 실무 외에 인간관계의 개선, 의사전달, 사무관리 등을 내용으로 하는 교육을 실시하며, 교육방법은 강의, 토의, 사례연구, 분임토의, 감수성 훈련 등을 주로 활용하고 있다.

관리자에 대한 교육은 중견급 이상의 관리층 직원을 대상으로 그들의 관리능력, 즉 의사결정과 통솔에 필요한 능력을 향상시키기 위해 실시하는 교육이다. 오늘날 리더의 역할은 종래처럼 이미 수립된 정책을 단순히 집행하는 것으로만 끝나는 것이 아니라 합리적이고 미래지향적인 정책을 결정하는 역할까지 담당하기에 이르렀으므로 리더에게는 관리능력의 향상이 한층 더 요구되고 있다.

2) 교육방법에 따른 구분

교육이나 학습의 방법으로는 강의, 사례연구, 역할연기, 모의연습, 감수성 훈련, 분임토의 등 다양하다. 교육을 담당하는 담당자나 전문교육기관에서 교육의 효과를 향상시키기 위하여 새로운 방법을 지속적으로 개발하고 있다. 현재 기업에서 많이 쓰이고 있는 방법은 강의와 토론, 현장학습 등이며, 그 밖에 사례연구, 역할연기, 모의연습, 분임토의 등도 활용되고 있다. 강의(lecture)는 여러 사람들을 한 장소에 모아 놓고 강사가 일방적으로 정보와 지식을 전달하는 교육의 방법이다. 현재까지 기업에서 이 방법이 가장 많이 이용되어 왔다.

토론(discussion)은 교육대상자에게 주제를 주어 각자의 의견발표를 통해 그들 스스로가 문제를 해결하도록 하는 방법이다. 이 방법은 교육대상자들의 아이디어와 정보를 교환하는 데 가장 좋은 방법으로 특히 결론 내리기 힘든 문제에 대해 그 해결을 쉽게 한다. 그러나 이 방법은 참가자들 각자가 자신 있게 의견을 발표할 수 있는 능력이 갖추어져 있어야 하고 시간이 오래 걸린다는 단점도 있다. 현장학습이나 관찰(observation)은 교육대상자가 직무와 관련성이 있는 현장에 가서 일어나는 상황을 직접 봄으로써 업무에 대한 이해력을 넓히는 방법이다. 현장훈련(on-the-job training)은 교육대상자가 현재 근무하는 직장에서 정상적으로 자기의 직무를 수행하면서 상사로부터 지도를 받는 비공식적 교육(informal training)으로 현장실습 또는 직장 내 교육이라고도 부른다. 이것은 특히 기술직 직원의 능력개발에 유용한 방법이다. 사례연구(case study)란 과거에 실제로 있었던 사례를 중심으로 교육생들이 정보를 토의하고, 효과적인 문제해결 방법을 도출하는 교육방법이다. 사례연구는 교육대상자로 하여금 문제해결을 위한 정보를 습득하고 문제해결 능력을 키워주는 장점이 있다. 그러나 토의를 하게 되므로 많은 시간이 소요되는 단점도 없지 않다. 역할연기(role playing)는 어떤 사례를 연기로 꾸며 실제처럼 재현해 봄으로써 문제를 완전히 이해시키고 그 해결능력을 촉진시키는 교육방법이다. 이 교육의 특징은 일부 참가자는 직접 역할을 담당하고 다른 사람들은 이를 보고 비판하거나 토론을 하면서 바람직한 방법을 습득하게 한다. 감수성 훈련(sensitivity training)은 다른 사람들이 자신의 행동을 어떻게 인식하는지를 앎으로써 직무와 관련한 상호작용 방법을 배우게 하는 것이 목적이다. 감수성 훈련은 전통적인 교육방법과 다르다. 감수성 훈련은 교육주제나 안건 또는 구조화된 환경 제한이 없고, 리더도 없고, 계층이나 영향력 관계도 없는 방식이다. 구체적으로 10명 내외의 소집단으로 구성된 교육대상자들이 독립된 공간에서 실시하는 방법이므로 'T집단훈련'이라고도 부른다. 기타 모의연습(simulation)이나 인배스킷(in-basket) 등이 있다. 모의연습은 교육대상자가 업무수행 중 앞으로 직면하게 될 어떤 상황을 가상적으로 만들어 놓고 교육대상자가 거기에 대처할 수 있는 능력을 길러주는 방법이다. 인배스킷은 복잡한 상황에서 신속한 의사결정을 요구하는 많은 상황을 효과적으로 처리하고 우선순위를 결정하는 데 필요한 교육이다. 가상적인 상황을 제공하고 문제처리의 우선순위를 결정하고 이에 필요한 기준을 학습한다.

3. 교육의 문제 및 트렌드

1) 교육의 문제점

오늘날 기업의 경쟁력은 인적자원의 수준에 달려있다. 우수한 인적자원을 보유한 기업은 경쟁력이 유지된다는 이야기이다. 따라서 기업은 지속적으로 교육을 실시할 수밖에 없다. 그러나 교육이 원하는 만큼의 효과를 나타내지 않는 것도 사실이다. 지금까지 우리나라 기업들이 고민하고 있는 교육의 문제점은 다음과 같다.

첫째, 대부분의 교육이 집합교육이나 강의식 교육으로 진행되고 있다. 토론식 교육이나 참여식 교육이 부족하다.

둘째, 교육시간이나 교육에 대한 투자가 부족하다. 직원 1인당 적정 교육시간이 확보되고 이에 대한 투자가 있어야 하나 그렇지 못한 것이 현실이다. 일부 기업은 교육 담당자가 없는 것도 현실이다.

셋째, 인터넷 등 다양한 교육형태가 개발되고 있으나 아직 오프라인 중심의 교육이 절대적이다. 다만, 외국어 교육이나 IT 교육만이 온라인으로 진행되고 있는 정도이다.

넷째, 교육효과의 분석기법이 미비하다. 교육에 대한 전반적인 만족도 조사는 실

그림 21.1 교육 현황 및 문제점

교육시간 및 교육투자
- 직원 1인당 연평균 교육시간 부족
  - 교육에 대한 절대 시간 부족
- 부족한 교육투자
- 교육 담당자 부족 및 전문성 부족

교육방법
- 집합교육, 강의식 교육
- 토론식, 참여식 교육의 부족

교육운영 현황 및 문제점

교육형태
- 대부분 오프라인 방식으로 교육이 진행됨
- 외국어 및 IT 관련 교육은 연수원에서 사이버 방식으로 교육이 진행됨

교육 효과 및 업무활용
- 전반적으로 교육 만족도 분석
- 교육에 대한 체계적인 피드백 부족
- 부서장, 팀장 및 경영진들의 교육에 대한 중요성 인식 부족

시되고 있으나 교육이 업무개선이나 직원들의 역량 향상에 어느 정도 영향을 미치는지에 대한 평가가 부족하다.

2) 교육 트렌드

교육에 대한 중요성 인식이 증대되면서 전통적인 교육을 벗어나고 보다 체계적이면서 효과적인 교육에 대한 기대가 증대되고 있다. 뿐만 아니라 교육에 대한 투자 또한 증가되고 있다. 최근 글로벌 대기업을 중심으로 중요시되고 있는 교육 트렌드는 다음과 같다.

첫째, 역량 중심의 교육체계 수립이다. 1973년 McClelland 교수가 역량의 개념을 선발에 활용한 이후, 각 기업은 역량 중심으로 교육체계를 수립하여 활용하고

있다. 1990년 이후 우리나라 대기업들도 역량을 중심으로 교육체계를 수립하고, 교육과정을 개발하고 있다.

둘째, 참여식 교육의 활성화이다. 기존의 강의식 교육이 강사 중심의 수동적인 교육이며 교육 효과 또한 미미하였다. 이러한 문제점을 극복하기 위하여 토론이나 발표를 중심으로 교육대상자의 교육 참여를 활성화하는 참여식 교육방법이 활발하게 이루어지고 있다.

셋째, 액션러닝(action learning)의 등장이다. 기존의 교육은 단순히 교육으로 끝난다. 다시 말하면 교육이 업무개선이나 조직 내 문제해결에 도움이 되지 않는다는 것이다. 이러한 문제점을 해결하기 위하여 교육을 통한 조직 내 문제해결을 가능하게 하는 액션러닝이 새로운 교육방법으로 등장하였다.

넷째, 온라인과 오프라인 교육을 통합하는 블렌디드러닝(blened learning)의 등

그림 21.2 교육 트렌드

교육 트렌드	주요 내용	도입현황
역량 중심 교육체계 수립	• 성과창출의 직접적인 요인인 역량향상을 위해 직급/계층별, 직무별 교육의 목적과 교육내용을 정립	• 삼성, LG, POSCO, SK, 동부 등 국내 대기업 중심
교육방법 전환	• 강의식 교육에서 참여식(토의식, 발표식)으로 교육방법을 전환(대규모 강의식 교육방식의 효과 저하로 토론식, 발표식으로 전환)	• 삼성, LG, POSCO, SK, 동부 등 국내 대기업 중심
현장중심의 교육	• 액션러닝 등 업무현장의 문제를 중심으로 교육 → 업무현장에서 발생하는 문제해결을 중심으로 교육하고, 교육에서 산출된 문제해결 아이디어를 직접 현장에서 실천하고 성찰, 피드백을 통해 학습	• CJ, 현대, 동부 등
블렌디드 러닝	• 교육 전에 교육 니즈, 역량수준을 온라인으로 점검하고 Gap이 큰 내용을 중심으로 오프라인 교육을 진행 • 교육 후 온라인으로 지속적으로 피드백 보완 실시	• 동부 임원교육 프로그램 • 현대 Lssue Leadership
교육투자 강화	• 최근 교육에 대한 투자가 지속적으로 증대되어 1인당 직원교육시간을 지속적으로 관리함	• 삼성 121시간, Intel 130시간, 동부 90시간, 유한킴벌리 360시간

장이다. 인터넷의 발전으로 시간과 장소의 제약을 벗어나고, 다양한 IT 기술의 발전으로 효과적인 온라인 교육기술이 개발되었다. 이러한 기술발전에 따라 온-오프라인이 통합된 교육 프로그램이 지속적으로 개발되고 있다.

다섯째, 교육에 대한 투자가 강화되었다. 글로벌 대기업을 중심으로 교육에 대한 투자가 지속적으로 증대되고 있다. 일부 대기업은 연간 1인당 교육시간이 120시간을 넘어서고 있다.

4. 교육체계 수립 및 교육과정 설계

1) 교육체계 수립

기업의 교육체계란 기업에서 조직원을 대상으로 실시하는 교육 프로그램의 전체 틀이며, 기업이 성과지향의 인재를 어떻게 체계적이고 효과적으로 육성할 것인가에 대한 기본 토대이자 인재육성의 전략을 나타내는 체계이다. 교육체계를 수립하는 것은 기업 교육 담당자의 가장 핵심적인 직무 가운데 하나이다.

교육체계를 수립해 가는 절차는 기업마다 차이가 있고, 교육 담당자의 전략이나 개성에 따라 차이가 있겠지만 가장 기본적이며 공통적인 교육체계 수립절차는 다음과 같이 4단계로 이루어진다. 1단계는 교육현황의 분석이다. 이는 현재 기업에서 실시하고 있는 교육내용이나 종류, 교육시간 등에 대해 파악하는 단계이다. 이 단계 분석에서 해당 기업의 교육 문제점도 같이 파악된다. 2단계는 경영상의 요구나 교육대상자들의 요구 등을 파악하는 단계이다. 이 단계에서는 1단계의 교육현황 분석을 기초로 필요한 교육내용을 파악한다. 3단계는 2단계에서 파악된 교육내용들에 대한 타당성을 검증하는 단계이다. 그리고 4단계에서는 교육체계를 설계하게 된다.

그림 21.3 교육체계 수립 절차

그림 21.4 교육훈련체계 예시

계층별 리더십	전략적 리더십(LET) 리더십역량 강화과정	조직역량 트랙(OET)		직무	직무 전문가 트랙(PET)			
		조직역량 강화과정	기본역량 강화과정	공통과정	직무 전문가과정			
임원 신임임원과정	변화 리더십	전략적 조직 개발 프로그램	정유산업 이해과정	사내강사 양성과정	전문분야		영업, 마케팅	경영지원
1급 임원준비과정 신임팀장과정	성과관리 리더십	기업문화 과정	전사마케팅 마인드셋 교육	외국어			물류	생산
2급 팀장준비과정 신임 L 과정	사람관리 리더십	변화관리 활성화 교육	팀워크 향상 조직활성화 과정	MS Office 혹은 IT 기술과정	전문가과정 (master course)			
3급 L급 준비과정 신임 M 과정	전략적 리더십		효과적 커뮤니케이션 과정	정유생산 및 영업과정	실무과정 (advanced course)			
4급 M급 준비과정			경력계획수립 워크숍	국내외 석유정책 및 시장 트렌드	기본과정 (basic course)			
			창의적 문제해결 과정					
			경력사원 입문교육　신입사원 입문교육					

구체적으로 교육체계는 크게 3가지 영역으로 구분되어 수립된다. 첫째는 리더십 향상 트랙이고, 둘째는 조직의 역량향상 트랙이다. 그리고 세 번째는 직무 전문가 육성 트랙이다. 기업은 조직의 계층별 요구되는 역량을 중심으로 계층별 리더십 교육 프로그램을 운영하여야 한다. 예를 들어 임원대상 리더십교육, 팀장대상 리더십 교육, 중간관리자 리더십교육 등의 체계가 수립되어야 할 것이며, 회사가 공통적으로 요구하는 역량향상을 위한 교육도 필요하다. 창의적 문제해결과정, 고객마인드, 대인관계, 커뮤니케이션 등의 과정이다. 또한 각 직무 담당자를 대상으로 직무별 전문가를 육성하는 직무교육체계도 필요하다.

2) 교육과정 설계

교육과정이란 교육목표를 달성하기 위하여 선택된 교육내용을 체계적으로 편성하고 조직화된 계획을 말한다. 교육과정 설계 방법으로는 전통적 과정설계 방법인 ISD 모델, 직무분석에 기반을 둔 DACUM(Developing A Curriculum) 방식, 그리고 역량모델링에 기반을 둔 CBC(Competency-based Curriculum) 방식이 많이 사용되고 있다.

(1) 전통적 과정개발 방법인 ISD 모델

ISD(Instructional System Design & Development) 모델은 일반적으로 과정개발을 위하여 사용되는 방법이다. ISD는 5단계로 이루어진 ADDIE 모형을 기초로 이루어진다.

- 분석(Analysis) : 교육배경 파악, 자료수집, 직무 및 과제 분석, 학습자 분석, 환경 분석
- 설계(Design) : 수행목표 명세화, 평가계획 수립, 교육내용 계열화, 교수전략 및 매체 선정
- 개발(Development) : 교수자료 개발, 교재개발, 파일럿 테스트
- 실행(Implementation) : 교재 발주, 과정 행정처리, 교육운영준비

- 평가(Evaluation) : 교육훈련 성과 평가

(2) DACUM(Developing A Curriculum) 기법

직무의 과업의 내용과 필요한 능력을 파악하여 해당 능력을 기반으로 교육과정을 개발하는 방법이다. 이를 작업분석이라고도 한다. 구체적으로 직무수행자를 대상으로 워크숍이나 인터뷰를 하여 실제로 그들이 어떤 과제를 수행하는지를 분석, 도출하고 해당 과제 수행에 필요한 지식과 기술, 그리고 태도를 추출하여 교육과정 개발을 위한 기초자료를 제공한다.

(3) CBC(Competency-based Curriculum) 기법

사회심리학자인 McClelland(1973)가 지능검사의 한계점을 지적하면서 실제 수행을 예측할 수 있는 능력을 개념화하면서 '역량' 개념을 개발하였다. 역량이란 우수성과자들이 나타내는 지식, 기술, 태도 등이 복합적으로 구성된 총체적인 행동 특성을 말한다. 따라서 CBC(역량기반의 교육과정) 기법은 우수성과자의 역량 및 이들의 전형적인 행동사례를 분석하고, 구체적 행동지표를 도출하고 이를 기초로 교육내용을 결정하는 기법이다.

구체적으로 특정 직무나 과업의 우수한 성과자는 누구인지에 대한 정의를 내리고, 그들이 보여주는 일관된 행동특성이나 사례를 수집하여 이를 해당 직무나 과업에 체계적으로 연계시킨다. 이후 우수성과자의 행동특성이나 사례를 지식, 기술, 태도 등의 구성요소로 정리한다.

3) 교수전략 설계

교수전략은 교수자(敎授者, instructor)가 주도하는 수업에 관한 방법을 의미하며, 상세한 수준의 방법까지 계획한다는 점에서 전략이라는 용어를 사용한다. 교수전략은 교육공학적 관점에서 교육의 목적을 효과적으로 달성하기 위하여 학습주제의 내용이나 본질, 강사진의 역량, 각종 교육도구의 활용성, 교육시간 등을 고려하여 설계되어야 한다. 구체적으로 수업 전 교육대상자의 동기유발, 학습자의 흥미를 이끌어내기, 어떻게 새로운 내용이나 정보를 제공할 것인가? 학습자의 참여 유발, 수업 전, 수업 중간, 수업 후 평가 및 진단방법, 그리고 수업 후 보충학습이나 심화학습 방안의 고안 등의 내용을 포함하여야 한다.

5. 강의식 교육의 문제점과 액션러닝

1) 강의식 교육 등 전통적 교육방식

미첼(Michael) 등은 다양한 인재육성 방법들의 효과를 연구하였다. 그들은 자기계발의 중요성과 회사 기여도 관점에서 전통적 교육이 가장 낮게 평가되었으며, 직무부여를 통한 인재육성이 가장 효과적인 방법으로 평가되었다고 주장한다. 코칭, 피드백, 멘토링 등은 자기계발 관점에서 높게 평가되었다.

따라서 교육 담당자는 강의 중심의 전통적 교육방식의 효과나 문제점 등을 냉철

그림 21.5 육성방법 평가

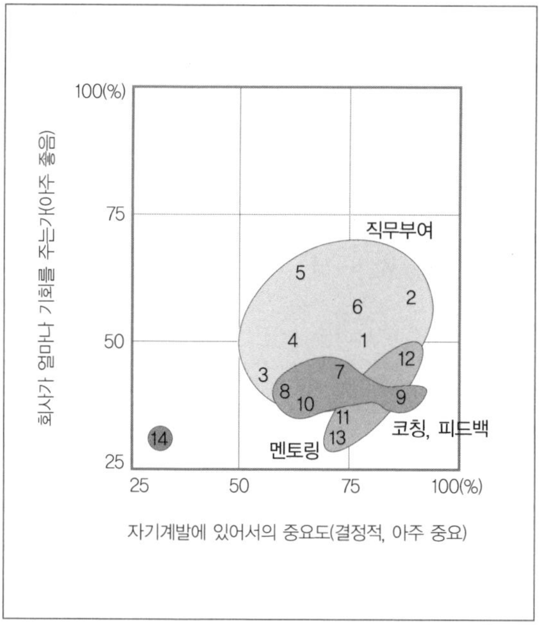

직무부여

1. 고성과자들의 빠른 승진
2. 승진가능성을 높여주는 스킬 습득
3. 빠른 직무순환 및 직무확대
4. 손익을 책임지는 역할
5. 특별 프로젝트 기회
6. 직무교육(On-the-Job-Training)

코칭, 피드백

7. 나의 감정과 약점 듣기
8. 다면평가
9. 솔직하고 통찰력 있는 피드백
10. 상사의 비공식적인 코칭

멘토링

11. 탁월한 멘토
12. 탁월한 상급자 역할모델
13. 자기계발에 관한 멘토링

훈련

14. 전통적인 강의식 훈련

출처 : Michael, E. Hanfield-Jones, H., and Axelrod, B., 인재전쟁(최동석, 김성수 역), 세종서적

히 평가하고 효과적 교육방식을 고민하여야 한다. 특정한 장소에 일시에 모아 놓고 일방적인 강의로 지식이나 스킬을 전달하는 방식으로는 교육의 목적이나 효과를 달성하는 데 제한적이다. 실제 직무경험을 중심으로 교육프로그램을 설계하고, 코칭 및 멘토링 등의 활동이 통합될 수 있는 교육프로그램이 개발되어야 한다.

미첼 등이 제시한 직무경험 또는 직무부여 유형에는 다음과 같은 방법들이 있다.

■ 직무배치(Job Assignment)

다양한 직무에 배치하여 현장에서 직무를 수행하면서 직무수행 관련 제반 지식이나 필요한 행동을 습득하는 방법으로 직무순환(Job Rotation)이라고도 한다. 이는 우리나라에서 활용되고 있는 방법이다.

■ 프로젝트 부여(Special Project & TF Assignment)

새로운 서비스, 제품 및 기술개발 등과 같은 단기적으로 달성해야 할 목표가 분명한 프로젝트 수행에 참여하게 하는 방식이다.

■ 신규사업 임무부여(Start-ups)

신규 사업개발, 새로운 사업의 인수 및 합병 등 방향 제시나 지시 없이 불확실성, 무경험을 극복하고 일을 완수해야 하는 능력을 육성하는 방식이다.

■ 사업전환책임 부여(Turnarounds)

사업 및 조직을 Turnaround 시키는 데 따르는 문제진단, 신뢰성 구축, 과감한 결단, 시스템 재설계 등과 같은 종합적인 관리능력, 리더십 육성 기회 부여 등의 목적으로 활용되는 방법이다.

■ 직속상사/Role Model

스타일이나 어프로치가 서로 다른 상사에 노출되게 하거나 Role Model의 행동을 참고해 조직에서 가치를 두는 것이 무엇인가를 배우고 그러한 행동들의 결과를 관찰하는 방식이다.

2) 액션러닝

(1) 액션러닝의 필요성

21세기는 디지털 시대와 지식기반 사회의 도래로 세계가 급변하고 있으며 비즈니스 이슈 역시 점차 복잡하고 해결하기 어려워지고 있다. 이러한 변화물결 속에서는 개인 및 조직에 영향을 미치는 트렌드를 예민하게 감지하고 비즈니스 이슈를 파악하여 이와 관련된 요소를 신속하고 효과적으로 학습해 나가는 개인 또는 조직만이 경쟁력을 확보할 수 있을 것이다.

액션러닝은 이러한 상황에서 일과 학습, 이론과 실제, 교육과 경영을 직결한 적시형 학습의 형태로 주목을 받고 있다. 액션러닝이 효과적인 기법으로 평가받는 이유는 몇 가지가 있는데 가장 중요한 것은 교육을 위해 업무현장을 떠나지 않아도 된다는 점이다. 즉, 업무와 교육이 함께 연계되어 이루어진다(업무따로 교육따로 지양). 그리고 실제 비즈니스 이슈를 해결하는 과정을 경험하면서 학습이 효과적으로 이루어진다. 또 업무현장의 비즈니스 이슈나 문제해결책을 잘 아는 암묵지를 보유한 사람이 현장에 있으며(이론따로 실제따로 지양) 구상과 실행이 일원화되어 이루어지기(기획따로 실행따로 지양) 때문에 교육과 현실이 동떨어지지 않는 것이 특징이다.

(2) 액션러닝의 특징

액션러닝은 경영상의 과제를 활용해서 학습이 이루어지므로 과제해결을 통해 개인과 조직의 성장을 동시에 추구하는 것이 기본이다. 경영상의 과제를 토대로 학습하므로 교육이 실제적이고 학습자 스스로 학습의 주축이 되며 그룹이 함께 학습하므로 그룹 프로세스를 향상시킬 수 있다.

일반적으로 액션러닝 프로그램에서는 4~6명으로 구성된 학습팀이 교육기간 동안 소속부서 또는 전사차원에서 꼭 해결해야 하거나 기업의 유지 및 발전을 위해 꼭 필요한 과제를 직접 해결하게 된다. 최종적으로 이 과제에 대한 대안을 개발하고 이를 실행하는 것을 목적으로 한다.

또한 액션러닝 프로그램에서는 학습팀원들이 과제를 해결하기 위하여 정보를 수집하고 대안을 개발하며 그 대안들에 대하여 토론하고 실행하는 과정에서 각자가 다양한 관점의 질문을 제기하고 문제해결 과정을 성찰하는 가운데 학습이 일어남으로써 이는 학습효과를 제고하는데 기여하게 된다.

(3) 액션러닝 프로그램의 핵심 구성요소

액션러닝의 진정한 가치는 참가자들이 스스로 업무나 일상적인 경험에서 더 많은 것을 배울 수 있도록 '배우는 방법을 터득'하는 데 있고 이러한 과정에서 통찰력이 향상된다고 할 수 있다.

액션러닝 분야의 대가인 조지워싱턴대학의 마이클 마쿼드(Michael J. Marquard) 교수는 액션러닝 프로그램이 기존의 학습 프로그램과 차별화되기 위한 6가지 핵심 구성요소를 제시하고 있다. 즉 액션러닝이 효과적으로 운영되기 위해서는 (1) 기업이 당면한 실질적이고 핵심적인 문제의 선정, (2) 다양성과 중복성이 고려된 조화로운 팀 구성, (3) 문제제기, (4) 문제에 대한 반복적 성찰과정, (5) 실행 및 학습의지 고취, (6) 액션러닝을 도울 수 있는 촉진자의 적절한 활용 등의 포인트를 보유해야 한다.

또한 액션러닝 프로그램의 효과를 극대화하기 위해서는 이러한 구성요소들이 유기적으로 상호작용해야 한다. 이 중에서 특히 중요한 것은 해당 기업이 당면한 실

그림 21.6   액션러닝의 6대 구성요소

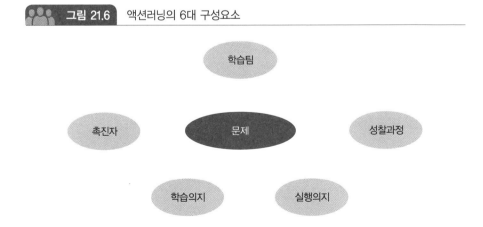

질적인 문제나 도전과제를 선정하고 실천적 행동을 통한 학습의 유도이다. 이를 통하여 당면한 문제가 해결되는 것이다.

(4) 액션러닝 사례

액션러닝에 대한 구체적인 이해를 향상시키기 위하여 실제 액션러닝을 도입한 사례를 소개한다. 액션러닝은 기업의 상황이나 대상 문제에 따라 다양하게 설계될 수 있을 것이다. 아래 사례는 4단계로 구성된 액션러닝의 예이다. 1단계는 학습조의 구성과 핵심과제의 도출이며, 2단계는 현상 및 원인 분석, 대체안 도출 및 실행계획 수립, 그리고 3단계는 실행 단계이며 실행과 성찰을 한다. 마지막 4단계에서는 액션러닝 결과를 발표하고 포상 및 공유하는 단계이다.

그림 21.7 액션러닝 구성단계

1단계 조별 핵심 과제 도출	2단계 조별 자체 학습활동	3단계 조별 실행 계획 실천	4단계 학습결과 발표
(1일 w/s)	(1개월 원인/계획)	(1개월 실천/성찰)	(1일 w/s)
• 학습조 구성 • 현상 및 문제 토의 • 핵심과제 도출 • 학습과제 확정 • 조별 토의 계획 수립	• 현상 및 원인 분석 • 대체안 도출 및 해결책 마련 • 실행 계획(Action Plan) 수립 • 실행에 따른 부작용 및 장애요인 예상	• 실행계획 실천 • 실천에 따른 효과 분석 • 실천 부작용 분석 • 성찰 및 재실천	• 조별 발표(실천 효과 및 부작용) • 질의 및 응답 • 현상분석 및 대응책 평가 • 최우수, 우수상 선정 • 대표이사 포상

■ 1단계

1단계는 학습조 구성, 현상 및 문제 토의, 핵심과제 도출, 발표 및 확정으로 구성된다.

- 학습조 구성 : 통상 4~6명으로 구성, 조 리더 및 서기 등 역할 구분
- 현상 및 문제 토의 : 조직 내에서 해결되어야 할 문제 도출
- 핵심과제 도출 : 도출된 문제를 평가하여 시급하고 중요한 문제 도출
- 발표 및 확정 : 조별 학습과제 선정 및 확정

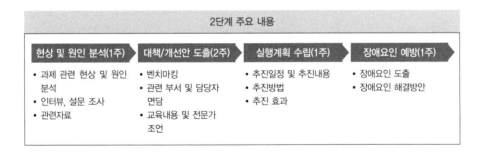

1단계 주요 내용

학습조 구성	현상 및 문제 토의	핵심과제 도출	발표 및 확정

• 4~6명으로 학습조 구성
• 역할 구분 : 리더, 서기,
학습부장 등
• 팀워킹
	• 조직 내 현상 및 문제
	토의 : ERCR 토의
	• 개선해야 할 문제 리스
	트 확정
		• 문제 평가 및 과제 결정
		• 과제 평가기준
		  – 시급성
		  – 중요성
		  – 통제 가능성
			• 조별 진단한 문제 리스
			트 및 핵심과제 발표
			• 조별 학습과제 조정 및
			확정

■ 2단계

2단계는 현상 및 원인 분석, 대책/개선안 도출, 실행계획 수립, 장애요인 예방으로 구성된다.

- 현상 및 원인 분석 : 선정된 과제의 원인 분석
- 대책/개선안 도출 : 토의, 벤치마킹, 전문가 조언 등을 통하여 대책 도출
- 실행계획 수립 : 대책/개선안을 언제, 어떻게 실행할 것인가 액션플랜 도출
- 장애요인 예방 : 대책 실행 시 발생할 장애요인을 검토하고 해결방안 도출

2단계 주요 내용

현상 및 원인 분석(1주)	대책/개선안 도출(2주)	실행계획 수립(1주)	장애요인 예방(1주)
• 과제 관련 현상 및 원인 분석 • 인터뷰, 설문 조사 • 관련자료	• 벤치마킹 • 관련 부서 및 담당자 면담 • 교육내용 및 전문가 조언	• 추진일정 및 추진내용 • 추진방법 • 추진 효과	• 장애요인 도출 • 장애요인 해결방안

■ 3단계

3단계는 실행계획의 실천 및 성찰로 구성된다.

- 실행계획의 실천 : 실행대상, 실행방법 등을 확정하고 실행함
- 효과/부작용 분석 : 실행결과 효과나 의도하지 않은 반응의 분석
- 성찰 : 실행 결과 의도하지 않은 반응이나 부작용이 발생한 경우 실행방법 및 행동을 반성하고 재실행을 위한 보완계획을 수립함

- 재실행 : 성찰을 통한 재실행

3단계 주요 내용			
실행계획 실천(2주)	**효과/부작용 분석(1주)**	**성찰 및 보완(1주)**	**재실천(1주)**
• 실행행동 및 대상 확인 • 1차 실행 • 2차 실행	• 실행 결과 효과 분석 • 실행 결과 부작용 분석 • 기타 반응	• 실행방법 및 행동 성찰 • 재실천을 위한 보완계획 수립	• 재실행

■ 4단계

4단계는 과제 발표, 질의 및 응답, 평가 및 심사, 포상으로 구성된다.

- 과제 발표 : 과제선정 배경, 대책 및 실행 결과
- 질의 및 응답 : 질의에 대한 응답
- 평가 및 심사 : 문제의 중요도, 실행 결과 등 평가
- 포상 : 대표이사 포상

4단계 주요 내용			
과제 발표	**질의 및 응답**	**평가 및 심사**	**포상**

• 과제선정 배경
• 현상 및 원인 분석 결과
• 대책 및 실행계획 등
	• 참여자 질의
	• 질의에 대한 응답
		• 심사위원 평가
		  – 대표이사
		  – 외부 평가자
		• 동료 평가(타 학습조)
			• 최우수 1
			• 우수 1

22

직급체계와 승진/승격

CHAPTER22

학습목표

■ 직급, 직위호칭, 직책 등 관련 개념을 이해한다.
■ 최근 직급체계의 개편 추이를 학습한다.
■ 직급체계의 축소 및 폐지 사례와 그 이유를 학습한다.
■ 승진/승격의 의미를 이해한다.
■ 승진 포인트 제도의 의미와 사례를 학습한다.

CHAPTER22

개 요

최근 기업들의 직급변화 추이를 살펴보면, 개인이 실제 수행하는 직무역할과 책임의 중시, 직급단계의 축소 및 폐지, 직위와 호칭의 분리현상이 일어나고 있다.

직급체계의 의미는 과거에는 처우 및 신분을 결정하는 기준으로 활용되었지만, 최근에는 그 운영기준이 변화되고 있다. 이전에는 관리 단계의 수가 직급의 수를 의미하였고, 수직적인 계층구조에 따라 운영되었기 때문에 상위 직급은 곧 권위를 상징했다. 그러나 현재는 성과와 시장가치가 조직운영의 기준이 되고 있으며, 직급은 단순히 조직에서 역할을 구분하는 의미를 지닌다. 이에 따라 보상체제 또한 현재의 보상형태로 변화하고 있다.

1. 직급체계

1) 직급/직위호칭/직책의 개념

일반적으로 조직 내 개인은 맡은 직무와 역할에 따라 그 위치가 설정되며, 이는 직급, 직위호칭, 직책으로 구체화된다.

(1) 직급

직무수행의 곤란성과 책임성이 유사한 자격으로 조직 구성원을 구분하는 기준이며, 조직 및 인력 운영의 기본적인 체계이다. 직급은 보상과 각종 처우의 기준이 되며, 직무가치 및 수행하는 역할, 역량수준에 따라 구분한다(예 : 1급, 2급, 3급, 4급 등).

(2) 직위호칭

직위호칭이란 직원으로서의 권한과 책임정도가 유사한 자격인 직급에 대한 호칭 개념이다. 직위는 직책의 개념을 가지고 운영될 수도 있다(예 : 부장, 차장, 과장, 대리, 사원 등).

(3) 직책

직책은 조직 내에서 직무수행과 관련되어 한 개인에게 할당된 권한과 책임의 정도를 의미하는 것으로서, 조직운영에 부여된 보직명칭이다. 이는 조직 내 역할에 따라 직위와 별개로 운영되거나 동일하게 운영될 수도 있다(예 : 사업부장, 팀장, 프로젝트 관리자 등).

2) 직급/직위호칭/직책의 변화 추이

최근 기업들의 직급변화 추이를 살펴보면, 개인이 실제 수행하는 직무역할과 책임의 중시, 직급 단계의 축소 및 폐지, 직위와 호칭의 분리 현상이 일어나고 있다. 직급체계의 의미는 과거에는 처우 및 신분을 결정하는 기준으로 활용되어 승격(직급의 상승)은 곧 급여가 인상됨을 의미하였다. 이에 따라 경험과 경륜을 중심으로 인재상을 설정하고 운영하였다. 그러나 현재는 개인의 직급보다는 개인이 수행하는 역할에 따라 조직이 운영되고 있다. 그러므로 성과의 크기와 책임이 확대되며 역량과 성과를 중심으로 인재상을 설정하고 운영하고 있다.

직급체계의 운영기준 또한 변화하고 있다. 이전에는 관리 단계의 수가 직급의 수를 의미하였고, 수직적 계층구조에 따라 운영되었기 때문에 상위 직급은 곧 권위를 상징했다. 그러나 현재는 성과와 시장가치가 조직운영의 기준이 되고 있으며, 직급은 단순히 조직의 역할을 구분하는 의미를 지닌다. 이에 따라 보상체제 또한 성과와 직무의 시장가치기준으로 변화하고 있다.

과거의 직급체계는 근속 및 경험에 대한 보상, 권위의 상징으로서 평생직장에 기초한 인사체계를 강조하였다. 현재는 직급체계에 대한 중요성이 감소하고 성과와 직무의 내·외부의 가치를 중요시하는 체제로 변화하고 있다. 이에 유연한 인력운영 또한 중요하다는 점이 주목할만하다. 이전에는 다단계의 직급체계가 강조되었지만 현재는 직급이 단순화되거나 혹은 폐지되고 있다.

3) 직급/직위호칭/직책의 분리운영

1990년대 들어 기업성장의 정체로 승진자리가 부족해지고, 기업들 간의 경쟁정도가 치열해짐에 따라 기존의 연공중심의 승진/승격제도의 변화가 요구되었다. 즉, 능력이 부족한 고위 직급자에게 부여되었던 직책을 능력이 있는 다른 직원들에게 부여하기 시작하였다. 이를 직급과 직책의 분리운영이라 한다.

직책과 직급의 분리란 직책 승진의 기회를 얻지 못한 다수의 구성원에게 직책이 부여되지 않는 대신 직무수행 능력의 향상정도에 따라 승격 즉, 직급 상승의 기회를 주어 급여 처우를 개선시켜 주는 제도이다. 그러나 직급 승격을 방만하게 할 경우 직급 인플레로 인한 고임금화 현상이 발생할 수도 있다. 이 문제를 해결하려면 능력과 성과를 기준으로 승격을 관리해야 하고 직급 승격에 연동되어 있는 호칭을 분리해서 운영해야 한다. 호칭의 경우 직책 및 직급과 전혀 관계없는 별도의 기준으로 부여하는 방안이 필요하다. 일정 근속이나 연령에 도달하면 호칭을 부여하되 직책이나 직급은 엄격히 관리하는 방식이다. 이처럼 '직책 승진-직급 승격-호칭 부여'

를 분리해서 운영하는 3원 자격제도의 도입이 필요하다. 인력의 유인과 유출이 빈번하고 직무가치가 빠른 속도로 변화하는 기업의 경우 이와 같은 분리운영 방식의 활용이 유용하다.

4) 직급체계 변화의 원인

최근 기업의 직급운영기준이 변화하고 있다. 과거에 직급이 각종 처우의 기초가 되었던 시대에서 직급의 의미가 점차 퇴색되거나 감소되고 있다. 구체적으로 직급이 없어지고 중요성이 없어지고 있다는 것이다. 이러한 변화는 다음과 같은 두 가지이다.

첫째, 직급의 파괴가 확산되고 있다. 사업환경의 변화에 대한 적절한 대응을 위해 직급을 축소하고, 이에 따라 빠른 의사결정을 하며 인력운영의 유연성을 확보하는 추세로 변화하고 있다. 또한 우수한 인재의 유연한 활용을 위해서 직급보다는 개인의 역량과 시장가치를 중시하는 형태로 환경이 변화하여 직급을 초월한 발탁 인사, 사내 급여의 격차 확대, 부하와 상사 간의 급여에 역전이 발생하거나 호칭이 파괴되는 등의 추세가 이러한 현상을 부추기고 있다.

둘째, 직급에 대한 가치관이 변화하고 있다. 기존의 직급이 갖고 있던 신분과 서열의 의미가 축소됨에 따라 연봉과 역할 책임이 이를 대체하였다. 점차 연공서열에

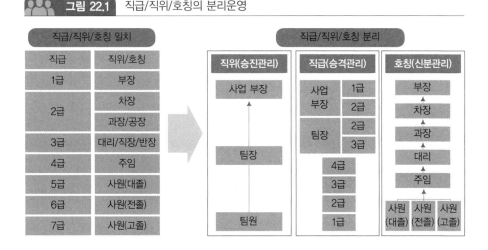

그림 22.1 직급/직위/호칭의 분리운영

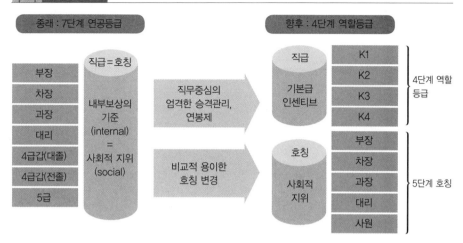

그림 22.2 신직급체계의 구조

종래 : 7단계 연공등급 → 향후 : 4단계 역할등급

대한 전통적인 정서가 약화되고 있으며, 평생직장에 기초한 단계별 승진이 보장되는 시대는 종료되고 있다. 그러므로 사회 전반적인 인식 및 기업 구성원의 가치관이 승진보다는 보상을 중시하는 추세로 변화하고 있다.

5) 직급 및 호칭제도 변화사례

직급 및 호칭제도의 변화사례는 다음 3가지로 요약할 수 있다. 첫째는 직급을 전면 폐지하고, 호칭은 '님'이나 '영어이름'을 사용하는 경우이다. CJ그룹과 아모레퍼시픽은 2000년 초부터 직급을 폐지하고, 이름에다 '님' 호칭을 붙여서 부르고 있다. 둘째는 직급을 기존의 5~7개에서 3~4개로 축소하되 호칭은 기존에 부르고 있는 전통적 호칭 '부장-차장-과장-대리-사원'을 유지하는 경우이다. LG 전자는 대졸사원을 중심으로 기존의 5개 직급체계를 3개로 통합·축소하여 'L(Leader)-S(Senior)-J(Junior)'급으로 하였다. 다만 호칭은 전통적인 우리나라 기업의 호칭을 유지하였다. 따라서 직급은 3개지만 호칭은 5개이다. 한 직급에 호칭이 2개인 경우도 있다. 예를 들어 대학을 졸업하고 입사하면 직급은 L급, 호칭은 사원이 된다. 3년이 경과하면 직급은 L급이지만 호칭은 대리를 부여한다. S급인 경우에는 과장이지만 일정 기간이 경과하면 차장의 호칭을 부여한다. 셋째는 직급 수를 3~4개로

표 22.1	직급 및 호칭제도 변화유형 및 사례	
변화유형	변화내용	사례기업
직급폐지(새로운 호칭 도입)	• 기존 직급 전면 폐지 → 직무등급 중심 운영 • 직급폐지에 따른 기존호칭 폐지 → 전 직원 '님' 또는 '영어이름'으로 호칭	CJ, 아모레퍼시픽
직급체계 축소, 기존 호칭 사용	• 기존 5~7개 직급체계를 3~4개로 통합·축소 • 호칭은 기존호칭 '부장, 차장, 과장, 대리, 사원' 사용 • 다만, 호칭은 직급 승격과 관계없이 기간 경과에 따라 부여함	LG
직급체계 축소, 호칭 변경 및 통일	• 기존 5~7개 직급체계를 3~4개로 통합·축소 • 호칭은 직급 수에 맞게 새로운 호칭(삼성은 수석, 책임, 선임 등)을 사용 • 롯데, 한화 등은 직급에 관계없이 '매니저'로 호칭 통일	삼성, 롯데, 한화

통합·축소하고 호칭을 새로운 직급에 맞는 새로운 호칭을 부여하거나 '매니저'로 통일하여 부르는 경우이다. 2016년 삼성전자가 '사원–대리–과장–차장–부장'으로 이뤄진 5단계 직급체계를 '사원–선임–책임–수석'의 4단계로 축소하는 방안을 발표했다. 롯데그룹은 2011년부터 연공서열형 직급체계를 폐지하고 '사원–대리–갑·을 과장–차장–부장' 직급에서 '실무자–책임(과장급)–수석(차장·부장급)' 등으로 간소화했다. 그리고 팀장을 제외한 전 직원을 매니저로 호칭하고 있다. SK텔레콤과 포스코, 한화 등도 호칭을 매니저로 통일했다.

각 기업들이 2000년 이후 직급체계를 폐지 또는 축소하고 호칭을 통일하는 이유는 우리나라 계층적 조직의 비효율성을 제거하기 위해서이다. 즉 결재 단계를 줄여 효율성을 높이고, 수평적 조직문화를 정착시켜 직원들의 창의성을 높이겠다는 의도이다.

2. 승진

1) 승진의 의의 및 중요성

승진은 조직에서 구성원의 직무서열의 상승을 의미한다. 즉, 승진은 효과적인 동기유발 수단임과 동시에 조직 구성원을 훈련하고 책임인식을 강화하는 기능을 수행한다. 이러한 승진은 인사관리의 다양한 활동 중에서 종업원이 특히 깊은 관심을 기울이고 있는 부분이기도 하다. 매슬로우(Abraham Maslow)의 인간욕구 5단계설 중 가장 높은 단계인 자아실현, 자아발전의 욕구가 바로 이 승진을 통해서 충족되기 때문이다. 즉, 종업원의 2대 관심사인 신분과 보수 중에서 신분은 승진을 통해서 성취된다. 그러므로 기업은 자기를 발전시키고 이루어가는 하나의 공간으로서 존재하며, 승진이라는 수단을 통해 자기 자신을 이루어가려는 종업원들에게 욕망을 생기게 함과 동시에 충족시키도록 해야 한다. 이러한 중요성 때문에 최근에는 오히려 높은 보수보다는 승진 기회의 여부에 따라 직장을 선택하는 경향이 젊은 세대 사이에서 널리 퍼지고 있다.

2) 승진의 역할

(1) 인센티브

승진은 통상 승진 전보다 권력과 보상을 수반한다. 따라서 승진은 중요한 인센티브 제공수단이 된다.

(2) 제3자에게 신호의 역할

승진은 다른 조직 구성원들에게 조직이 가치 있게 여기는 특성이나 행동을 알리는 역할을 한다.

(3) 직무상 훈련

승진 단계는 핵심적인 직무에 조직 구성원을 배치하기 전에 여러 단계의 낮은 직무를 수행하도록 하여 깊은 지식을 갖게 한다.

(4) 중요 직무로 배치

조직 구성원의 능력이나 경험이 증가하므로 이에 따라 승진을 통하여 보다 가치 있는 직무를 제공해야 한다.

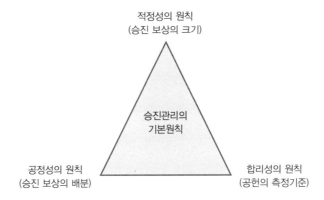

그림 22.3 승진의 기본원칙

적정성의 원칙
(승진 보상의 크기)

승진관리의
기본원칙

공정성의 원칙
(승진 보상의 배분)

합리성의 원칙
(공헌의 측정기준)

(5) 선별

조직 구성원을 단계적으로 거르는 역할을 수행한다.

3) 승진의 원칙

성공적인 승진제도의 활용을 위해서는 원칙 설정이 중요하다. 우선적으로 승진의 원칙은 최소 체류연한, 근속연수 등의 연공적인 요소를 배제하고, '평가 결과 누적점수'를 기준으로 승진 대상자를 선정함으로써 성과주의를 지향하는 것이 필요하다. 또한 승진 심사점수의 산출 시 개인별 평가 결과의 3~4년간 산술평균을 적용하여 승진 임박시점에서 평가를 왜곡하는 것을 방지해야 한다. 더불어 교육점수 등의 개인의 미래성과를 예측할 수 있는 요소를 가산점으로 반영하고, 상벌사항, 공식/비공식 조직의 활동경력 등을 승진에 반영함으로써 미래가치의 반영을 강화해야 한다. 이러한 내용을 세 가지로 정리한다면 다음과 같다.

(1) 적정성의 원칙

조직 구성원이 일정한 정도의 공헌을 했을 때 어느 정도의 승진과 보상을 받아야 하는지 그 크기의 적정성을 말한다. 즉, '승진기회의 적정성'의 문제이다.

(2) 공정성의 원칙

조직이 조직 구성원에게 나누어줄 수 있는 승진 보상의 덩어리를 올바른 사람에게 배분했는가 하는 것으로 '승진자 선별의 공정성' 문제이다.

(3) 합리성의 원칙

조직 구성원이 조직의 목표달성을 위해 공헌한 내용을 정확히 파악하기 위해 어떤 것을 공헌으로 간주할 것인가의 문제로 '합리적 승진기준'의 문제이다.

4) 승진의 유형

(1) 직책승진(역직승진)

기업의 직책 계층이 상향 이동하는 것으로 명실상부한 승진이다. 그러나 이는 반드시 상위 직책이 공석이거나 새로운 직책의 신설이 전제되어야 하는 한계가 있어 승진 정체로 인한 사기 저하, 인력 이탈의 문제가 발생할 수 있다.

(2) 자격승진

종업원이 갖춘 직무수행 능력을 기준으로 직급과 직능을 구분하여 승진시키는 제도이다. 이와 같은 직책이 동반되지 않는 상태에서 직급만의 상승을 승격이라고 한다. 이는 구성원의 능력신장을 유도하고 승진정체 현상을 덜 수 있으나, 과잉 능력 상태일 경우 직무 불만족이 문제가 될 수 있으며 이에 따라 인건비가 가중된다.

(3) 대용승진

직무내용의 실질적인 변동 없이 직급명칭이나 자격호칭 등만 변하는 형식적인 승진으로 직원들의 사회적 명분을 향상시킬 수 있어 종업원의 사기 진작이나 대외활동의 신뢰를 확보할 수 있다.

3. 승진 포인트 제도

1) 승진 포인트 제도의 의의

기존의 승진제도는 특정 직급이나 직책에서 일정기간이 경과한 직원들을 대상으로 하는 제도이다. 즉, 어느 정도 근속연수를 반영하고 있다고 할 수 있다. 이에 반해 승진 포인트 제도는 특정 직급의 근무기간에 관계없이 정해진 포인트만 받으면 승진자격을 부여하는 제도이다. 이는 삼성 등 대기업은 물론 공공조직이나 중소기업에 이르기까지 폭넓게 활용되고 있는 제도이다.

　승진 포인트 제도는 그 운영방식에 따라 졸업방식과 입학방식으로 운영되기도 한다. 졸업방식이란 특정 직급에서 일정 포인트만 받으면 상위직급으로 자동 승진(승격)하는 제도를 말한다. 반면 입학방식이란 특정 직급에서 일정 포인트를 받으면 상위 직급으로 승진(승격)하는 자격만을 부여받는 제도를 말한다. 즉, 승진(승격) 대상자가 된다. 국내의 S 그룹은 하위 직급은 졸업방식, 상위 직급은 입학방식으로 운영하고 있다.

2) 승진 포인트의 구성요소

승진 포인트 제도는 평가 포인트, 교육 포인트, 그리고 가감점으로 구성된다. 평가 포인트는 특정 직급의 근무기간 동안의 평가 포인트의 누계나 평균을 말한다. 그리고 교육 포인트는 특정 직급에서 요구되는 교육이수 정도나 교육평가 결과를 말한다. 그리고 회사마다 요구하는 항목을 가감점으로 구성할 수 있다. 영어 점수나 봉사활동 점수, 그리고 대내외적인 상장 수여 등이 가점요소로 계산되며, 벌은 감점요소로 계산된다.

3) 승진 포인트 제도의 도입 사례

표 21.1은 국내 D 기업의 승진 포인트 제도의 사례이다. 이 회사의 직급은 G1, G2, G3, G4 4개로 구성되어 있으며, 직급의 승격은 포인트 제도로 운영된다. 승진자격 기준 포인트는 '인사평가', '교육', '가감점'으로 구성된다. 예를 들어 G2에서 G3로

표 22.2 승진 포인트 제도의 사례

구분	기초 연한	승진자격 기준 포인트	기준항목(포인트 취득기준)				
			인사 평가	교육		가감점	
				리더십	기초교육	상벌	어학
G3(과장) → G4(부장)	4년	14P	S → 5P				
G2(대리) → G3(과장)	3년	11P	A → 4P				
G1(주임, 대졸) → G2(대리)	2년	8P	B → 3P	0~1P	0~0.5P	−0.5 ~ 0.5P	0~1P
G1(사원, 전졸) → G2(대리)	4년	14P	C → 2P				
G1(사원, 고졸) → G2(대리)	8년	26P	D → 1P				

승진(승격)하는 데 과거에는 3년이 소요되었다. 그러나 승진 포인트 제도에 따르면 기간에 관계없이 11포인트만 확보하면 된다. 그래서 평가에서 S등급을 두 번 받으면 인사평가 포인트는 10점이고 리더십 교육 포인트가 1점이면 승진(승격) 대상이 된다. 즉, 우수인력은 G2에서 G3로 승진(승격)하는 데 소요되는 기간이 과거 3년에서 2년으로 단축되어 우수인력을 동기부여할 수 있다.

23

경력개발제도

CHAPTER23

학습목표

- 경력개발의 중요성을 이해하고 도입배경을 학습한다.
- 경력, 경력 닻, 경력경로 등 경력개발제도와 관련된 다양한 용어를 이해한다.
- 경력개발의 성공요인과 실패요인을 학습한다.
- 경력개발제도의 설계 및 운영을 위한 절차나 요건들을 파악한다.
- 직원들이 경력개발을 성공적으로 실천하는 데 필요한 각종 지원시스템을 학습한다.

CHAPTER23

개 요

경력개발제도란 직무순환이나 전문가제도 등 기존의 인사제도의 단점을 보완하기 위하여 제시되었다. 직무순환제도는 다양한 직무경험을 제공할 수는 있지만 전문성을 습득하는 면에 있어서는 부족하다. 전문가제도는 한 직무만을 담당하므로 전문성을 습득할 수 있는 반면 다양한 직무이해나 경영자 육성의 측면에서 한계점을 가지고 있다. 결국 경력개발제도는 두 제도의 장점을 받아들여 직원들에게 일정 분야에서 전문성을 습득하도록 하는 제도이다. 이를 위하여 지식 및 기술이 유사한 직무들로 구성된 전문분야(career field)를 구성하고, 각 분야 내에서의 유사한 직무 간 이동을 실시하는 제도를 말한다. 또 경력상담, 경력경로 모델의 제공, 적절한 교육이나 이동 등 효과적인 경력개발을 지원하기 위한 제반시스템이 운영되어야 한다.

1. 경력개발제도의 도입배경

한 조사에 따르면 이직 시 연봉만큼이나 중요한 것이 경력개발 프로그램의 유무임이 밝혀졌다. 최근 한 채용전문 포털사이트의 조사 결과에 따르면 이직자 815명 중 30.2%에 이르는 246명이 '직장 내 경력개발 프로그램의 미비로 이직했다.'고 했다. 이러한 흐름은 최근 Y 세대로 명명되는 신세대들의 등장으로 더욱 가속될 것으로 판단된다. 따라서 기업은 직장 내에서 직원들이 자신의 경력목표를 세우고 이를 실현할 수 있는 프로그램을 제시하여야 할 것이다.

> 경력개발제도란 종업원 한 사람 한 사람에 대해서 조직의 인재 필요성과 본인의 희망을 조화시켜 장기적인 경력계획을 만들고, 이 계획과 결부시켜 직무 로테이션(승진, 부서이동, 직무변경 등) 및 교육훈련을 행하는 종합적인 프로그램을 말한다. 즉, 조직의 입장에서는 경력방향이나 경로, 경력요건 등을 설정해주고 개인은 자신의 성찰 속에서 가장 적합한 경로를 선택하고 자신의 경력목표를 달성하기 위해서 부단히 능력개발을 시도하도록 유도하는 제도이다.

경력관리제도는 1955년 미국 연방정부 조직의 비능률에 대한 비판을 시작으로 제기된 인력의 과잉과 인건비 부담의 증대문제를 해소하기 위해서 미국 의회에 제2차 후버위원회의 인사 부문에 권고된 것이다. 1957년에 '미국 육군문관의 경력관리 프로그램(army civilian career program)'으로 구체적인 경력관리 프로그램이 실행되었다. 1960년대부터는 민간기업뿐만 아니라 정부 차원에서도 경력관리제도가 시행되었으며, 이는 일본으로 전해져 종신고용제의 기반을 더욱 확고히 하였다. 이러한 배경하에서 미국 및 일본에서 보급된 경력개발제도는 빠른 속도의 기술변화, 사회가치관의 변화, 평등고용기회 운동 등의 사회 전반의 흐름과도 방향을 같이하고 있다. 이렇듯 경력개발관리는 평생직장, 종신고용하에서 어느 정도는 회사가 개인에게 반강제적으로 제공하는 발전경로를 의미하였다. 이어 1970, 1980년대에 미국의 경영학자인 Daniel C. Feldman, Edgar H. Schein 등이 경력개발에 대한 연구 결과를 책으로 발간하면서 다른 국가에도 전파되었다. 우리나라는 1980년대 초부터 인식되었지만 1990년 이후에 그 필요성이 제기되었다. 특히 은행이나 공공조직의 무분별한 순환보직이 문제였으며, 이로 인해 직원들의 전문성이 부족하였다.

특히 1990년 이후 우리나라의 많은 기업들은 대외 경쟁력의 강화를 위한 산업구조를 조정하는 데 박차를 가하였다. 이는 세계화와 정보화의 빠른 흐름 속에서 기업의 생존을 위한 불가피한 노력의 일환으로써 정리해고나 부실기업의 정리, 그리고 빅딜과 같은 방법을 통해 기업경쟁력 강화에 최선의 노력을 경주하였다. 동시에 기업 내부 핵심역량의 근간을 이루고 있는 인적자원을 어떤 제도에서, 어떻게 육성해나가야 할 것인가에 대한 문제가 대두하게 되었다. 이에 대해 근로자의 자아실현 욕구와 자율성을 중시하면서 기업이 요구하는 인재를 육성시켜 성과에 연결시킬 수 있는 인적자원관리의 방안의 하나로 경력개발제도가 그 해답을 제시해주었다.

2. 경력개발제도의 도입목적

1) 회사 입장에서 본 경력개발제도의 도입목적

조직은 전략적 변화를 추진하고 장기적 성장을 주도할 수 있는 차세대 인재를 확보해야 한다. 이러한 시점에서 조직은 업무수행에 필요한 자질을 보다 정확히 파악하고 높아지는 고객 및 시장의 기대수준을 충족시킬 수 있도록 직원의 역량을 배가시켜야 한다. 이와 같은 요구에 따라 전 직원의 교육이나 육성 및 개발활동을 신중히 계획하고 해당 조직의 미션과 조직이 필요로 하는 역량을 갖춘 인재를 육성하고자 경력개발계획 프로그램을 도입하여야 한다.

2) 개인 입장에서 본 경력개발제도의 도입목적

직원들은 자신의 미래경력에 대한 목표와 계획을 주도적으로 설계할 필요성이 있다. 기본적으로 직원들은 자신의 적성과 흥미를 실현시킬 수 있는 직무를 담당하기를 원하고, 해당 분야에서 전문가로서 인정받기를 기대할 것이다. 또 업계에서 자신의 가치를 인정받고 싶어 할 것이다. 이와 같이 개인의 기대를 실천하도록 하는 것이 경력개발제도이다.

3. 경력 닻

Schein 교수는 MIT 졸업생을 대상으로 졸업 후 경력변동 사항을 추적 조사하여 졸업생들이 다음과 같은 5개 분야의 경력목표를 가지고 있는 것으로 파악하였다. 졸업생들이 추구한 다섯 가지 경력목표를 경력 닻(career anchor)이라고 한다. 즉, 각 개인은 나름대로 직업이나 회사를 선택하면서 다른 사람과 차별화되는 경력목표나 방향을 가지고 있다.

첫 번째로 일부 졸업생들은 직장이나 직업에서 관리적 유능성(managerial competency)의 목표를 추구한다. 주로 관리적 유능성을 추구한 사람들은 졸업 약 12년 후에 대기업 임원이 되어있었으며, 이들은 부하직원을 거느리고 그들에게 권한을 행사하기를 좋아했다. 또 다른 사람들보다 빨리 승진했다.

두 번째 부류의 졸업생들이 추구한 것은 기술적 유능성(technical competency)이다. 이들은 졸업 후 엔지니어나 시스템 분석가가 되어있었다. 이들은 승진이나 조직에서의 관리적 업무를 싫어하고, 기술 세미나에 참석하여 자신의 기술적 역량을 향상시키는 데 관심이 많았다.

세 번째 부류는 안정성(stability)을 추구했다. 안정성의 경력 닻을 가지고 있는 졸업생들은 공무원이 되어있었다. 이들은 주로 안정적인 직업, 변화가 없고 향후 스케줄이 잘 짜여져 있는 일을 원했다. 잦은 출장이나 수시로 부여되는 일은 좋아하지 않았다.

네 번째 부류의 졸업생은 자율성을 추구하고, 다섯 번째는 창의성을 추구했다. 자율성을 추구하는 졸업생들은 프리랜서 작가나 대학교수가 되어있었고 창의성을 추구하는 졸업생은 벤처기업을 운영하는 사장이 되어있었다.

Schein 교수의 경력 닻의 의미는 조직에 있는 모든 구성원들이 같은 경력목표나 지향점을 가지고 있지 않다는 것이다. 즉, 경력개발제도는 개인의 적성이나 기대치를 잘 반영하여야 한다는 시사점을 제시하고 있다.

4. 기업에서의 경력개발제도 도입의 실천

1) 직무순환제도의 장점과 단점

기존의 인사운영체계는 크게 직무순환제도와 전문가제도로 구분할 수 있다. 직무순환제도는 경쟁이 없는 업종에서 일정기간을 주기로 직원들이 여러 직무를 담당하는 제도를 말한다. 보통 직무순환제도를 도입한 조직은 경쟁이 심하지 않고 안정적이어서 직원들의 전문성을 크게 필요로 하지 않는다. 1980년 이전의 우리나라의 은행이나 공공조직의 인사운영체계는 직무순환을 중심으로 하였다. 반면 전문가제도는 미국 등의 기업에서 한 직원이 하나의 직무만을 계속 담당하는 인사제도를 말한다. 전문가제도는 조직 내 다양한 직무를 경험할 수 없다는 점이 단점이기도 하다.

경력개발제도는 직무순환제도의 문제점과 전문가제도의 문제점을 제거하고 직원들을 효과적으로 육성하는 제도이다. 따라서 직무순환제도와 전문가제도의 장점과 단점을 파악하는 것이 필요하다. 직무순환제도는 직원들을 특정한 영역에만 치우치지 않는 광범한 시야를 지닌 경영자를 육성하는 데 효과적이다. 또 이동을 통한 업무변화로 의욕 저하나 지루함을 제거할 수 있다.

반면 직무순환제도는 조직 내 전문가 육성이 곤란하다는 단점도 있으며 만약 이동으로 새롭게 담당하는 직무가 개인의 특성에 적합하지 않는다면 직무만족도나 직무몰입도가 저하된다.

표 23.1 직무순환제도와 전문가제도의 장점과 단점

구분	직무순환제도	전문가제도
장점	• 특정한 영역에만 치우치지 않는 넓은 시야를 지닌 경영자 육성 • 업무변화로 의욕 저하나 지루함을 제거	• 직원들의 시장가치 상승 • 직원들 스스로 자신의 경력 및 개발을 관리함으로써 개발비용을 절감
단점	• 조직 내 전문가 육성의 어려움 • 개인의 특성이나 직무의 특성이 반영되지 않으면 직무만족도나 직무몰입이 저하	• 조직 전체에 대한 관점을 등한시 • 개인의 흥미나 적성이 현 직무와 일치하지 않으면 직무만족도나 직무몰입이 저하

2) 전문가제도의 장점과 단점

전문가제도는 직원들이 한 직무에서 오랜 경험과 지식을 축적할 수 있어 직원들의 시장가치가 상승하게 된다. 또 직원들 스스로 자신의 경력 및 개발을 관리함으로써 개발비용을 절감할 수 있다. 반면 전문가제도는 조직 전체에 대한 관점이 등한시되며, 개인의 흥미나 적성이 현 직무와 일치하지 않으면 직무만족도나 직무몰입도가 저하될 것이다.

3) 경력개발제도의 설계

결국 경력개발제도란 직무순환제도의 장점과 전문가제도의 장점을 반영하도록 설계된 제도이다. 즉, 직무순환제도의 장점인 다양한 직무경험과 전문가제도의 장점인 직원들의 전문성 향상이라는 점을 제도 설계에 반영한 것이다. 이를 위하여 개별 직무에서 요구되는 사전경험, 행동역량, 지식 및 기술이 유사한 직무군을 구성하고, 직무군 내에서 유사한 직무 간에 이동을 실시한다. 직무군 내에 있는 직무들은 직무 간 연계성이 높으므로 직무 효율성과 성과 저하를 동반하지 않는 직무이동이 가능하다. 또 직원들에게는 한 분야의 전문가가 될 수 있다는 경력비전을 제시할 수 있다. 여기서 유사한 직무군을 '전문분야(career field)'라고 한다.

(1) 전문분야 설정

조직의 구성원들은 조직 내에서 자신의 경력목표를 정하고 경력계획을 수립하도록 전문분야를 설정하여야 한다. 전문분야란 전문가 영역이다. 예를 들어 HR 전문가, 마케팅 전문가, 기획 전문가, 회계 전문가, 품질관리 전문가 등을 말한다.

전문분야는 다른 부문과 차별화되고 또 시장에서 인지할 수 있는 것이 더욱 효과적이다. 국내의 한 지방자치단체 산하의 시설관리공단은 11개 영역 20개 전문분야를 설정하고 직원들에게 개인의 전문분야를 선택하도록 했다. 예를 들어 기획분야에서는 경영기획 전문가, 홍보 전문가 등으로 구분하였으며, 전기/통신/기계분야에서는 통신시스템 전문가, 상가시설 전문가, 기계 전문가 등으로 구분하였다.

(2) 경력경로 설정

경력경로(career path)란 개인이 조직에서 여러 종류의 직무를 수행함으로써 경력을 쌓게 될 때 그가 수행할 직무들의 배열을 말한다. 경력경로는 전통적인 경력경로, 네트워크 경력경로 그리고 이중 경력경로의 형태가 있다.

첫째, 전통적인 경력경로는 개인이 경험하는 조직 내 직무들이 수직적으로 배열되어 있는 경우이다. 즉, 개인이 특정 직무를 몇 년간 수행한 후, 유사한 수준의 다른 직무를 수행하는 것이 아니라 해당 직무에서 보다 책임이 있는 직무나 관리 직무를 수행하는 것이다. 즉, 직급 내 하나의 직무만 수행한 후 승진하는 경우이다. 여기서 개별 직무는 다음 직무수행을 위한 준비 단계가 된다. 이러한 유형의 경력경로 유형은 주로 서양 기업(미국, 독일 등)에서 발견된다. 이러한 수직적 경력경로의 장점은 직선적으로 직무가 배열되어 있어 개인은 자신이 걸어가야 하는 경력경로를 명확히 할 수 있는 데 있다. 그뿐 아니라 특정분야에 계속 머무르게 되어 해당 분야에 대한 전문성을 극대화시킬 수 있다.

둘째, 네트워크 경력경로는 개인이 조직에서 경험하는 직무들이 수평적뿐만 아니라 수직적으로 배열되어 있는 경우이다. 즉, 해당 직급 내 여러 직무를 개인이 수행한 후 상위 직급으로 이동하는 경우이다. 이러한 경력경로는 주로 일본이나 우리나라에서 흔히 발견된다. 이러한 경력경로 형태는 종업원에게 해당 직급별로 다양한 직무경험을 할 수 있게 하여 인력배치의 유연성을 높일 수 있다는 장점을 가지고 있는 반면에 단점으로는 해당 직무에 체류하는 기간이 수직적 경력경로의 경우보다 상대적으로 짧고 여러 상이한 직무를 수행하기 때문에 특정분야에 대한 전문성을 극대화시키는 데 제약이 있다.

셋째, 이중 경력경로(dual-ladder career path)는 원래 기술직종 종사자들을 대상으로 개발된 것으로 이들이 어느 정도 직무경험을 쌓았을 때 팀장이나 실장 등 관리직종으로 보내지 않고 계속 기술직종에 머물게 함으로써 그들의 기술분야에 대한 전문성을 높이게 하는 것이다. 즉, 직원들이 관리자로 가느냐 아니면 기술전문가로 계속 일하게 하느냐의 두 가지 경력경로를 만들어놓고 직원들의 적성이나 역량을 고려하여 선택을 하게 하는 것이다. 어떤 직원들은 승진 등 수직적 상승보다는 자신의 기술축적에 더 가치를 두는 경향이 있다. 이들의 전문능력이 향상됨에 따라 보상수준도 당연히 높아져야 한다. 이러한 경력경로는 첨단기술을 도입하고 있는 기업이나 연구소에서 많이 활용하고 있다.

(3) 경력상담 및 지원

경력상담이란 개인의 경력에 대해 직속상사는 물론 인사 담당자나 외부 전문상담가의 조언을 받는 것이다. 상담은 현재의 직무적성, 관심영역, 그리고 경력과정을 통해 달성하고자 하는 경력목표의 가능성과 잠재력에 초점을 둔다.

경력상담은 종업원 개인의 직속상사에 의해서 이루어지는 것이 바람직하다. 그 이유는 첫째, 종업원 개인의 업무기술에 대한 강점과 약점을 그 누구보다 잘 알고 있으므로 경력개발의 방향을 효과적으로 설정할 수 있도록 도움을 줄 수 있기 때문이다. 둘째, 상사가 종업원의 관심영역과 선호하는 경력개발경로를 파악하는 과정에서 서로의 인간적 유대관계를 통한 신뢰관계를 조성할 수 있기 때문이다. 셋째, 조직에서는 과업효율성을 위해 개인의 새로운 경력개발을 그다지 원치 않지만 직속상사의 적극적인 추천을 통해 종업원의 새로운 경력개발을 모색할 수 있기 때문이다.

한편 바쁜 업무일정으로 구체적인 경력상담을 받을 수 없는 경우도 많다. 조직에서 공식적인 경력평가와 상담기간을 설정하여 종업원의 효과적인 경력관리를 도모할 수 있다. 우리나라의 S 물산은 '챌린지' 제도를 도입하여 대리가 되면 자신이 원하는 분야를 팀장과 상의 없이도 인사팀에 신청을 하게 함으로써 직속상사의 경력상담 부족으로 인한 종업원의 경력개발 기회의 상실을 보충하고 있다.

(4) 경력개발 지원제도

조직에서는 종업원의 경력개발을 위해 필요한 다양한 자료와 정보를 제공해주어야 한다. 정보를 통해 종업원들은 구체적인 경력개발목표를 설정할 수 있고, 달성하고자 하는 경력목표에 동기를 부여할 수 있다.

이러한 경력개발 지원제도나 정보로는 다음과 같은 것들이 있다. 직무공고제도, 직무기술서, 경력정보센터, 경력박람회 등이다.

① 직무공고제도

조직에 어떤 직무와 직위가 있는지를 종업원에게 직접적으로 공개하고 이를 통해 희망자를 모집한다. 다시 말하면 조직의 게시판이나 사내신문 혹은 인트라넷과 같은 사내 정보망을 활용하여 해당 직무에 필요한 요건을 제시하고 이에 적합한 종업원들을 사내에서 모집하는 제도이다. 이 제도는 현재 세계적인 유수기업인 3M, AT&T 등이 사용하고 있다. 직무나 직위공고는 모든 종업원이 공유할 수 있어야 한다는 점이 중요하다. 왜냐하면 직무수행에 필요한 자격요건과 기준을 구체적으로 명시해야만 지원자들이 자신의 적성과 경력에 맞추어 지원할 수 있으며, 또 그 직무나 직위를 얻기 위해 일정기간 동안 경력개발 활동을 수행할 수 있기 때문이다. 따라서 조직 내부에서 인력을 충원할 때 유용하게 사용되며, 종업원들의 경력관리를 위한 가이드를 제시하여 동기부여를 시킬 수 있다.

직무공고제도는 종업원들의 기대치가 높아서 서로 담당하기를 원하는 특정직무에 대해 사내에서 공개적으로 모집함으로써 공정성과 직원들의 자기계발을 유도할 수도 있는 장점이 있다.

② 직무기술서

직무기술서란 조직 내 여러 직무에 대한 내용과 담당자의 교육수준, 지식의 수준 등에 관한 내용을 정리한 자료이다. 이는 인사 부서의 담당자들이 관할하며, 개인에게 필요한 경력개발에 관한 정보를 제공해준다. 조직 내에 어떤 직무가 있는지, 그 직무에서 요구하는 요건은 무엇인지, 그리고 자신이 부족한 점이 무엇인지를 파악할 수 있다.

③ 경력정보센터

경력정보센터란 조직에서 경력과 관련된 모든 자료와 정보를 모아둔 곳을 말한다. 보통 인사 부서나 일정한 자료실에 위치한다. 또한 경력상담을 하는 장소로도 활용된다. 이곳을 통해 종업원들은 자신의 강점과 약점을 파악할 수 있고, 경력에 관한 심리테스트 및 훈련 프로그램 일정을 확인할 수 있다.

④ 경력박람회

개인 종업원들은 일상적 업무에 바쁜 나머지 경력에 대해 신중히 생각할 겨를이 없다. 조직 역시 종업원들의 경력개발에 관심을 갖지만, 업무 흐름에 직접적으로 관련되지 않는 한 주의를 기울이지 않는다.

경력박람회는 경력개발에 투자할 시간적 · 업무적 여유가 없는 개인이나 조직에 유용하다. 경력박람회에서 경력과 관련된 각종 정보나 방법을 소개해준다. 이를 통해 개인들은 자신이 경력경로나 경력개발을 점검할 수 있는 기회를 가진다.

미국의 한 회사의 경우 1년에 1회 정도 기본적인 업무를 제외하고는 업무휴일로 지정하여 종업원들과 조직이 서로의 경력개발을 위한 시간을 갖는다. 이 시간을 통해 서로의 경력을 홍보하면서 상호 관심사를 교환한다. 보통 큰 강당에서 시행되는데 각 부서마다 자기 코너를 만들어 그 부서에서 일할 경우 얻게 되는 승진 기회, 업무능력 향상의 기회, 또는 부서의 가족적인 분위기 등을 적극적으로 홍보한다. 개인 역시 직무쇼핑을 하면서 자신의 능력, 기술, 희망업무 등의 개인정보를 각 부서에 홍보한다.

(5) 경력계획 수립

경력계획이란 경력목표를 설정한 후 이를 달성하기 위하여 경력경로를 설정하고, 각종 경력개발 활동을 계획하는 과정을 말한다. 경력계획은 보통 3~5년 정도의 중기적인 계획을 말한다. 그리고 직원이 경력목표를 달성하기 위한 교육과정에 참여하거나 일정기간 이후의 직무이동 및 승진 등도 포함한다. 개인은 자신의 부족한 점을 진단하여 이를 보충하기 위한 경력계획을 수립한다.

5. 경력개발제도의 기본관점 및 운영

1) 기본관점

Schein 교수의 연구에서도 제시되었듯이 개인은 서로 다른 경력 닻을 가지고 있다. 따라서 경력개발제도는 개인의 특성과 장점을 고려하도록 설계되어야 한다. 경력개발제도는 구성원들이 경력목표를 갖도록 하고, 경력개발목표를 달성하도록 돕는 체계적이고 장기적인 관점을 반영하여야 한다. 이를 위하여 개인과 조직 또는 개인과 상급자가 쌍방향 커뮤니케이션을 통하여 지속적으로 경력을 개발하도록 하여야 할 것이다. 여기에는 개인이 스스로 자신의 경력목표를 가지고 이를 달성하기 위한 노력이 전제되어야 한다.

2) 경력개발제도의 운영

(1) 1단계 : 자가진단

경력개발제도의 제1단계는 개인이 자신의 흥미분야를 발견하게 하는 것이다. 자신이 의욕과 열정을 가지고 몰입할 수 있는 직무를 효과적으로 선택하는 것이 중요하다. 이를 위하여 개인의 흥미가 어떤 분야에 있는지, 개인의 적성이나 성격은 어떤 분야에 적합한지 등을 검사하는 자가진단이 필요하다.

(2) 2단계 : 목표설정

자가진단의 분석 결과를 통하여 자신의 단기목표와 장기목표를 설정하여야 한다. 자신의 경력개발에 대한 관심이나 방향을 충족시켜 줄 수 있는 여러 가지 가능성들을 모색하여야 한다. 또 목표는 구체적이고 실현 가능성이 있어야 한다. 현재 하고 있는 업무에서 쌓은 지식과 기술, 직무역량을 최대한 활용할 수 있는 경력목표를 세워야 한다.

(3) 3단계 : 실행계획

실행계획(action plan)의 수립단계에서는 목표달성을 위해 갖추어야 할 역량을 명확히 하고 도달방안에 대해 구체적인 계획을 수립하여야 한다. 예를 들어 어떤 직무를 경험하는 것이 효과적인지, 어떤 교육이 필요한지를 구체화하고 실행 예상기간을 결정하여야 한다.

이와 같이 경력목표와 구체적인 실행계획이 포함된 것을 경력개발 계획서라고 한다. 인사 부서에서는 직원들이 경력개발계획을 수립하고 실천할 수 있도록 이동제도, 교육제도 등을 효과적으로 운영하여야 한다.

■ 제 7 부
■ 참 고 문 헌

김석현, 인사관리론, 무역경영사, 2002

박진성, Y세대 그 잠재력을 뛰놀게 하려면, 주간경제, LG경제연구원, 2010. 6. 29

이진규, 인사관리, 박영사, 2002

정종태 외, 인사관리종합, 한국생산성본부, 2012. 11

정종태 외, HRM 전문가, 한국공인노무사회, 2012

정종태, 임원(임원제도와 인사관리), 한국인사관리협회, 2015. 5

Daniel C. Feldman, *Managing Career in Organizations*, Boston, London, 1988

Edgar H. Schein, *Career Dynamics: Matching Individual and Organizational Needs*,
    Addison-Wesley Publishing Col, 1978

Michael, E. Hanfield-Jones, H., and Axelrod, B., 인재전쟁(최동석, 김성수 역),
    세종서적

Michael J. Marquard, 21세기 글로벌 리더십(양동훈 역), 신론사, 2006. 11

신입사원의 이탈

최근에 입사한 신입사원들은 기존 직원들보다 이직성향이 높다. 2010년 11월에 중앙일보에서 조사한 자료에 의하면 신입사원의 98.6% 정도가 이직을 생각하고 있는 것으로 나타났다. 그만큼 회사에 적응하는 것이 어렵다는 이야기이다. 왜 이런 현상이 생기는가? 신입사원들은 상사나 선배사원들과 여러 가지 면에서 다른 사고나 가치체계를 가지고 있고, 이 때문에 사사건건 충돌이 발생한다.

이들은 자신들이 하기 싫어하는 일이나 뚜렷하게 명분이 없는 일을 하지 않으려고 한다. 또 이런 일을 지시받으면 '왜 자기가 해야 하는지', '왜 휴일에 나와야 하는지'를 상사에게 묻고, 상사를 당황스럽게 만든다. 한 중소기업의 팀장은 최근 신입사원들은 일을 지시하면 '왜 꼭 자기가 해야 하는지' 질문하고, 또 '잘못을 지적하면 핑계를 대거나 변명을 한다.'고 한다. 그래서 신입사원에게 업무를 가르치기도, 지도하기도 무섭다고 한다. 국내 굴지의 대기업의 한 팀장은 팀 미팅을 하려면 사원들의 눈치를 봐야 한다고 한다.

미국 캘리포니아대학교의 신경과학자인 Gary Small은 그의 저서 『디지털시대의 뇌』에서 Y 세대로 명명되는 신세대들은 의사결정과 복잡한 정보통합에 관여하는 DLPFC라는 뇌 부위가 기존 세대보다 활성화되어 있다는 연구 결과를 제시했다. 또한 이들 Y 세대는 성장배경이 기존 세대와는 다르다. 이들은 혼자 자랐으며, 인터넷을 어렸을 때부터 사용하였다. 그뿐 아니라 부모의 소득수준도 높아 지금의 기성세대가 누리지 못했던 풍요로움을 누리면서 성장했다. 그래서 기성세대는 이들이 끈기가 없고 책임감이 없다고 지적하기도 한다.

그러나 이들은 기성세대가 가지지 못한 외국어 실력을 보유하고 있고, 외국과의 문화적 차이도 느끼지 않고 잘 융합한다. 통신이나 인터넷으로 자유롭게 의사를 전달하고 어울린다. 그래서 이들을 BRAVO 세대라 한다. 광범위한 네트워크를 형성하고, 자신이 일한 만큼 보상을 받기를 기대하며 새로운 것에 잘 적응한다. 그리고 자신의 감정을 잘 표현하며 자기중심적이다. 예를 들어 한 신입사원은 직접 블로그를 만들어 회사를 홍보하여 일반시민들로부터 회사의 좋은 이미지를 구축하는 데 크게 기여하였다. 이는 기존 세대가 하지 못하였던 일이다.

삼성경제연구소나 LG 경제연구원에 따르면 이러한 Y 세대는 현재 노동인구의 30~40%를 차지하고 있으며, 3~4년 뒤에는 노동인구의 50%를 차지할 것이라고 한다. 이제 조직관리의 패러다임을 바꾸어야 한다. Y 세대의 장점과 특성을 이해하고 이를 잘 활용하도록 하여야 한다. CEO부터 선배사원까지 신세대와 어울리도록 노력해야 한다. 이들과 취미생활을 공유하도록 해야 한다.

 토론주제

1. 최근 입사한 신입사원들의 이직의도나 이직률은 어떠한가?
2. 신세대의 특성은 무엇인가? 기성세대와 차이점은 무엇인가?
3. 신세대의 이탈을 방지하기 위하여 기업은 어떤 노력을 하여야 하는가?
4. 신세대의 이탈을 방지하기 위하여 우리 주변의 기업들이 도입하고 있는 각종 제도나 이벤트는 어떤 것들이 있는가?

최근 들어 신입사원을 비롯한 직원들의 이직이 잦아진다. 일부 중소기업들은 이직률이 30%가 넘어 업무의 연속성이 부족하며, 지속적인 고객신뢰의 감소도 체감하고 있는 실정이다.

연구조사기관들의 발표에 따르면 대기업 직원들의 평균 근속기간은 7~9년 정도이고, 중소기업은 4년 정도이다. 한 회사에 장기적으로 근속하여 정년퇴직을 하는 문화는 사라져가고 있다.

그러면 직원들의 이직에 따른 기업의 비용은 얼마나 될까? 사실 대부분의 기업들이 이직에 따른 비용을 계산하지 않는다. 이직에 따른 비용을 산정하는 기업은 미국에서도 16% 정도에 불과하다.

미국 기업의 이직비용은 연봉의 2배 정도가 된다고 한다. IT 산업에 종사하는 직원들의 이직에 따른 비용은 연봉의 1.8배, 중간관리자는 2.5배까지 달한다고 한다. 사실 이직에 따른 비용은 구체적으로 산정하는 것이 곤란하다. 이직에 따른 비용은 새로운 직원을 채용하는 데 소요되는 비용과 교육훈련비 등 직접비용과 기타 판매나 생산기회의 상실, 고객 이탈, 그리고 잔류 직원의 사기 저하 등 간접비용으로 구분할 수 있다.

2007년 미국 노동부 자료에 따르면 미국의 산업별 이직자의 대체비용은 IT 산업이 20,000달러, 금융이나 전문서비스 산업이 15,000달러, 제조업은 14,000달러 이상이다. 여기에다 간접비용까지 합하면 연봉의 2배 정도가 이직에 따른 손실이다.

우리나라 기업을 기준으로 이직에 따른 비용을 산정하면 다음과 같다. 대기업에 신입사원이 입사하여 1년 이내에 이직을 하면 재채용비용, 교육훈련비, 교육기간 중 지급된 인건비 등을 합하면 30,000,000~40,000,000원 정도이다. 교육기간이 짧은 중소기업의 경우에도 이직에 따른 비용은 15,000,000~20,000,000원 정도이다.

최근 졸업시즌을 맞아 신입사원의 채용을 앞두고 있는 기업들이 고민에 빠져있다. 어떻게 하면 신입직원들의 이직을 막고 빨리 업무에 투입할 것인가? 생일 챙기기, 신입직원 입사 시 축하카드 보내기 등은 물론 선배사원과의 일대일 멘토링 제도를 도입하는 등 신입사원의 이직 방지에 박차를 가하고 있다.

토론주제

1. 입사 1년 미만의 신입사원이 이직을 한다면 그 비용이 얼마인지 실제로 추산해보라.

2. 인력의 이탈을 방지하기 위하여 효과적인 방안들을 토의하라.

찾아보기

정종태(鄭鍾泰)

하이에치알컨설팅 대표
(주)드림씨아이에스 대표이사

동국대학교 경영학과를 졸업하고, 고려대학교 대학원에서 인사조직을 전공하여 경영학 석사학위와 박사학위를 취득하였다.

국민은행 인사부, 종합기획부 과장, 그리고 신한증권 인사팀장으로 인사실무를 담당하였으며, 국민은행 경영연구소 인사조직컨설팅 팀장(연구위원), PSI컨설팅 소장, (주)동부그룹 HR팀 부장, 베어링 포인트 이사로 근무하면서 인사 및 조직 컨설팅을 수행하였다. 또한 (주)드림씨아이에스 인사담당 총괄(전무), 한양대학교 경영학과 및 기업경영대학원 겸임교수로 활동하였다.

현재 하이에치알컨설팅 대표, (주)드림씨아이에스 대표이사, 한국 생산성본부 지도위원 등으로 활동하고 있고 HR 관련 자문, 컨설팅, 저술 및 강의를 하고 있다.

저서로는 『알기쉬운 BSC』(공저, 2006, 코미트 출판부), 『임원』 (2010, 한국인사관리협회), 『HRM 전문가』(공저, 2012, 한국공인노무사회), 『NCS 이해와 취업성공 전략』(2015, 시그마프레스), 『NCS 777제』(2016, 메가북스)가 있다.

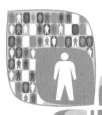

이메일 jeong-jt@daum.net/jeongjt@hanyang.ac.kr